RICHARD EYRE

O PARADOXO DA FELICIDADE

até onde o que te faz feliz rouba a sua felicidade?

Tradução
UBK Publishing House

ubook UBK Publishing House

Publicado mediante acordo com a DropCap Rights Agency. Edição traduzida do livro *The Happiness Paradox: The Very Things We Thought Would Bring Us Joy Actually Steal It Away/ The Happinness Paradigm: How a New View can Turn things Right-Side Up*, publicado por Familius LLC (1254 Commerce Way, Sanger, CA, 93656, Estados Unidos).

COORDENAÇÃO Alessandra Brito
EDIÇÃO Fernanda Avelino
COPIDESQUE Christian Danniel
REVISÃO Jessica Romanin e Fernanda Lutfi
DIAGRAMAÇÃO Studio Oorka
CAPA Clarissa Duarte
IMAGEM DE CAPA Evannovostro | shutterstock

Dados Internacionais de Catalogação na Publicação (CIP)
(Câmara Brasileira do Livro, SP, Brasil)

Eyre, Richard
O paradoxo da felicidade; O paradigma da felicidade / Richard Eyre ; tradução UBK Publishing House. -- Rio de Janeiro : Ubook Editora, 2021.

Obras publicadas juntas em sentido inverso.
Título original: The happiness paradox; The happiness paradigm
ISBN 978-65-5875-574-6

1. Felicidade 2. Psicologia positiva
I. Título. II. Título: O paradigma da felicidade.

21-72796 CDD-150.1988

Ubook Editora S.A
Av. das Américas, 500, Bloco 12, Salas 303/304,
Barra da Tijuca, Rio de Janeiro/RJ.
Cep.: 22.640-100
Tel.: (21) 3570-8150

Para meus filhos — Saren, Shawni, Josh, Saydi, Jonah, Talmadge, Noah, Eli e Charity — que amo mais a cada dia. Vale dizer que cada um deles conseguiu passar pelas fases de controle, propriedade e independência mais rápido do que eu.

Todos os royalties deste livro irão para a Eyrealm, uma instituição pública de caridade que ajuda crianças e famílias em países em desenvolvimento.

Sumário

PREFÁCIO

DE STEPHEN M. R. COVEY

Neste livro criativo e esclarecedor, acredito que meu bom amigo Richard Eyre, de forma encantadora, chegou à essência da felicidade, que se traduz no fato de como a nossa felicidade está ligada de maneira inexorável ao que buscamos. Portanto, a verdadeira alegria não pode vir até nós, pelo menos não de modo consistente, se estivermos buscando as coisas erradas.

Assim, a chave para a felicidade não está no que temos ou mesmo no que fazemos, mas em como pensamos, isto é, nos paradigmas de nossa mente e nos desejos de nossos corações.

Aprender a nos controlar, o que inclui controlar as nossas emoções e comportamentos, nos responsabilizar por nós mesmos e pelo que temos, assumir a independência em nossos pensamentos, bem como ser autossuficientes em nossas vidas pessoais; tudo isso faz parte do processo de amadurecimento. Em suma: ao aprendermos tais práticas, atingimos certo grau de felicidade.

A questão que se põe é a seguinte: existe um nível elevado de pensamento e de vida que traga consigo mais felicidade?

Segundo Richard, há. Ele ensina que, uma vez que aprendemos lições de controle, propriedade e independência, podemos ir além dessas estruturas úteis, porém falhas, e encontrar uma maneira mais elevada e genuína de pensar sobre nós e sobre nossas vidas. Então, vou deixá-lo descobrir esses paradigmas superiores dentro deste livro.

Antecipo apenas que tais paradigmas superiores derivam da confiança e a produzem em todas as suas formas, incluindo a autoconfiança e a convicção nos relacionamentos. E, como o trabalho da minha vida tem sido sobre confiança, descobri que sua conexão com a felicidade é extraordinária. Considerando também que tenho trabalhado com pessoas e líderes do mundo inteiro, eles muitas vezes usam a palavra "alegria" para descrever as relações de alta confiança em suas vidas. Além disso, é possível perceber sua existência — ou ausência — em seus semblantes.

Nesse sentido, no centro das relações fortes e duradouras está a confiança, enquanto a própria definição de um mau relacionamento é "pouca ou nenhuma confiança". Eu afirmo que a confiança está implícita e deriva dessas atitudes alternativas que Richard discute.

Gostaria de concluir este breve preâmbulo com uma pequena história pessoal sobre o incrível autor deste livro. Quando eu era estudante universitário, encontrei um livro que tinha duas capas. Elas precisavam ser viradas de ponta-cabeça e lidas de ambos os lados. De um lado, o livro se chamava *I Challenge You* ("Eu desafio você") e, do outro, *I Promise You* ("Eu prometo a você"). Os leitores mais atraídos por desafios podiam ler o respectivo lado e virar o livro para ler a promessa que acompanhava cada desafio, e os que estavam mais interessados em promessas podiam virar o livro de ponta-cabeça para ver o que precisavam fazer a fim de conseguir o que era prometido. O livro era original e criativo e teve um impacto em minha vida.

Esse livro foi escrito por um jovem escritor chamado Richard Eyre, que mais tarde mudou seu enfoque para escrever sobre família, paternidade e equilíbrio na vida, e tornou-se o autor do best-seller número um do *New York Times* no processo.

Em particular, estou satisfeito, visto que, após décadas, Richard escreveu outro livro de capa dupla e este é, de certa forma, uma edição avançada do primeiro: um desafio para reinventar nossos paradigmas, bem como nossas prioridades, e, caso a gente cumpra tal desafio, teremos a promessa de um tipo de felicidade superior.

— STEPHEN M. R. COVEY
Autor do best-seller A Velocidade da confiança.

pa·ra·do·xo
Uma contradição ou incongruência; um resultado oposto ao que esperávamos.

É possível esclarecer algumas das ilusões e suposições imprecisas que nos impedem de ser felizes?

A lente distorcida da **PROPRIEDADE**
nos leva a perceber o mundo como uma competição,
a comparar e julgar de maneira constante
e a desenvolver hábitos de egoísmo.

A noção equivocada de **INDEPENDÊNCIA**
nos coloca sozinhos contra o mundo
e desenvolve uma frágil fachada de orgulho
que esconde a vulnerabilidade que poderia nos ajudar
a amar e ser mais amados.

A perspectiva presunçosa do **CONTROLE**
nos faz nadar contra o fluxo de oportunidades
e ser menos sensível aos outros
mesmo quando nos priva tanto da fé quanto da espontaneidade.

Por que, então, são essas as três coisas
que todos parecem procurar?
Por quê?

INTRODUÇÃO

PREMISSA...

A **premissa** é esta: começamos com alegria. Todos nós iniciamos a vida predispostos à felicidade. Como bebês, nosso estado natural era a alegria. Exceto quando algo como fome, sede, um pouco de dor de barriga ou uma fralda molhada nos distraía. Éramos fáceis de agradar. Sorríamos com frequência e até mesmo dávamos muitas risadinhas. As pessoas ao nosso redor gostavam de nos fazer felizes, e nossa felicidade as fazia felizes. Não éramos conscientes de nossa felicidade. Dessa forma, nós agitávamos nossos braços e dávamos gritos agudos.

Mas, à medida que fomos envelhecendo, essa felicidade começou a diminuir.

Começamos a crescer nos distanciando da alegria ao longo dos anos. Quando estávamos no jardim de infância, enquanto a felicidade ainda era nosso modus operandi, havia mais e mais coisas que nos afastavam dela. À medida que passamos pelo ensino fundamental, começamos a aprender o conceito de propriedade, e com ele vêm o egoísmo e a competição. Começamos a aprender a noção de controle, e com ela vêm o orgulho e a frustração. Começamos a aprender o conceito de independência, e com ele vêm a solidão e o isolamento.

Esses conceitos nos foram ensinados por adultos, os quais também lhes serviram de exemplo.

A premissa é que propriedade, controle e independência são termos econômicos em essência e que, quando aplicados de forma muito generalizada, bem como incorporados de modo muito abrangente, se tornam ilusórios. Mais que isso, se tornam os três ladrões de nossa alegria.

Mas lembre-se de que a felicidade é nosso estado natural. Não precisamos descobrir a felicidade; precisamos apenas reavê-la.

Podemos reavê-la compreendendo, expondo e descartando essas três coisas que nos sugam a felicidade. Podemos entender as limitações, ilusões e enganos de controle, propriedade e independência, os quais se combinam, entrelaçam e nos transportam para um estado de confinamento que nos afasta de nosso estado natural de alegria.

A premissa é que nossa busca por controle, propriedade e independência nos distancia da paz, do mundo natural e da espontaneidade que compõem a alegria, mesmo quando essa busca gera pressão, tensão, estresse, comparação e competição, que, por consequência, trazem infelicidade.

A premissa é que podemos recuperar nosso direito inato de alegria expondo e aprisionando os três ladrões da alegria, banindo-os de nossos cérebros e adotando em seu lugar três atitudes alternativas, paradigmas, pontos de vista ou abordagens da vida que absorvem, em vez de atacar, a alegria, que suscitam, em vez de impedir, a felicidade.

A premissa é que a felicidade é menos sobre nossas circunstâncias externas e mais sobre nossos paradigmas internos. Isso significa dizer que ela tem menos a ver com o que acontece conosco e mais a ver com o que acontece em nós.

Não entenda mal, este livro não trata de atitude mental positiva ou sobre a simples decisão de ser feliz. Trata-se de mudar como vemos o mundo ao nosso redor, mudando a lente pela qual vemos nossas vidas, nossas circunstâncias e a nós mesmos, e virando tudo de ponta-cabeça, de forma literal, inclusive nossas noções do que queremos e como desejamos viver.

A premissa é que felicidade e alegria não são sinônimas, mas sim elementos compatíveis e complementares que podem tanto ser buscados quanto se fundir.

A felicidade é uma emoção momentânea, fugaz, que depende em grande parte da situação. A alegria é um estado emocional duradouro e progressivo que se eleva de forma gradual, acima das circunstâncias.

A felicidade está associada ao prazer, à boa sorte e à realização. A alegria está ligada à responsabilidade, ao sacrifício e aos relacionamentos.

A felicidade depende um pouco da saúde, da riqueza e de libertar-se da dor e do confinamento. A alegria provém da consciência, da perspectiva e de libertar-se do erro e da arrogância.

A felicidade conecta-se à confiança, ao conforto e à conquista e traz consigo a empolgação. A alegria incorpora a humildade, a admiração, bem como o ato de ceder, e traz consigo a paz.

Todavia, tais concepções não são adversárias, haja vista serem companheiras de equipe. Elas não competem, mas colaboram. Ambas merecem ser buscadas, pois são objetivos pelos quais devemos querer, desejar e lutar. Na verdade, essas acepções estão tão relacionadas que deveriam ser pensadas como algo com duas partes.

A razão pela qual elas (ou ela) são demasiadamente difíceis de alcançar não é porque são conceitos vagos e complexos de identificar ou reconhecer, tampouco significa dizer que não seja certo desejar alcançá-las. O que acontece é que as estamos buscando nos lugares incorretos e permitindo que suas falsas versões nos levem pelos caminhos errados.

A premissa é que existe a possibilidade de alcançar tanto a noção ocidental de buscar e encontrar alegria *quanto* a noção oriental de desfrutar da experiência do agora. Em suma: as premissas combinadas traduzem a noção de que podemos *desfrutar* da busca. Mais que isso: nem o ser ou o tornar-se podem dar certo por si só. Tal constatação não é tão abstrata quanto parece, como este livro mostrará. Podemos preencher a lacuna entre a ideia ocidental de encontrar uma única forma individual, que seria a correta/melhor de viver, e a ideia oriental de se libertar da identidade individual em um estado de nirvana não pessoal: entre a ideia cristã de alcançar a utopia feliz ou o céu e o esclarecimento do *Darma* de que a realidade já está completa.

A premissa, sendo assim, é o paradoxo contido na ideia de que o caminho pautado pelo controle, pela propriedade e pela independência é na verdade um desvio que mais nos distancia do que nos aproxima da felicidade e da alegria.

Portanto, a premissa é que há um novo caminho, um correto, que nos leva para dentro de nossos corações e mentes, não para fora. E é onde podemos reexaminar quem somos e o que queremos.

PEDIDO...

Talvez a primeira coisa que você notou quando pegou este livro foi que ele é reversível, pois apresenta duas capas. E talvez seu primeiro impulso tenha sido virar o livro e descobrir as conclusões, lendo primeiro o outro lado.

Bem, farei um pedido a você: espere! Não leia o lado dois até ter lido o um.

Eis o porquê: este lado do livro é voltado a *desaprender* três ideias ou objetivos falsos que a maioria de nós veio a aceitar; tem a ver com se livrar desses três maus hábitos que desenvolvemos, expor essas atitudes que causam infelicidade, bem como reconhecer e superar obsessões que talvez nem soubéssemos que tínhamos. Chamo esses objetivos/hábitos/atitudes/obsessões dos *três impostores* ou os *três ladrões da alegria*.

O outro lado deste livro é voltado a três alternativas claras ou novos paradigmas que resgatam e restauram a alegria. É preciso virar o livro para chegar até elas, fazendo com que precisemos, de forma literal, virar nosso cérebro e nossos pontos de vista (e, às vezes, toda a nossa vida) de ponta-cabeça a fim de passar dos impostores para as alternativas. Ou, melhor dizendo, precisamos virá-los para cima porque eles têm estado de cabeça para baixo.

As três alternativas poderiam ter seguido os três impostores apenas como uma segunda parte simples e linear do livro. Contudo, elas são mais dramáticas do que isso, tendo em vista que são uma inversão e um outro lado. São os opostos invertidos dos três impostores. São os heróis que recuperam a alegria roubada pelos ladrões. Assim, para passar da leitura de um lado para o outro, você precisará virar este livro. E, a fim de deixar de viver em um lado para viver no outro, você terá que mudar sua vida, revertendo de forma literal suas percepções, perspectivas e paradigmas dos impostores para alternativas; e mudando seu cérebro de um lado para o outro.

> A fim de passar dos impostores para as alternativas, precisamos de forma literal virar nosso cérebro e nossos pontos de vista (e, às vezes, toda a nossa vida) de ponta-cabeça.

Antes que você possa descobrir (ou mesmo desejar) as três alternativas e entender por qual razão elas levam à alegria, o que aprendi é que você precisa entender quais são os impostores e por que eles o distanciam da felicidade.

Você deve expor e descartar os três ladrões da alegria antes de poder apreciar seus três heróis ou restauradores.

Tudo isso pode parecer um pouco oblíquo até que você saiba do que estou falando, mas, por enquanto, confie em mim e mantenha o livro do jeito que está agora. Você ficará contente de ter feito isso.

Pense no lado um como o problema e no lado dois como a solução.

O INÍCIO DA MINHA HISTÓRIA: O OBJETIVO CERTO, MAS O CAMINHO ERRADO

Quando eu era aluno de pós-graduação em Harvard, fiquei enamorado pela palavra ALEGRIA. Conheci um poema anônimo que era assim:

A felicidade é uma coisa do aqui e agora,
Uma folha brilhante na mão, o calor do momento,
Uma luta vencida ou o topo conquistado.
A felicidade é um tipo de elevação, flutuante.
Ela eleva a ave com mais segurança em suas asas.
Quando as coisas dão certo, a felicidade pode surgir,
Mas a Alegria é um sorriso secreto do coração.

Esses versos passaram a simbolizar o que eu pensava como minha abordagem de vida. Comecei a pensar na felicidade a curto prazo e na alegria a longo prazo, assim como nos objetivos da vida como o fim para o qual tudo mais era o meio.

Li o que conseguia encontrar sobre felicidade (não era um assunto tão popular e que incitasse tanto a curiosidade como ocorre hoje) e comecei a tentar desenvolver minha própria filosofia do que era a alegria e como tê-la mais.

Enquanto nosso período em Harvard terminava, a maioria das discussões entre nós centrava-se em quais empresas estavam nos recrutando, quanto dinheiro poderíamos ganhar e como iríamos competir e progredir em nossos novos empregos. O mais próximo que chegamos de discussões filosóficas profundas foi quando especulamos sobre o que poderíamos ter e quão rápido poderíamos fazer isso. Todo o nosso foco estava voltado a assumir o controle de nossas carreiras, encontrar o caminho mais curto para nos tornarmos CEOs e financeiramente independentes o mais rápido possível.

Eram discussões inebriantes, repletas de ambição e agressividade, que proporcionavam um certo tipo de felicidade antecipada, mas, de vez em quando — em nossas projeções de onde estaríamos, o que teríamos, como seríamos independentes e estaríamos no controle —, havia traços de ansiedade e os primeiros sinais de estresse, exaustão e desequilíbrio que viriam com nossas ambições profissionais. Para aqueles poucos de nós que éramos casados, havia uma preocupação adicional com as estatísticas que tínhamos visto sobre as altas taxas de divórcio entre casais que faziam MBA em universidades de elite. Nossas relações já estavam se deteriorando? O tipo de felicidade que nos intoxicava era mais importante que a felicidade sentida no relacionamento?

Nesse ponto, as perguntas e os dilemas sobre as inter-relações entre o sucesso e a felicidade começaram a ocupar meus pensamentos.

Quatro anos depois, vivendo fora de Washington, D.C., onde eu havia cofundado uma empresa de consultoria política, tentei registrar meus sentimentos sobre a busca pela alegria em *The Discovery of Joy*, o primeiro livro que publiquei. Sua tese era a de que existem quatro níveis de alegria: primeiro, as alegrias físicas terrenas e corporais; segundo, as alegrias emocionais das realizações e dos relacionamentos; terceiro, as alegrias mentais de ter um propósito e uma causa; e quarto, a alegria espiritual da fé. Eu acreditava que esses quatro níveis podiam se construir um sobre o outro, do nível um ao quatro, e eram mais bem buscados em sequência. Pensava que qualquer um ou todos poderiam descobrir cada uma dessas alegrias e que a coisa mais importante na vida era buscá-las.

Descobri um versículo que dizia: "Adão caiu para que os homens existissem; e os homens existem para que tenham alegria." Então Adão e Eva comeram aquela maçã para que pudessem (e nós pudéssemos) ter alegria. Essa pode ser uma nova dimensão da história para você, mas pense sobre isso. Sim, eles tiveram que deixar o jardim e a vida foi mais desafiadora, todavia com os desafios vieram o aprendizado, o progresso e a alegria. Para mim, essa alegria parecia definir o propósito da vida.

Quanto mais eu observava e mais vivia, menos compreendia a alegria e menos sabia como conquistá-la.

Mas, à medida que a existência continuava, e enquanto eu tentava refletir e projetar minha experiência de vida sobre minhas teorias da alegria e de onde ela vinha, algo perturbador começou a acontecer. Em vez de sentir que estava compreendendo mais sobre a alegria e aprendendo mais sobre sua busca, senti que quanto mais eu observava e mais vivia, menos compreendia a alegria e menos sabia como conquistá-la. Era uma qualidade muito mais complexa e diferenciada do que eu havia pensado. As fórmulas simples para encontrá-la e multiplicá-la que eu havia oferecido em meu livro pareciam não funcionar para a maioria das pessoas. Era como se algo estivesse bloqueando a alegria, por mais desejada e difícil que fosse sua busca. Na verdade, o próprio sucesso e a realização para a qual meus amigos estavam se esforçando tanto parecia trazer mais estresse do que felicidade, e a maioria deles parecia ocupada demais para ter tempo até mesmo de pensar se estavam sentindo alegria.

Até então, minha esposa, Linda, e eu tínhamos três filhos, e os sentimentos de alegria que tínhamos com eles estavam além de qualquer outra felicidade que já havíamos conhecido. Mas esses sentimentos eram fugazes, eles iam e vinham. Voltando àquele poema anônimo, "A felicidade é uma coisa do aqui e agora", algo que vem em momentos, não um estado permanente. Então eu me perguntava: onde estaria o "sorriso secreto do coração" que era duradouro?

Linda e eu lemos algumas coisas durante aquele período que pareciam sustentar essa visão de não esperar nada além de breves momentos de alegria. A essência era que, se você busca a felicidade, nunca a encontrará: alegria e felicidade vêm como subprodutos de outros objetivos e buscas dignas.

Encontramos uma citação de Storm Jameson que se tornou importante para nós: "Felicidade? É uma ilusão pensar que mais conforto traz mais felicidade. A verdadeira felicidade vem da capacidade de sentir com profundidade, de desfrutar de maneira simples, de pensar de forma livre, de arriscar a vida, de ser necessário."

Tínhamos essas capacidades em nossas vidas; estávamos encontrando amostras da felicidade em nossos filhos, em nosso relacionamento, em nossas conquistas, mas não estávamos vivendo na alegria e começamos a pensar que, quanto mais a queríamos, quanto mais intensamente a buscávamos, menos probabilidade havia de encontrá-la. Tínhamos nos mudado para a Inglaterra naquele momento, em um hiato de nossas carreiras, servindo como diretores de centenas de jovens voluntários que faziam trabalho humanitário e missionário e tentavam fazer a diferença na vida das pessoas. Em meio a esse período turbulento, encontramos uma citação de Joseph Smith que desafiou nossa recente perspectiva: "A felicidade é o objeto e o projeto de nossa existência e será a sua finalidade, caso sigamos o caminho que nos leva à tal felicidade."[1]

Essa citação nos levou de volta ao começo, com a felicidade não como um subproduto, mas como o objetivo, o ponto crucial, o propósito da vida. Isso nos fez pensar se era o nosso *caminho* que deveríamos questionar, não o nosso *objetivo*. Foi um retorno à nossa convicção anterior de que a felicidade e a alegria podiam ser buscadas; que a felicidade era o objetivo e que precisávamos encontrar o caminho certo. A alegria era a finalidade; de maneira simples, tínhamos que encontrar os meios certos para chegar lá.

Quais são os meios para alcançarmos o fim, que é a alegria? Quais são os caminhos que as pessoas seguem com a expectativa de que levarão ao destino da alegria?

Durante muitos anos, ponderamos essas questões de muitas maneiras, uma das mais singulares delas foi ir à seção de autoajuda de uma livraria gigante da Barnes & Noble, na Quinta Avenida, em Manhattan, e chegar à seguinte conclusão: a teoria de que os tópicos ou buscas mais comuns de autoajuda são um bom indicativo dos caminhos que as pessoas buscam ou dos meios que elas esperam que levem ao fim, à felicidade.

No início do novo milênio, vagando por aquela enorme seção de autoajuda, ficou muito claro que os três caminhos que a maioria das pessoas buscava ou os três supostos meios para alcançar o fim, felicidade, que as pessoas costumavam escrever e ler eram à risca os tópicos que dominavam a seção de autoajuda: como conseguir mais controle, mais propriedade e mais independência. Essas visitas às livrarias tornaram-se um hábito ao longo dos anos, e, embora parte da terminologia tenha mudado para realização pessoal, redução do estresse e liberdade individual, as buscas centrais e as soluções implícitas continuaram a ser sobre como conseguir mais controle, mais independência e mais propriedade. A implicação consistente e a sabedoria popular apontam que esses são os três caminhos que levam à alegria e à felicidade.

Dessa forma, percebi que meu objetivo era examinar essas conexões, no sentido de questionar tais suposições, verificando se o controle, a propriedade e a independência eram de fato os caminhos corretos para a felicidade. Ao iniciar essa exploração, algumas coisas tornaram-se claras de forma muito rápida. Certas pessoas buscavam o controle, a propriedade e a independência porque acreditavam de forma consciente que esses elementos as levariam à felicidade. Outras estavam buscando-os apenas porque era o que todos faziam e era uma forma de se provar e marcar pontos.

Meu objetivo era examinar essas conexões, no sentido de questionar tais suposições, verificando se o controle, a propriedade e a independência eram de fato os caminhos corretos para a felicidade.

Para resumir uma longa história, concluí que a vida, para muitos dos colegas que eu observava, era como uma maratona que se corria em uma pista de cada vez mais controle, propriedade e independência, confiando que na linha de chegada estava o prêmio chamado felicidade. Todavia, o problema era que, quanto mais longe as pessoas chegavam nesse caminho, mais claro ficava que a linha de chegada daquela corrida em particular era, na verdade, a *infelicidade*. Com isso, todos estavam, sem querer, correndo na direção errada, afastando-se de seu objetivo real ao invés de aproximar-se dele.

Comecei a perceber dois erros: primeiro, a vida não é uma corrida; segundo, estávamos todos correndo para a linha de chegada errada.

Quando percebi que o problema estava no caminho, senti-me obrigado a procurar um novo. Isso significa dizer que passei a buscar e encontrar alternativas opostas de controle, propriedade e independência, bem como a formar outro paradigma da felicidade, um novo modelo construído em torno dessas alternativas.

A busca desse novo paradigma e a busca por essas três alternativas levou Linda e eu a uma odisseia ao redor do mundo. Com isso, tivemos paradas significativas no Museu Britânico, na Terra Santa, na Suíça de Carl Jung, no Vaticano, nos santuários de Bali e em uma antiga ilha que já foi chamada de Serendip.

AVISO...

Um pequeno aviso antes de irmos mais fundo: este não é um daqueles livros em que você começa a concordar com as verdades que são ditas enquanto se questiona o porquê de nunca ter pensado nisso antes. Neste livro, os momentos "Arrá!" virão, porém de forma gradual, basta que permaneça comigo enquanto sugiro algumas atitudes e ambições muito comuns, as quais você sempre pensou que eram boas, mas que na verdade são ruins, bem como algumas perspectivas que você sempre pensou que estavam certas, porém estão erradas.

Não será fácil ou natural aceitar as maneiras como pedirei que você mude de ideia. De fato, parte do que sugiro parece ir contra o que sua própria mãe te disse, contra o que seus professores e mentores te disseram e contra a sabedoria tradicional que a sociedade despeja em você todos os dias. Seu instinto pode ser resistir, rejeitar e até mesmo ressentir-se porque, se minha premissa for verdadeira pelo menos nesses pontos, sua mãe estava errada, seus professores estavam errados e as atitudes predominantes que encontra todos os dias estão erradas.

Ninguém gosta de estar errado e menos ainda de admitir isso. Mas admitir foi o que eu fiz, e é isso que este livro pedirá que você faça. Por essa razão, peço que sinta-se avisado.

Dito isso, deixe-me oferecer uma garantia compensatória: se você me ouvir, se ler este primeiro lado do livro com a mente aberta, poderá ver os graves erros e problemas que existem em três das perspectivas e atitudes que, em geral, aceitamos em nossa sociedade de hoje. Você reconhecerá esses três ladrões da alegria e os verá pelo que eles são: três impostores que precisam ser rejeitados, desmantelados e descartados.

Então você estará pronto para descobrir as três alternativas que são apresentadas no lado oposto.

Um segundo aviso é que serei muito crítico com as suposições e os objetivos implícitos da tão difundida indústria de autoajuda que nos cerca atualmente. De certa forma, a autoajuda tornou-se a religião que mais cresce nos EUA, sobretudo quando medida pela venda de livros, por índices de discussões ou pelo que as pessoas falam quando estão participando de conversas mais sérias e filosóficas.

Não é a ideia de desenvolvimento pessoal que é ruim; são os três temas predominantes, ou objetivos implícitos, que permeiam e dominam os livros e ideias atuais de autoajuda que agem contra nós.

Por fim, um último recado: às vezes serei repetitivo. É intencional. Direi algo de várias maneiras diferentes para tentar afastá-lo de algumas atitudes que se tornaram parte de você. Como as conclusões do livro são opostas às perspectivas predominantes, levará algum tempo para você se ajustar, e a repetição de alguns dos pontos fundamentais de mudança tornará, de forma gradual, esse ajuste mais fácil e mais natural.

CAPÍTULO 1

OS TRÊS IMPOSTORES

A frustração, o estresse e o desequilíbrio que tantas vezes sentimos não se baseiam tanto no que fazemos ou no que nos acontece, mas no fato de que estamos buscando as coisas erradas e temos os objetivos errados. Essa é uma afirmação ousada, e a maioria das pessoas está bastante determinada a defender aquilo que busca e os objetivos que escolheu. Entretanto, é certo que a maioria de nós gasta uma quantidade substancial de tempo e se esforça mentalmente buscando três coisas que de fato acabam funcionando contra nós, nossa alegria e bem-estar. São objetivos que fomos levados a acreditar que são benéficos, corretos e nos trarão felicidade. No entanto, é nossa confusão com essas três buscas — *controle, propriedade e independência* — que destrói o equilíbrio e a qualidade de nossas vidas.

OS TRÊS LADRÕES DA ALEGRIA: CONTROLE, PROPRIEDADE E INDEPENDÊNCIA

Antes de expandirmos a defesa das razões pelas quais esses são objetivos contraproducentes, ponderemos por um momento o quanto desejamos cada um deles e o quanto nos esforçamos para buscá-los.

Ah, como ansiamos por *controle*. Tentamos controlar os eventos de nossos dias criando listas e as conferindo. Tentamos controlar nossos filhos com disciplina e recompensas. Tentamos controlar nosso destino decidindo quem, onde e no que nos tornaremos. E quando tudo vai em uma direção oposta aos nossos planos, listas e objetivos, sentimos frustração e estresse.

Não só queremos e desejamos controle, propriedade e independência, mas também exaltamos tais conceitos ou características. Eles são nossos objetos de adoração e os indicadores pelos quais medimos o sucesso.

A *propriedade* é a maneira norte-americana e o instrumento de medição de todo o mundo ocidental! A vida parece se apresentar como um gigantesco placar em que nosso sucesso é aferido por aquilo que temos. Trabalhamos mais e mais duro do que qualquer outro povo na história do mundo porque queremos mais riquezas, mais posses materiais, ou seja, mais propriedade. E, quando comparamos o que temos com o que outros têm (atitude essa que parecemos achar irresistível), o resultado é inveja e ciúme ou orgulho e condescendência — situações que, por consequência, geram a infelicidade.

A *independência* é um conceito tão reverenciado que mais de três quartos das nações ao redor do mundo têm celebrações voltadas a ela. Da América ao Azerbaijão, nós estimamos a independência e adotamos esse objetivo tanto de forma pessoal quanto social, ou seja, para não precisarmos de ninguém ou para ficarmos sozinhos, e esses são os lemas de hoje. No entanto, a vida nos lembra de forma recorrente de quão interdependentes e dependentes somos e do quanto precisamos dos outros. Lutamos por autonomia, e isso pode fazer com que nos sintamos solitários e isolados.

Não só queremos e desejamos controle, propriedade e independência, mas também *exaltamos* tais conceitos ou características. Eles são nossos objetos de adoração e os indicadores pelos quais medimos o sucesso. Eles são os tópicos de discussão de nossos podcasts, mídias sociais e conversas casuais. São os objetivos assumidos e aceitos que nos levam a mudar de carreira, conseguir um segundo emprego ou a mudar para um novo lugar. Eles nos motivam a evitar ter mais filhos, a nos endividar ainda mais e a comprar melhores planejadores, aplicativos e ferramentas de gestão de tempo. Assim como nos incentivam a tentar manipular as pessoas e tudo ao nosso redor, a fim de acumular mais e superar tudo por conta própria em vez de pedir ajuda.

QUESTIONANDO OS TRÊS LADRÕES

Esses ladrões não só nos roubam a alegria, como também nos enganam. Eles são chamados aqui de três *impostores* porque fomos levados a presumir que os queremos, a supor que eles são bons para nós. Eles se transformaram em obsessões. São chamados de os *três ladrões da alegria* porque é exatamente isso que eles fazem.

Há dois grandes problemas com os conceitos de controle, propriedade e independência. Um é que eles causam estresse, frustração e infelicidade. O outro é que eles representam valores falsos e são, de fato, conceitos incertos e impossíveis. Na verdade, são ilusões, pois não existem.

Pense sobre isto: *o que você realmente controla?* Você é um indivíduo minúsculo em um mundo cheio de forças e circunstâncias que operam além da sua vontade. *Você tem propriedade, de fato, sobre o quê?* Com a única exceção possível de sua ação ou poder de escolha, você não tem nada. Você é um usuário de tudo que passa por suas mãos. Por fim, *você tem independência, de fato, sobre o quê?* Você é interdependente de tantas outras pessoas, em especial aquelas que ama, e dependente de Deus, da Natureza e de qualquer força superior que é percebida pelo próprio ar que respira e pela luz que lhe permite viver.

Pense a respeito da loucura de tentar controlar tudo. A vida é imprevisível em essência. Tudo acontece; pouco da vida está sob nosso controle. A medida de nosso sucesso e felicidade não está em manipular o que acontece, mas em como lidamos e respondemos ao que acontece. Tentar controlar de maneira constante o que não pode ser controlado é uma receita para a irritação e o estresse. Imagine-se no final de um dia em que nada aconteceu como você havia planejado (praticamente todos os dias) e pergunte se gostou das surpresas ou se ressentiu, porque essa resposta é, na verdade, a única coisa que está em seu controle.

Ponderemos a falácia de nossa obsessão com a propriedade. O que verdadeiramente temos? Podemos conseguir façanhas, títulos e contas bancárias, mas eles passam por nós à medida que passamos pela vida; assim, há algo que de fato nos pertença? E a ilusão de propriedade causa ciúmes, inveja, condescendência e muitas outras emoções que se conectam à *in*felicidade, não é? Veja os modos como o ciúme divide as pessoas no mundo inteiro. Imagine-se correndo por aí tentando cuidar de todos os seus assuntos e desejando ter mais deles a resolver. Posteriormente, observe as crianças brincando e

A conclusão é que, na verdade, nunca podemos ter muito controle, propriedade ou independência.

aproveitando tudo aquilo que não têm. Em suma: tudo de melhor na vida é de graça, e não podemos ser os donos de nada disso.

Considere nosso desejo inapropriado de independência. Estamos todos interligados e interdependentes de diversas maneiras. Precisamos uns dos outros, e são essas necessidades que nos tornam humanos, nos permitem amar e nos incentivam a assumir compromissos. Muita ênfase na independência nos torna isolados. Imagine-se hoje e pense em como quase tudo o que você faz depende de serviços públicos, eletricidade e máquinas ou em como é interdependente de pessoas no trabalho, nas escolas, nas lojas, em qualquer lugar do complexo fluxo da sua vida. Portanto, somos tudo, menos independentes.

A conclusão é que, na verdade, nunca podemos ter muito controle, propriedade ou independência. Não queremos isso, mesmo que pudéssemos ter. Muito controle tiraria a aventura e a espontaneidade da vida. Muita propriedade seria escravidão. E muita independência equivaleria à solidão e ao isolamento.

Apesar de nossas diferentes crenças espirituais, quando paramos para pensar sobre isso, a maioria de nós pode ver os limites e as inverdades nas ideias de controle, propriedade e independência. Como crentes em uma realidade espiritual e participantes dos discernimentos e verdades que vêm com a fé (e as pesquisas nos dizem que noventa por cento dos norte-americanos acreditam em alguma força espiritual),[2] sabemos, e devemos ser muito gratos por isso, que o controle e a propriedade possuem um poder muito maior do que nós mesmos, pois somos dependentes das leis superiores de um poder superior.

A primeira vez que me lembro de questionar de forma consciente o que eu buscava (e, acredite, eu estava em busca dos três impostores) foi perto do fim da graduação. Eu havia acabado de perder a eleição para presidente do corpo estudantil, e minha namorada havia rompido nosso relacionamento porque, como ela disse, eu estava "muito egocêntrico e obcecado demais com todos os [meus] grandes objetivos".

Eu estava desanimado de certa forma, mas lembro-me de que o sentimento de desânimo que estava experimentando de alguma forma me fez sentir bem: confortável e profundo. Perder aquela eleição e aquela garota pareceu retirar de mim a pressão e me colocar em um lugar mais calmo, onde eu me sentia mais em contato com meu eu interior. Lembro-me de pensar, pela primeira vez, que talvez houvesse uma maneira melhor e menos agressiva de abordar a vida e de ver o que estava acontecendo. Não tinha ideia de qual era essa melhor maneira, mas foi a abertura de uma pequena porta que me fez começar a pensar se o controle, a propriedade e a independência que eu procurava de forma tão desenfreada eram de fato o que eu queria.

ALGUMAS CONCESSÕES

Agora, recuaremos um pouco e faremos algumas advertências e concessões antes que isso comece a soar um pouco extremo. Controle, propriedade e independência são conceitos *econômicos* muito úteis e são, pelo menos em parte, verdadeiros e úteis de forma psicológica. É bom controlar nossos talões de cheques e nossas emoções. A propriedade e seus direitos são essenciais em uma democracia e em uma economia livre, e tentar viver com relativa independência em um sentido econômico é com certeza uma virtude.

Também — e iremos mais a fundo nisto em futuros capítulos — o controle, a propriedade e a independência podem ser considerados como uma fase da vida que a maioria das pessoas precisa viver antes de encontrar um paradigma mais elevado e mais espiritual para existir. Pensar em termos de controle, propriedade e independência é a direção que queremos seguir ao deixarmos nossa infância, e é para onde queremos que nossos filhos se direcionem ao ensiná-los a aceitar responsabilidades, bem como a desenvolver autoconfiança e autodisciplina. Parte da maturidade é aprender a controlar nossas emoções, nossos apetites e nossas finanças. Já a responsabilidade se traduz em aprender a ganhar, ter e cuidar daquilo que se conquista, e, mais que isso, queremos que nossos filhos se apropriem de suas notas e de seus objetivos. Todos os pais, quer verbalizemos ou não, têm um objetivo ao trabalhar fora: ajudar nossos filhos a serem cada vez mais independentes e a precisarem cada vez menos de nós. Portanto, além de ser necessária economicamente, essa é uma fase desejável de aprendizado pela qual todos devem passar.

A ilusão de controle, propriedade e independência é uma fase útil, e, se a entendermos da forma correta, ela pode servir de trampolim para as três alternativas superiores.

O problema surge quando ficamos muito tempo nessa fase e tal busca torna-se obsessiva e nos impede de perceber que há um outro caminho melhor e mais verdadeiro. Outra complicação aparece a partir do momento em que desejamos muito controle, propriedade e independência e deixamos o vício tomar conta de nossas vidas a ponto de nunca encontrarmos o momento ou chegarmos à percepção do que precisamos para retroceder e compreender que tais desejos não são alcançáveis; mais do que isso, nem desejamos de fato esses três impostores, ainda que pudéssemos alcançá-los.

De forma curiosa, a ilusão de controle, propriedade e independência é uma fase útil, e, se a entendermos da forma correta, ela pode servir de trampolim para as três alternativas superiores.

Nesse contexto, o progresso surge quando percebemos (enxergando com nossos próprios olhos) que não queremos de fato os ladrões da alegria. Essa percepção é o que nos liberta para procurar algo melhor. Com isso em mente, pondere algumas perguntas:

Você gostaria de *realmente* controlar sua vida e a das pessoas ao seu redor ou seria melhor deixar esse controle a um poder superior? Você gostaria *realmente* de ter posses que na verdade pertencem a todos nós ou ter algo cósmico e espiritual ("seus" filhos, "seus" talentos ou as várias partes da Terra que você "possui")? E, por último: você gostaria *realmente* de ser independente e sozinho em vez de interdependente e conectado?

Os propósitos mais profundos e espirituais, bem como as alegrias da vida, seriam destruídos e frustrados se realmente tivéssemos controle, propriedade e independência. Assim, somos mais propícios à felicidade ao reconhecermos tais elementos e ao fazermos o melhor para aprender a lidar com isso, bem como nos desenvolvemos de acordo com as circunstâncias e situações em que a vida nos coloca.

O que precisamos é de uma *alternativa* clara e correta para cada um dos três falsos conceitos. Ao tentarmos parar de buscar de forma obcecada por controle, propriedade e independência, precisamos de alternativas reais para as quais voltar nossa atenção e nosso desejo.

Existem alternativas verdadeiras incorporadas em uma visão mais completa da vida. Afastar-se dos três impostores e concentrar-se em suas opções mais espirituais é a chave para acessar a felicidade e a alegria que nos rodeia: tudo o que precisamos saber é onde (e como) olhar.

O equilíbrio genuíno na vida, a paz e a realização que vêm com ele, é algo interior, obtido somente quando colocamos nossos desejos em harmonia com a realidade e com a maneira como este mundo realmente funciona.

CAPÍTULO 2

POR QUE DEVEMOS DISPERSAR OS IMPOSTORES ANTES DE PODERMOS ADOTAR SUAS ALTERNATIVAS

Originalmente, o Capítulo 1 foi escrito como um artigo de grande circulação que desencadeou uma reação e tanto. O conceito de controle, propriedade e independência como noções ruins que agem contra nossa felicidade, em vez de boas ideias que nos trazem felicidade, tocou o coração de muitas pessoas e as levou a pensar e a se preocupar. Em minhas discussões com os leitores daquele artigo, exploramos como os três impostores atuam juntos para criar frustração e desânimo e começamos a usar a abreviatura "CP&I" para falar sobre eles como um todo, como uma perspectiva e um paradoxo que atuam contra nossa felicidade.

Algo dentro de cada um de nós parece reconhecê-los pelo que são: falsificadores, ladrões da nossa paz e alegria, além de nos separarem de nós mesmos. Nos próximos capítulos, nosso foco será o dano que nossas obsessões subconscientes com o CP&I — controle, propriedade e independência — causam em nós.

A razão pela qual a outra metade deste livro está invertida e virada de ponta-cabeça é que precisamos separar de forma física esses três impostores de suas três alternativas. Mas, antes que essas alternativas sejam, por completo, significativas ou úteis a você, é preciso convencer-se de que controle, propriedade e independência podem ser conceitos perigosos e enganosos que nos levam a direções que não queremos ir de fato.

Neste ponto inicial, pode ser que você esteja longe de se sentir convencido, porque grande parte de sua vida tem sido dedicada à busca desses três elementos, e poucos de nós queremos admitir que nos guiamos em direções erradas. Mesmo que reconheçamos rápido os CP&I's como impostores, podemos precisar de algum reforço antes de encontrarmos a coragem de tentar desviar o foco de nossas vidas deles.

Reconheça também que existem ligações entre os três impostores, pois eles se alimentam uns dos outros, e cada um dos três fomenta e incentiva os outros dois. São todos instintos materialistas que podem nos levar a nos isolar e a julgar os outros. Além disso, são instintos seculares que não permitem a aceitação mais profunda e a espiritualidade que podem nos levar à felicidade autêntica.

Quando estivermos convencidos não só de que eles são objetos errados de desejo, mas também que devemos combatê-los e substituí-los por algo melhor, teremos mais chances de assumir um compromisso total com as alternativas. Pois, de fato, até certo ponto, para todos nós o controle, a propriedade e a independência tornaram-se os alvos conscientes e subconscientes de nossas vidas. Em muitos casos, eles se tornaram a estrutura e os parâmetros de como pensamos e do que queremos ser. Assim como têm um efeito profundo nas escolhas que fazemos e na maneira como vivemos.

Como consultor administrativo no início da minha carreira, como palestrante e, mais tarde, apresentador, muitas vezes pedi a clientes individuais ou a plateias inteiras que compartilhassem seus objetivos comigo. Desde cedo, como consultor, eu queria conhecer os objetivos das pessoas para poder tentar ajudá-las a alcançá-los. Contudo, comecei a notar padrões em seus objetivos que me preocupavam e que me traziam inquietações acerca dos meus próprios objetivos. Primeiro, a maioria dos objetivos eram sobre conquistas e poucos eram sobre relacionamentos. Segundo, a maioria dos objetivos eram competitivos: ganhar algo que faria outra pessoa perder. Terceiro, quase todos os objetivos eram sobre controle, propriedade ou independência, e a conclusão usual era a crença de que tudo que tentavam controlar, ter ou não ter os faria mais felizes. Mas esses objetivos, como observei nos outros e em mim mesmo, criaram uma estrutura de materialismo e autofoco que muitas vezes os distanciava da alegria. Conseguir alguma propriedade não levou à satisfação, mas ao desejo de mais e à aspiração de ganhar mais controle; mais que isso, tirou o tempo e foco dos relacionamentos, bem como criou uma fachada de independência que na verdade produz isolamento.

Pensar nesses objetivos e na desejada conexão com a alegria levou-me a escrever alguns dos artigos que por fim resultaram neste livro. Agora, quando peço às pessoas que compartilhem seus objetivos, não é para que eu possa ajudá-las a alcançá-los, mas para que eu possa ajudá-las a transformá-los em objetivos que têm mais a ver com relacionamentos, que valorizem mais as pessoas do que as posses, que são mais ganha-ganha do que ganha-perde e que se apropriam de atitudes mais elevadas e mais humildes.

Há uma alternativa oposta para cada um dos três impostores — três atitudes antíteses que podem ser nomeadas, incorporadas e substituídas — e que produzirão os resultados opostos.

Elas produzirão paz em vez de estresse, cooperação em vez de competição e trabalho em equipe em vez de tensão.

CUIDADO COM O QUE DESEJA… POIS VOCÊ PODE CONSEGUIR!

Este é um pensamento um tanto assustador: *cuidado com o que deseja, pois você pode conseguir*. Como seres humanos, nossos objetivos, mesmo os subconscientes ou inconscientes, afetam tudo o que fazemos. As percepções errôneas mais perigosas são as sutis, porque nos enganam, visto que não dispomos de nossa consciência e por isso não sentimos seu perigo. A mentalidade de rebanho influencia a todos, apesar de nosso repúdio… e o rebanho nos leva às imagens estabelecidas de controle, propriedade e independência. Podemos ser influenciados de forma indevida por nosso ambiente, nossos pares, publicidade, mídia social e ciberespaço: tudo isso nos rodeia e nos impacta todos os dias. Temos a tendência de querer o que outros querem, têm ou nos dizem que devemos querer.

Mas no fundo, dentro de nosso eu espiritual, de alguma forma sabemos o que é real e o que é duradouro, portanto, o que devemos buscar e nos esforçar para conseguir. Contudo, em especial em nossa era de dispositivos, telas e mensagens instantâneas, tudo que está bem na frente de nosso rosto ou na palma de nossa mão parece desviar nossa atenção do que é mais profundo, e vivemos nosso cotidiano indo atrás do temporário e do transitório em vez de pensarmos e nos dedicarmos ao que realmente importa.

Em nossa sociedade urbana, estamos cercados por outros, competindo, vendo mídias sociais, anúncios, sites e blogs que apresentam pessoas que parecem ter tudo o que querem (e tudo o que nós queremos). Podemos com facilidade cair na busca do que a sociedade define como sucesso em vez de desenvolver a nossa própria definição. Como todos em nossa sociedade parecem querer algo, é fácil presumir, de forma subconsciente, que nós também queremos essa tal coisa. Todavia, trata-se de uma suposição bastante perigosa.

Desse modo, Sócrates disse: "A vida não examinada não vale a pena ser vivida." Talvez a coisa mais importante que podemos examinar é o que queremos e por quê. Se não examinarmos esses conceitos fundamentais, caímos em suposições que são muito influenciadas pela mídia, pelos nossos pares, pelas redes sociais e pelo mundo.

Talvez a coisa mais importante que podemos examinar é o que queremos e por quê.

Por exemplo, presumimos que queremos um *controle* proativo de nossos afazeres da vida cotidiana e que seríamos mais felizes se o tivéssemos. Somos levados a pensar que queremos *ter* roupas mais bonitas, um carro mais novo, um smartphone melhor, uma casa maior e que seríamos mais felizes se tivéssemos tudo isso. Por fim, achamos que queremos ser mais *independentes* e autônomos e que seríamos mais felizes se assim fôssemos.

O interessante é que desejar ser mais feliz, em cada suposição, é a parte verdadeira e correta. Com isso, a melhor resposta para a pergunta "O que queremos?" se traduz em: *sermos felizes*. A felicidade é nosso objetivo consciente e certo. O problema não vem com o objetivo consciente, mas com a busca subconsciente e não examinada de tudo aquilo que presumimos que nos trará felicidade: a busca por controle, propriedade e independência.

O objetivo não examinado não vale a pena ser buscado.

CUIDADO COM O QUE VOCÊ SUPÕE

É claro que, como mencionado, o controle, a propriedade e a independência são desejáveis em alguns níveis. Devemos controlar nossos orçamentos, nossas emoções, nossas paixões e nossas dietas; detemos nossas ações e nossas escolhas; e, com certeza, certo grau de independência financeira pode ser algo positivo.

Mas nós — e a sociedade ao nosso redor — levamos o CP&I muito além. Os três impostores são definidos em larga escala como muito desejáveis e tornam-se o parâmetro pelo qual medimos a nós mesmos e aos outros. Queremos controlar cada vez mais, e todas as situações e pessoas que não podemos controlar começam a nos frustrar. Almejamos ter sempre mais, sentimos inveja daqueles que têm mais e julgamos aqueles que têm menos. Desejamos ser cada vez mais independentes, o que nos separa das outras pessoas e de nossa espiritualidade. Ficamos presos a aplicações desenfreadas ou extremas dos impostores sem examinar nossas próprias suposições.

Descobrir isso é uma coisa, mas saber o que fazer a respeito é outra.

Tive um amigo há muitos anos que descobriu tudo isso, mas não sabia o que fazer a respeito. Ele tomou consciência de que o materialismo, o comercialismo e a concorrência à sua volta o deixavam infeliz e concluiu que desejava sair dessa corrida de ratos. Ele fez isso largando tudo, confiando sua vida ao destino em vez das metas e planos. Com isso, descobriu que as drogas o levavam a se distanciar das aspirações e das ambições que ele havia concluído que o deixavam infeliz. Ele, em suma, substituiu os três impostores por um engano ainda maior: que sua vida não importava e que qualquer tipo de objetivo ou senso de propósito era uma perda de tempo. Ele se tornou alguém em busca de emoções e um viciado e, por consequência, perdeu sua família e sua casa.

Muitos, como meu amigo, que perceberam que a busca precipitada de controle, propriedade e independência traz infelicidade foram em uma direção oposta, tão extrema quanto prejudicial. Eles abandonaram suas tendências proativas e basicamente substituíram metas falsas pela ausência de metas. E com frequência se tornaram ainda mais infelizes.

O que devemos fazer, em vez disso, é substituir objetivos falsos por verdadeiros, os quais sejam alinhados às realidades emocionais e espirituais. Dessa forma, devemos encontrar as três alternativas, bem como descartar e repudiar os três impostores. Além disso, precisamos encontrar os verdadeiros paradigmas ou atitudes que possam resgatar nossa alegria que foi roubada pelos três ladrões.

A essa altura, você já deve ter começado a formular suas próprias ideias quanto ao que poderiam ser as três atitudes alternativas. Entretanto, lembre-se disto: para serem corretas, as três alternativas devem preservar todos os aspectos bons dos impostores (iniciativa, motivação, disciplina etc.), mas eliminar todos os pontos negativos (julgamento, ciúme, presunção, inveja, cobiça etc.). Convido você a anotar quais são as alternativas e modificar suas suposições à medida que continua a leitura.

CAPÍTULO 3

COMO OS IMPOSTORES ENGANAM

Há três maneiras específicas de sermos enganados e levados à busca de CP&I; três veículos que podem nos confundir e aos quais somos particularmente suscetíveis. São eles: as aparências, a mídia (e as redes sociais) e os falsos paradigmas.

COMO AS APARÊNCIAS ENGANAM

Vivemos em um mundo onde as aparências aparentam ser a principal realidade. Em nosso esforço de parecer bem para os outros, somos pegos pelas seguintes perguntas: como, onde, quem e quando. Nos esquecemos de fazer a nós mesmos a pergunta mais importante: *por quê.* Nós nos perguntamos: *como* posso ganhar mais dinheiro e conseguir mais independência? *Onde* é o lugar de maior prestígio para se viver? *Quem* são as pessoas que devo conhecer e com as quais preciso ser visto? E *quando*, por fim, terei o controle total da minha vida? Em vez disso, devemos nos perguntar por que queremos tudo isso e o que possivelmente precisaremos sacrificar para conseguir.

As aparências nos enganam porque os outros ao nosso redor, tanto as pessoas reais quanto as da mídia (nossos vizinhos reais e cibernéticos, nossos personagens de *sitcom* ou amigos do Facebook), sempre parecem e agem como se tudo estivesse indo bem, tendo em vista que eles têm muito daquilo que queremos e parecem estar muito felizes por causa disso. Suas vidas aparentam ser um pouco (ou muito) mais controladas do que as nossas.

Os outros tentam nos impressionar pela aparência, e nós tentamos impressioná-los do mesmo modo e de forma bem-sucedida, ao mesmo tempo em que estamos nos enganando.

E eles não parecem precisar depender de ninguém além deles mesmos. Pense naquelas séries de TV em que as pessoas estão sozinhas sobrevivendo na selva: os produtores nunca mostram o cara da câmera, a mesa de lanches ou os profissionais de resgate que ficam de prontidão. Pense em seu amigo ao lado ou do Facebook com um emprego ótimo, móveis caros e filhos perfeitos: você não vê os desafios ou as dores de cabeça, só as roupas bonitas e as fotos divertidas das férias.

O que nem sempre percebemos é que somos muito parecidos com os nossos vizinhos. O espelho do engano funciona nos dois sentidos e, sem querer, nós nos enganamos, parecendo melhores do que na verdade somos. Em suma, os outros tentam nos impressionar pela aparência, e nós tentamos impressioná-los do mesmo modo e de forma bem-sucedida, ao mesmo tempo em que estamos nos enganando.

COMO A MÍDIA E AS REDES SOCIAIS ENGANAM

Tudo isso é especialmente verdadeiro (de uma forma exagerada) na mídia e nas redes sociais que consumimos. Filmes e programas de TV tentam mostrar uma vida regular, mas muitas vezes, ao término de seu tempo de duração, os problemas são resolvidos, as relações esclarecidas e tudo é solucionado. Na vida real, claro, nunca é tão fácil assim.

Com relação ao engano proporcionado pelas mídias, há duas partes. Uma delas é a própria mídia — os programas, *reality shows*, blogs e tweets — e a visão irrealista, materialista e egocêntrica da vida que ela muitas vezes nos dá. Já a segunda parte do engano é a publicidade.

> *Um bom amigo meu, o CEO de uma gigante agência de publicidade em Nova York (e uma pessoa bastante franca, ainda mais para seu setor), disse-me sua definição pessoal de publicidade: "A bela arte de fazer as pessoas pensarem que precisam do que na verdade elas só desejam." Ele também me disse que o norte-americano médio vê (ou ouve) mais de cinco mil impressões publicitárias por dia. A Forbes ecoa esses números com sua estimativa de exposição de quatro mil a dez mil impressões todos os dias.[3] Não é de se admirar que acreditemos precisar de mais coisas, novas e melhores.*

A parte de entretenimento da mídia é tão grande e enganadora quanto a parte de publicidade. Todos que você vê nos filmes ou na TV parecem ter mais do que você, aparentam ter conseguido tudo com mais facilidade e, por último, têm um melhor controle de suas vidas, certo? É tudo faz de conta e ilusão, mas parece bastante real, em especial com tantos programas de TV, filmes e outros tipos de entretenimento que consumimos em nossas pequenas e grandes telas. Como nossos ancestrais, olhamos pelas nossas janelas de vidro, observamos e invejamos nossos vizinhos. Mas, ao contrário de nossos antepassados, ligamos e desligamos essas janelas de vidro com um botão.

Se a mídia no geral engana, as redes sociais dobram e elevam o nível. Agora não são só atores e celebridades que parecem melhores do que são na realidade; são nossos amigos do Facebook e aqueles que seguimos no Instagram — são os blogueiros e os tweeteiros — que muitas vezes parecem ter mais controle, propriedade e independência do que nós, e eles nos convidam a segui-los. De qualquer forma, não se trata de vida real, porque eles só nos mostram o que querem que vejamos.

É difícil, neste mundo conectado e dominado pela mídia, pensar por nós mesmos ou nos perguntar com mais frequência: *por quê*. Por que eu quero isto? Por que eu acho que devo controlar tudo? Por que eu quero ter mais, ou pelo menos tanto quanto outra pessoa? Por que eu sinto a necessidade de ser independente dos outros? Se fizermos as perguntas profundas quanto ao porquê, começamos a perceber que as respostas verdadeiras têm mais a ver com inveja, desejo e ganância do que com necessidade. Além disso, é uma mentira a nossa suposição de que controle, propriedade e independência estão ligados, de forma direta e necessária, à nossa felicidade.

Concentre-se nessa última afirmação por um minuto: *as conexões de controle, propriedade e independência com a felicidade são suposições e mentiras*. A mídia e a internet nos levam à suposição não examinada de que termos mais e melhores coisas nos fará mais felizes, que controlarmos mais as nossas vidas, bem como sermos mais independentes e menos necessitados dos outros, nos dará mais felicidade.

Com um pouco de reflexão, chegamos à conclusão de que essas conexões implícitas e supostas são falsas e que as verdadeiras conexões com a felicidade residem mais no compromisso, nos relacionamentos, na interdependência, no compartilhamento, na gratificação tardia, na apreciação, no serviço e na fé.

Ainda assim, nossa tendência é fazer o que os outros fazem e buscar o que eles buscam.

Eu estudei na Harvard Business School durante alguns anos, os quais foram muito interessantes e transitórios. Durante meu primeiro ano lá, todos pareciam se encaixar em um estilo e protocolo padrão. Todos nós íamos às aulas em ternos de três peças, carregávamos pastas e tínhamos sido criados de um jeito conservador. Os protestos contra a Guerra do Vietnã estavam surgindo na faculdade do outro lado do rio Charles, mas pareciam ter pouco efeito sobre os negócios e, como de costume, na escola de negócios.

Chegou o verão, o primeiro ano terminou e todos nós fizemos estágios. Quando voltamos, tudo havia mudado. A reação tardia da agitação, por fim, atravessou o rio, e muitos estudantes de escolas de negócios tornaram-se ativos em protestos políticos e manifestações antiguerra. O cabelo ficou comprido, ninguém usava terno ou gravata. Mochilas, calças jeans e camisetas tornaram-se a ordem do dia. Debates e fortes diferenças de opinião estavam por toda parte. Discussões do ano anterior sobre quanto dinheiro poderíamos ganhar e quanto tempo levaria para nos tornarmos CEOs mudaram para discussões filosóficas maiores e mais sérias sobre o que na verdade importava e o que estava certo. Todos nós nos tornamos melhores ao perguntar o porquê. Os professores precisavam ser mais perspicazes e mais atentos porque os estudantes estavam discordando deles sobre questões fundamentais, como motivo de lucro e responsabilidade ambiental. Para mim, todo o ambiente se tornou mais estimulante e interessante, com mais chances de perspectivas novas e singulares, além de paradigmas diferentes e mais bem examinados.

Por infelicidade, com o passar do ano, a maioria dos estudantes voltou ao foco e à mentalidade de quem poderia ganhar mais dinheiro e conseguir o melhor primeiro emprego.

COMO OS FALSOS PARADIGMAS ENGANAM

Um *paradigma* é um ponto de vista ou uma estrutura interna para o que pensamos ser a realidade. É uma palavra que se tornará mais importante no outro lado deste livro. A mídia, a internet e todas as suas aparições muitas vezes nos levam a *falsos* paradigmas, a uma coleção de visões equivocadas e incorretas da realidade, bem como a conexões presumidas e visões errôneas do mundo. O problema é que os próprios paradigmas falsos se tornam os maiores enganadores de todos. Porque uma vez aceita nossa visão ou perspectiva de algo, mesmo de forma subconsciente, ela torna-se um filtro pelo qual observamos e interpretamos tudo.

Os falsos paradigmas não se tornam verdadeiros quando os aceitamos, mas se tornam *muito influentes* em nossas vidas, nosso comportamento, nossas prioridades e nossos pensamentos. Uma vez aceito o paradigma de que eu seria mais feliz se tivesse mais e melhores posses materiais, minhas ações e todo o meu processo de pensamento começam a se orientar por essa busca. Uma vez aceito o paradigma de que as pessoas legais são independentes e estão no controle, começo a me criticar por precisar e ser dependente dos outros ou por não ser capaz de controlar minha vida o suficiente para fazer tudo da minha lista de tarefas todos os dias. Tal forma de pensamento nos leva à armadilha do CP&I. Se achar que a Terra é plana, você tomará decisões ruins com relação à navegação e se tornará cada vez

> **Se achar que a Terra é plana, você tomará algumas decisões ruins com relação à navegação e se tornará cada vez mais frustrado.**

mais frustrado. Se acreditar que a felicidade depende de controle, propriedade e independência, você tomará algumas decisões ruins de priorização e se tornará cada vez mais frustrado. Uma vez que corrija seu paradigma para um planeta redondo, você voltará ao seu curso ou destino náutico. Ao mudar seu paradigma dos três ladrões da alegria para as três alternativas, você voltará ao seu destino de uma vida feliz.

A SUTILEZA DO ENGANO

Há alguns hábitos ou padrões impensados em que caímos, os quais permitem que os três impostores se apossem de nós. Eles são sutis e graduais. Como todos os vícios, crescem e se apoderam um pouco de cada vez. Para entender essa sinistra sutileza, precisamos sondar os três "comos":

1. Como nos envolvemos na corrida sem realmente pensar no destino?
2. Como os espelhos e as janelas de nossas vidas são distorcidos?
3. Como buscar coisas erradas nos impede de encontrar as certas?

COMO NOS ENVOLVEMOS NA CORRIDA SEM REALMENTE PENSAR NO DESTINO

"A família Jones tem um, por isso devemos ter um." "Precisamos de uma segunda renda para poder comprar uma casa maior." "Se queremos que nossos filhos entrem na faculdade certa, precisamos conseguir pagar a escola privada agora." "Eu preciso de um computador/tablet/smartphone melhor e um planejamento mais eficaz para poder ter mais controle sobre minha vida." "Joe tem muito mais independência do que eu. Ele vai aonde quer, quando quer." "Preciso de mais amigos e seguidores on-line para me validar." "Sou muito dependente dos outros e tenho várias pessoas que dependem de mim."

Chegar aonde se deseja mais rápido, fazer mais, controlar mais, ter mais e nos comparar de maneira constante com aqueles ao nosso redor tornou-se um modo de vida para a maioria das pessoas. Quando é que a vida se tornou uma competição, uma corrida, por assim dizer? Devemos nos lembrar do que Thoreau disse: "Se um homem não consegue acompanhar seus companheiros, talvez seja porque ele ouve um baterista diferente. Que ele se mova no próprio ritmo, não importa quão distante esteja." E devemos lembrar o que e. e. cummings disse: "Mais, mais, mais, mais, que inferno, no que estamos nos tornando, coveiros?"

Parte do problema é que vivemos tão próximos uns dos outros, tanto na vida real quanto na virtual, que é fácil comparar. Outra parte do problema é que estamos cercados por meios de comunicação que estão sempre fazendo comparações e estabelecendo falsos "ideais" que esperam que todos nós desejemos. Entramos com sutileza na corrida por CP&I, correndo com todos os outros, correndo cada vez mais rápido e enxergando cada vez menos enquanto prosseguimos. Trata-se, na verdade, de uma corrida em que queremos estar? E as "recompensas" de controle, propriedade e independência são na verdade os prêmios que queremos ganhar? Ou será que queremos desistir de forma consciente dessa corrida e buscar nossa felicidade em lugares diferentes?

COMO NOSSOS ESPELHOS OU JANELAS SÃO DISTORCIDOS

Havia um parque de diversões perto da casa onde cresci, e uma lembrança viva da minha infância é do meu irmão em frente aos ondulados espelhos de vidro da casa da diversão, rindo de forma desenfreada de nossas cabeças grandes ou pernas curtas naqueles reflexos cômicos. Nossos netos agora têm aplicativos que fazem o mesmo tipo de mudança boba dos rostos.

Os velhos espelhos de parques de diversões nos faziam rir porque distorciam tudo. Os espelhos da moda e da autoimagem de hoje, que tentam refletir o que o mundo parece querer que sejamos, podem ser, do mesmo modo, distorcidos.

Pior ainda do que os velhos espelhos distorcidos é quando nossas *janelas* começam a se transformar em *espelhos* e perdemos nossa capacidade de ver os outros e suas necessidades. Se nossas janelas se revestem de egoísmo e absorvem a autoconsciência, começamos a ver só a superfície e não através do vidro. Vemos nosso próprio reflexo e os outros só em termos de como eles podem nos ajudar, afetar nossa imagem ou se encaixar em nossos planos. Utilizamos os espelhos só como base de competição e comparação em relação ao que temos de mais ou de menos. Com isso, os impostores se referem a nós, ou seja, a espelhos.

Se nossas janelas se revestem de egoísmo e absorvem a autoconsciência, começamos a ver só a superfície e não através do vidro.

Anaïs Nin disse: "Nós não vemos o mundo como ele é, nós o vemos como somos." Ou, ainda, nós vemos o mundo como gostaríamos que fosse ou como desejamos que fosse. Pensamos que queremos mais controle, mais propriedade e mais independência e encaixamos tudo nesse modelo, inclusive outras pessoas.

Por outro lado, a felicidade vem a partir do momento em que enxergamos o mundo ao nosso redor e as pessoas nele, como ele é realmente, *vendo* através das janelas em vez de *olhar* para os espelhos, estando conscientes das necessidades e sentimentos dos outros e servindo-os quando podemos. Vem de aceitar as pessoas como elas são e não nos compararmos a elas. Vem de termos uma perspectiva verdadeira sobre tudo que realmente importa.

COMO BUSCAR COISAS ERRADAS NOS IMPEDE DE ENCONTRAR AS CERTAS

Em tempos nos quais temos uma perspectiva clara e estamos sintonizados com a verdade espiritual, todos nós sabemos o que importa de verdade. Sabemos que nossas relações, nossas famílias, nossa saúde, nosso caráter e nosso desenvolvimento como seres humanos e como humanidade, que é interligada, é tudo que importa. Sabemos até mesmo, quando nosso discernimento espiritual é claro, que controlamos muito pouco e que algo bem maior do que nós controla tudo; que a propriedade é uma ilusão e a independência não é realidade. Vemos que a interdependência de uns com os outros e a dependência de um poder superior é a forma como deveria ser.

Caso já tenha voado ou caminhado pelos cumes de grandes cadeias montanhosas e visto como elas apenas continuam e continuam, você viu sua própria pequenez na imensidão da Terra. Você sabe que não é grande ou importante como imaginava. O problema é que tais momentos de clareza não vêm com frequência suficiente, isso porque não fazemos as perguntas ou não fazemos o que as produz.

Vivemos em um mundo de clamor e atividade. Por todos os lados, somos confrontados com impressões profundas da mídia, dos colegas e da sociedade, que nos dizem que precisamos controlar mais, ter mais, ser mais independentes e autossuficientes. Assim como devemos competir e comparar com base nesses falsos ideais.

Os estereótipos do mundo não só nos levam a objetivos falsos e impostores; eles bloqueiam nossa visão e nossa percepção dos objetivos reais. Eles desviam nossa atenção de desfrutar de todas as simples dádivas que nos são dadas, de perceber e ajudar os necessitados, de desenvolver nossa fé e nosso caráter.

CAPÍTULO 4

UMA BREVE HISTÓRIA DE CONTROLE, PROPRIEDADE E INDEPENDÊNCIA

O paradigma de CP&I e os conceitos e buscas por controle, propriedade e independência são muito difíceis de desapegar, mesmo quando sabemos que existem alternativas superiores (e mais espirituais). Portanto, é importante, antes de passarmos para os três heróis da alegria, aprofundar a natureza problemática e a poderosa destrutividade dos seus três ladrões. Ao pensar em como escapar de um conceito duvidoso, torna-se útil conhecer sua evolução para que possamos vê-la com perspectiva, clareza e causalidade. Para isso, é necessário ter um olhar um pouco histórico de cada um dos três impostores e sua sutil infiltração em nossas normas sociais.

COMO FICAMOS TÃO ENVOLVIDOS COM O CONTROLE

A história da busca pelo controle é essencialmente a história do mundo. No nível macro, guerras são travadas, limites são traçados e leis são escritas em busca de controle. No micro, tentamos controlar tudo, desde a temperatura de nossos quartos até o comportamento de nossos filhos. Os seres humanos parecem estar conectados com o desejo de controlar tudo ao seu redor. Nós queremos agir em vez de sofrer uma ação. Essa programação interna talvez tenha salvado nossas vidas de forma individual e como um todo, além de motivar muitos objetivos, planos e ações. Porém muitas vezes vai longe demais.

Na história recente, tal instinto de controle foi institucionalizado por todo o setor de gestão de tempo e estabelecimento de metas e pela noção de que o controle pode nos trazer felicidade. A boa noção de estabelecer metas, fazer planos e se controlar se expande na falsa ideia de que devemos ser capazes de controlar e gerenciar tudo (e todos) à nossa volta. Mas, na realidade, temos o controle de uma pequena ilha de coisas em torno da qual gira um enorme mar de descontrole e imprevisibilidade. Nosso desafio não é controlar o oceano, mas ver sua beleza, apreciar e aprender a melhor maneira de navegar por suas ondas e correntes.

Na realidade, temos o controle de uma pequena ilha de coisas em torno da qual gira um enorme mar de descontrole e imprevisibilidade.

No modo controle, as surpresas nos incomodam ou irritam porque podem impedir que nosso dia transcorra exatamente como tínhamos planejado. Nossos amigos nos irritam porque eles não fazem tudo do jeito que faríamos. Nossos filhos nos aborrecem porque não parecem querer fazer o que queremos ou não se interessam pelo que achamos que deveria interessá-los. E os dias em que não fazemos tudo o que está em nossa lista de tarefas são considerados fracassos porque definimos o sucesso como controle.

O esforço para controlar nossas emoções, nossos desejos e nossos hábitos é bom e louvável. Entretanto, devemos nos esforçar com igual diligência para reconhecer que somos frágeis e vulneráveis e precisamos de ajuda em tudo o que fazemos, mesmo em nossas metas pessoais de melhoria. Quando nosso instinto e desejo de controle passam despercebidos, nós nos tornamos controladores obcecados, e o resultado é a irritação dos outros e a nossa frustração.

Conclusão: deve existir uma atitude melhor e mais precisa do que o controle.

COMO FICAMOS TÃO ENVOLVIDOS COM A PROPRIEDADE

O direito de propriedade é um alicerce fundamental de uma democracia e de um sistema de livre iniciativa empresarial. Lutou-se por esse direito e ele foi conquistado para libertar as pessoas dos tiranos e da monarquia. A Revolução Americana é só um exemplo da luta interminável pela autonomia e pela livre iniciativa.

Em um sentido econômico, a propriedade é um pré-requisito para a responsabilidade. As pessoas não são muito propensas a cuidar bem das coisas, a menos que sejam donas delas. Em geral, cuidamos melhor de nossos carros do que de carros alugados, e um aluguel de férias tem mais probabilidade de ser considerado abusivo do que o da sua casa. Mas, assim como o controle, a propriedade torna-se ilusória e destrutiva quando é levada ao extremo. Quando uma mentalidade de propriedade toma conta de nosso pensamento, esquecemos que a propriedade é temporária. Estamos só usando elementos que passam por nossas mãos, que vêm ou são parte da Terra, bens dos quais podemos ter uma escritura, mas que, em última análise, pertencem a Deus ou à humanidade.

Se você pensa na noção de propriedade como o tronco de uma árvore, quais são os galhos que crescem dela? Os galhos de inveja brotam à medida que entramos em contato com aqueles que têm mais ou melhores posses do que nós. Os galhos de condescendência ou superioridade brotam à medida que vemos aqueles que têm menos. Os galhos de ganância e cobiça começam a crescer à medida que pensamos em tudo o que desejamos ter. Galhos de orgulho germinam à medida que pensamos no que temos ou em ter mais do que outra pessoa.

Conclusão: deve existir uma perspectiva e um paradigma melhores do que a propriedade.

Vivíamos nos subúrbios da Virgínia do Norte, nos arredores de Washington, D.C., quando abri uma nova empresa de consultoria política; na mesma época, minha suspeita gradual de controle, propriedade e independência começou a crescer.

A igreja comunitária que frequentávamos tinha um programa de visitas domiciliares em que as pessoas mantinham contato regular com duas ou três outras famílias da congregação para ver como elas estavam indo e se tinham alguma necessidade com a qual a igreja pudesse ajudar. As duas famílias que visitei não poderiam ter sido mais diferentes uma da outra. Uma era a família de um empreendedor implacável e que era uma das pessoas mais agressivas e autossuficientes que já conheci. A outra era a família de um hábil carpinteiro, formada por ele, sua esposa e seus seis filhos. No início, eu senti muita admiração pelo cara da primeira família (vamos chamá-lo de Jim) e muita pena do outro (George).

Jim tinha uma Ferrari. Ele vivia em uma mansão moderna com uma casa de piscina separada e uma quadra de tênis. Ele falava rápido e tinha negócios em andamento em todos os lugares. Jim tinha muito controle, propriedade e independência.

George vivia em uma pequena casa com um banheiro, suas mãos estavam sempre manchadas e conseguir controle, propriedade e independência não parecia ser sua principal preocupação.

Meus sentimentos sobre essas duas famílias mudaram com o tempo. Os relacionamentos de Jim eram turbulentos, seu casamento estava em crise e seus filhos eram mimados e rebeldes. Toda vez que estava lá, eu sentia uma tensão palpável naquela grande casa de vidro. Comecei a sentir medo durante minhas visitas. Visitar George e sua família, por outro lado, era sempre uma espécie de prazer que trazia paz. Eles não eram ricos, mas eram próximos. Eles sorriam muito e pareciam gratos pelo que tinham. Será que isso era felicidade? Eu me perguntava.

Para mim, os contrastes entre essas duas famílias representaram outro pequeno marco em minha jornada de afastamento gradual dos ladrões da alegria.

COMO FICAMOS TÃO ENVOLVIDOS COM A INDEPENDÊNCIA

Como se pode falar ou escrever contra a independência em uma terra fundada sobre ela e emancipada por um documento chamado Declaração de Independência? Claro que essa é uma condição política desejável, e, com certeza, a independência pessoal é uma vantagem no sentido de pensar e de cuidar de si.

Mas, como os outros impostores, torna-se perigosa e prejudicial quando é levada longe demais, em especial quando é levada para nossas vidas espirituais e nossas relações. Nós nos tornamos um mundo que adora a independência e iguala a força com o fato de não precisarmos de outras pessoas. É fácil esquecer, desse modo, como todos somos interdependentes e como foi nossa inteligência coletiva que nos permitiu progredir tanto como seres humanos.

Necessitar e ser necessário é o que nos mantém humanos, humildes e honrados.

Como Matt Ridley afirma no início de seu livro *O otimista racional*: "Em algum momento, a inteligência humana tornou-se coletiva e cumulativa de uma forma que não aconteceu com nenhum outro animal."[4] Ele explica que tem, em sua mesa, dois objetos de tamanhos semelhantes feitos pelo homem: um é um machado da Idade da Pedra e o outro é um mouse de computador. Um foi feito por uma pessoa, o outro por milhares de pessoas diferentes, cada uma especializada em algo, mas trabalhando em conjunto para criar e produzir tecnologia. Tais inteligência coletiva e interdependência são o que permite o vasto progresso que a independência nunca poderia gerar.

Necessitar e ser necessário é o que nos mantém humanos, humildes e honrados.

Talvez o conceito mais perigoso de todos acerca da independência é o de ser muito fácil esquecer nossa total e absoluta dependência de um poder superior que nos deu vida e agora nos dá cada fôlego que respiramos.

O verdadeiro problema com a independência está no *I* (indivíduo). Na medida em que tentamos mantê-la, estamos agindo como indivíduos. Trata-se de mim e do que posso fazer por conta própria. A vida real colocada em uma perspectiva adequada é sempre sobre nós e nossa interdependência. É sobre como todos somos irmãos e irmãs, totalmente dependentes. A velha e positiva atitude de "poder fazer" é um ótimo lugar para começar, mas uma posição melhor e mais elevada é a seguinte: ter uma atitude positiva ao não poder fazer. Tal atitude diz em essência: "Sozinho não sou nada e não posso fazer muito a partir disso, mas, com a ajuda de amigos, bem como da família e, acima de tudo, com orientação e assistência espiritual, posso realizar ações de significado verdadeiro."

Conclusão: deve existir uma perspectiva e um paradigma que sejam melhores do que a independência.

CAPÍTULO 5

A FÓRMULA DA INFELICIDADE, SUA PROGRESSÃO E SEU CATALISADOR

A felicidade vem de muitas formas, mas pode ser dividida em dois tipos primários: a infelicidade trazida por outras pessoas e por situações fora de nosso controle e a que trazemos a nós mesmos.

Doença, lesão, perda de um ente querido, abuso e outras formas de adversidades circunstanciais são, em geral, do primeiro tipo. Apesar da dor e do sofrimento que trazem, às vezes as infelicidades podem ser acompanhadas de vantagens e eventuais bênçãos. Como disse Shakespeare: "Doces são os usos da adversidade, que, como o sapo feio e venenoso, leva uma joia preciosa na cabeça. E assim é nossa vida quando está livre do tumulto público, encontra falas nas árvores, sermões nas pedras, livros flutuando nos riachos e o bem em tudo."

Dentro da segunda categoria, a infelicidade autoinfligida, a busca excessiva e obsessiva por CP&I pode começar a tomar conta de nossas vidas, o que, por consequência, pode nos prender em uma equação que sempre se iguala à infelicidade. No entanto, se chegarmos a compreender as falácias e os limites dos impostores, poderemos mantê-los à distância e aprenderemos com eles mesmo quando buscamos uma verdade mais profunda e um paradigma mais elevado. Podemos modificar o verso de Shakespeare para expressar a dor e o ganho desse segundo tipo de infelicidade: doces são os usos de controle, propriedade e independência, caso possamos expor suas falhas e limites mesmo quando aprendemos suas lições, e, assim, poderemos ser guiados em direção a algo melhor. Sendo assim, nossa vida, livre dessa busca contínua, encontra a alegria nas falas das árvores e nos livros que flutuam nos riachos.

A EQUAÇÃO DA INFELICIDADE

Imagine que você foi encarregado da ingrata missão de criar uma fórmula ou equação da infelicidade. X + Y + Z = IF (Infelicidade). O que seriam X, Y e Z?

Se você fosse analisar tal fórmula, poderia começar procurando tudo que contribui da forma mais óbvia e previsível para a infelicidade: estresse, ansiedade, preocupação, sentimentos de inadequação, irritação, negócios, excesso de trabalho, solidão, relacionamentos tóxicos e isolamento.

Todavia, somar tudo isso cria uma fórmula muito longa e você está em busca de uma equação mais básica. Por essa razão começa a procurar a fonte ou a causa de todas essas formas de infelicidade. O que nos torna suscetíveis a elas? O que as deixa entrar em nossas vidas? O que permite que elas nos prendam?

A fórmula deve ser algo dentro de nós, alguma porta dos fundos da nossa mentalidade que deixa a infelicidade entrar e que enfraquece nosso estado natural de alegria. Em suma, precisa tratar-se de uma fórmula fundamental: os elementos mais básicos que funcionam em uma equação simples. Com isso, existem três fatores ou partes de nós que permitem a entrada, bem como agitam e ampliam todos os medos, sentimentos, fadigas e frustrações que compõem a infelicidade.

O que existe de mais básico em nós são nossos desejos e atitudes, e, se alguns deles abrangem ou são propícios a todos esses sentimentos negativos, estamos nos aproximando da simples fórmula da infelicidade.

Que busca é mais propícia à frustração e à irritação do que tentar controlar tudo e todos e não perceber que a maior parte de tudo isso e das pessoas não pode nem deve ser controlada? Que objetivo é mais suscetível de levar à ansiedade e a sentimentos de inadequação do que a propriedade e a constante predisposição a comparar e competir em tudo? E que abordagem está mais ligada à solidão e ao isolamento do que insistir que você não precisa dos outros e que é independente?

Equação simples: C + P + I = IF. Atitudes de controle, propriedade e independência geram infelicidade. Buscar tais comportamentos abre caminho para a irritação, inadequação e isolamento, que são os alicerces da infelicidade e os bloqueadores da alegria.

A PROGRESSÃO DA INFELICIDADE

O que assusta em nossa fórmula de infelicidade é o fato dela não ser estática. Ela não produz só um pouco de infelicidade e em seguida para. Ela é dinâmica: cresce, progride e produz cada vez mais infelicidade, desde que a deixemos operar em nossas vidas.

A progressão é muitas vezes um conceito positivo. Nós progredimos em nosso desenvolvimento de habilidades ou em nosso domínio de um assunto. Progredimos de graça em graça ou de dom em dom.

Mas também há progressões negativas, as quais são terrenos escorregadios onde nossos deslizes ficam cada vez mais rápidos e difíceis de serem contidos. São espirais que decaem à medida que perdemos o controle e caímos em direção à escuridão. No mundo de hoje, há duas progressões obscuras que deveriam nos assustar mais, dois casos de areia movediça que deveriam nos preocupar profundamente. Um é o caminho pelo qual os desejos podem progredir em obsessões, que podem então se transformar rapidamente em vícios.

Desejos → Obsessões → Vícios

O outro é semelhante, porém mais complicado, porque pode ser uma boa ou má progressão. É a progressão da aceitação da crença e, posteriormente, da adoração. O perigo dessa progressão é que ela pode acontecer por meio de falsidades e mentiras elaboradas de forma cuidadosa ou por meio da verdade.

Aceitação → Crença → Adoração ou fidelidade

Um exemplo da primeira progressão negativa ocorre quando alguém deseja tanto a aceitação social ou se livrar de algum tipo de estresse e dor que fica obcecado em comparar os tipos de corpos que são diferentes do suposto ideal e torna-se viciado em comportamentos anoréxicos ou bulímicos.

Com o segundo tipo de progressão, pelo lado positivo, alguém *aceita* o amor pelo piano, e a noção de que se pode aprender a tocar progride para a competência; assim passa a amar, admirar e compartilhar música. Ou alguém aceita a ideia de espiritualidade e progride para a crença e para a fé e, então, é levado a adorar e servir. Já pelo lado negativo, alguém aceita uma ideia falsa sobre materialismo e poder ou se liberta da responsabilidade e logo começa a acreditar em inverdades e, por essa razão, passa a adorar a riqueza, a fama e uma liberdade irreal.

Da mesma forma que progressões acerca de problemas como abuso de substâncias, pornografia ou materialismo são preocupantes, devemos também estar preocupados e determinados a evitar progressões negativas que atuam sobre nossas *atitudes.*

Lembro-me de me candidatar a um cargo, há muitos anos, em que o questionário de pré-entrevista trazia a seguinte pergunta: "Você tem algum vício?" Eu assinalei a opção "Não". Sempre fui um atleta e a combinação de avisos e incentivos dos treinadores e de meus pais me manteve livre do abuso de substâncias. Portanto, foi fácil marcar "Não". Foi mais ou menos nessa época, no entanto, que comecei a me preocupar com as direções obsessivas em que minha vida parecia estar me levando. Eu tinha muito e queria mais. Viajava muito por conta do trabalho, dormia pouco, fazia poucos exercícios e não mantinha contato com Linda e nossos filhos. Mas prêmios e posses maiores estavam cada vez mais ao meu alcance, e meu pé estava no acelerador. As boas notícias — embora eu não as reconhecesse como tais na época — eram que eu tinha começado a me preocupar com o fato de ser viciado em CP&I. Tal preocupação, ou melhor dizendo, tal consciência me obrigou a rever minhas atitudes.

Nesse contexto, o controle, a propriedade e a independência tornaram-se nossas obsessões mentais e emocionais.

O problema das obsessões é óbvio: elas levam a vícios. Em vez de deixar a progressão negativa continuar, devemos encontrar maneiras de retrocedê-las em direção aos nossos *desejos* em vez de progredir em direção aos *vícios.* Com isso, devemos confrontar essa progressão logo no início.

Podemos começar essa abordagem questionando nossos desejos e crenças, perguntando por que queremos ou acreditamos em certas coisas e se elas deveriam ser seguidas. Podemos examinar e operar nossos desejos antes que eles se transformem em obsessões e depois em vícios que ofuscam nossas vontades e necessidades saudáveis. Vale dizer que podemos ponderar o ato de aceitar algumas ideias e tendências antes de adicioná-las a nossos sistemas de crenças, bem como podemos verificar o que desejamos ou o que permitimos que consuma nossas energias. Devemos nos perguntar se preferimos ter um controle próprio ou orientação espiritual, se queremos a propriedade de forma egoísta ou o compartilhamento abnegado e se queremos a solidão proporcionada pela independência ou a conexão gerada pela interdependência.

Podemos ponderar o ato de aceitar algumas ideias e tendências antes de adicioná-las a nossos sistemas de crenças, bem como podemos verificar o que desejamos ou o que permitimos que consuma nossas energias.

O CATALISADOR DA INFELICIDADE

Agora uma pergunta provocativa: a infelicidade causada pelos ladrões da alegria é sempre algo trazido por nós ou poderia ser fruto de um aspecto externo a essa fórmula de infelicidade e a essa progressão perigosa? Poderia haver alguma força, algum ser, alguma influência externa que queira que sejamos infelizes e que nos afaste de nosso estado natural de alegria?

Quase tudo na vida tem seu lado bom e mau. Assim como existem forças literalmente do bem, existem as do mal.

O bem existe. O mal existe. E ambos amam companhia. O bem tenta nos persuadir a fazer o bem; o mal tenta nos persuadir a fazer o mal.

Você terá que decidir por si se acredita em um ser supremo do bem e um do mal, mas, independentemente de serem encarnações pessoais ou apenas forças existentes em nosso mundo, elas existem de fato. Como mencionado antes, controle, propriedade e independência são conceitos econômicos e políticos úteis que fomentam a livre iniciativa, disciplina e certos tipos e níveis de responsabilidade. No entanto, cada um deles se torna ilusório quando levado ao reino emocional e espiritual ou quando nosso pensamento e nossos objetivos são baseados em seu paradigma. O mal usa a popularidade e o apelo egocêntrico dos impostores a fim de nos puxar para baixo e para longe dos princípios superiores, haja vista que ele os populariza e os glorifica ao ponto de se transformarem em nossas medidas de sucesso (para nós e para os outros), de tal forma que eles se tornam primeiro nossas obsessões e depois nossos vícios; primeiro nossos ideais e posteriormente nossos objetos de desejo. Considerando que os queremos e os adoramos o suficiente, ficamos atordoados e nos desviamos do caminho da felicidade de várias maneiras, por meio da utilização de diversas estratégias. Uma dessas estratégias do mal é a *sobrecarga*.

A ESTRATÉGIA DE SOBRECARGA

Muito já se falou sobre o valor e os benefícios da adversidade. Nenhum de nós a deseja, mas a maioria aprendeu que ela sempre virá, de pequenas e grandes maneiras, e que, se sobrevivermos bem, poderemos sair melhores e mais fortes.

O problema reside no fato de que o lado sombrio aprendeu a mesma lição. Dificuldades e outros tipos de adversidades pessoais produzem dor e sofrimento por um tempo. Entretanto, as pessoas que sofrem as adversidades muitas vezes ressurgem mais fortes e robustas e, assim, se movem em direções opostas ao mal (disciplina, devoção, empatia, serviço e felicidade). Por consequência, como qualquer concorrente feroz, o mal muda sua estratégia.

As novas abordagens incluem conforto e facilidade, materialismo agudo, satisfação e ociosidade. Entretanto, uma de suas melhores e mais novas abordagens denomina-se sobrecarga. O mal sabe que em um mundo tão complexo, tão exigente, tão cheio de opções e alternativas — se houver uma sobreposição da comparação compulsiva, inveja competitiva e orgulho — podemos nos distrair do pensamento e reflexão, que são introspectivos e contemplativos. Com isso, estaremos muito distraídos para buscar o bem.

Se nossas mentes se mantiverem no que queremos, nunca se desviarão do que o bem quer. Todavia, se estivermos exaustos todos os dias da nossa busca ao redor do mundo, teremos pouca energia para ver as necessidades dos outros ou para examinar para onde estamos indo. Se nos mantivermos ocupados com nossas obsessões por controle, propriedade e independência, não teremos tempo nem vontade de pensar em orientação ou serviço, tampouco em nossa dependência do espiritual ou na interdependência com os outros.

Respostas que se relacionam com o bem de nossa família e o bem-estar dos outros e da comunidade são respostas boas.

A solução e nossa defesa contra a sobrecarga e o catalisador da infelicidade pode estar em aprendermos a nos perguntar com mais frequência: POR QUÊ?

Somos propensos a gastar nossa energia mental questionando (e respondendo) perguntas sobre o que (o que temos, o que queremos, o que é legal, o que nos fará parecer bem), onde (onde queremos viver, para onde queremos viajar), quem (quem são os melhores contatos, com quem queremos ser vistos), quando (quando queremos nossa promoção ou nossa independência) e como (como conseguimos mais controle, como ganhamos os muitos jogos que jogamos). Essas são, sobretudo, questões de controle, propriedade e independência e podem ser perigosas quando não são precedidas por aquela que deveria ser a primeira pergunta: por quê. É o *porquê* das perguntas que nos leva a refletir, priorizar e buscar orientação, inspiração e discernimento. Por que queremos o que queremos? Por que fazemos o que fazemos? O "por que" é uma pergunta poderosa, pois nos aprofunda e nos torna sinceros conosco, e, quando somos honestos, sabemos se as respostas são boas ou ruins. Respostas que se referem só às aparências, tais como competir, vencer, conforto e facilidade não são respostas boas. Sendo assim, respostas que se relacionam com o bem de nossa família e o bem-estar dos outros e da comunidade são respostas boas.

Perguntar sempre o porquê é uma boa forma de questionamento, pois respondê-lo com sinceridade pode muitas vezes nos ajudar a simplificar nossas vidas e a nos libertar da sobrecarga. Quando não temos uma boa resposta para o porquê de fazermos algo, podemos ser capazes de parar de fazê-lo, a fim de eliminar mais uma complexidade de nossas vidas e, assim, depositar maior foco e maior prioridade naquilo que importa de verdade.

A segunda parte da solução é pensar em nossas vidas como uma série de espelhos e janelas. Os espelhos nos refletem e as janelas revelam os outros. Todos nós precisamos um pouco dos outros. Mais que isso, precisamos tentar nos enxergar não por meio de espelhos egoístas e mundanos, que são competitivos e cobiçosos, mas por espelhos precisos pelos quais estamos medindo o nosso potencial e nossos potenciais melhores destinos. Assim, é muito importante equilibrar os espelhos com as janelas; tentar ser o mais transparente possível, com foco nos outros e não em nossos reflexos. Do que meu filho precisa? Do que meu cônjuge precisa? Do que meu amigo precisa? Do que este estranho precisa?

Minha esposa, Linda, era uma adolescente tímida e insegura (um pouco difícil de imaginar agora) que tinha uma mãe muito sábia. O baile da oitava série estava chegando; era o evento mais temido por Linda. Ela tentou fugir dele fingindo estar doente, mas sua mãe percebeu as intenções da filha e sabia qual era o verdadeiro problema. Ela deu à filha um desafio: "Linda", disse ela, "quero que você vá àquele baile com algo em mente: encontre alguém que pareça ainda mais desconfortável e miserável do que você. Depois, quero que fale com essa pessoa e descubra tudo o que puder sobre ela." Linda fez isso e funcionou: ela tirou o foco de si e conheceu Shirley, que se tornou uma boa amiga e sua companheira na batalha para atravessar a incômoda adolescência. Linda descreve isso como sua primeira experiência com janelas.

Portanto, as janelas e os porquês nos fazem pensar e podem nos ajudar a simplificar e, assim, começamos a superar o problema da sobrecarga.

CAPÍTULO 6

MUDANDO NOSSA DEFINIÇÃO DE SUCESSO

"Eu me torno rico diminuindo meus desejos." Esse sentimento foi expresso por Thoreau e muitos outros. Ele contém uma verdade profunda que leva demasiado tempo para ser reconhecida por muitos de nós. A verdade é que, se quisermos as coisas certas, descobriremos que já as temos e que elas são tudo o que precisamos.

Em essência, há duas maneiras de buscar a felicidade neste mundo. Uma é adotar as medidas da sociedade ao nosso redor e nos esgotar competindo com todo mundo para ter mais, controlar mais e precisar menos dos outros. Tais "parâmetros de sucesso", que tantas vezes julgamos e pelos quais somos julgados, parecem estar diante de nós em todos os lugares que olhamos, como se fossem o padrão do que nos fará felizes — como se fossem tudo aquilo que deveríamos querer, querer e querer.

Uma maneira alternativa de buscar a felicidade é mudar a definição do que é o sucesso. Se rejeitamos de forma consciente os parâmetros de controle, propriedade e independência — lembrando que, embora possam ser conceitos econômicos úteis, são enganos espirituais — e se redefinirmos sucesso como o recebimento de bênçãos, orientação e as dádivas dos relacionamentos, perceberemos que já temos tudo o que precisamos para ser felizes.

Um de nossos filhos tem uma história que vale por mil palavras ou por mil imagens. Em meio a uma carreira de sucesso como construtor de casas de dez milhões de dólares em Las Vegas, ele e sua esposa começaram a se perguntar por quê. Por que as pessoas precisam de vinte mil metros de espaço de vida? Por que sentimos que a vida é uma competição? Por que não valorizamos mais a simplicidade? Por que não nos esforçamos mais nas relações e menos nas realizações? As perguntas levaram a profundas mudanças no estilo de vida, e eles agora vivem de maneira simples com seus cinco filhos em uma ilha, numa casa minúscula, mas bonita, com um orçamento de menos de mil dólares por mês. Eles consomem pouca eletricidade, cultivam ou vendem a maior parte de seus alimentos e dirigem carros que operam com óleo vegetal. Seus filhos cuidam dos irmãos mais novos, cortam a grama e compram suas próprias coisas. A família é o exemplo perfeito de tornar-se rico diminuindo seus desejos.

A partir de objetivos verdadeiros, ligados à alma, e por meio da substituição dos objetivos falsos e carnais do mundo, muitas acepções úteis de "Eu me torno rico diminuindo meus desejos" tornam-se possíveis:

"Eu fico feliz ao mudar minha definição de sucesso."

"Eu enriqueço por querer só as simples dádivas da beleza e das relações."

"Eu me alegro ao reconhecer e apreciar as bênçãos que já tenho."

Uma das melhores interpretações do conhecido ditado bíblico "Esteja no mundo, mas não seja do mundo" é o fato de ser possível viver na sociedade moderna, secular, e realmente apreciá-la por tudo o que ela oferece sem ficar obcecado com as mesmas buscas que aqueles ao nosso redor cobiçam e têm.

Tentar ter mais do que nossos vizinhos, controlar todos e tudo ao nosso redor e ser independente de outras pessoas são objetivos equivocados. Eles levam à frustração e à infelicidade, além de serem as piores definições de sucesso.

John Robbins, que se afastou da fortuna da Baskin Robbins em busca de uma vida mais simples, coloca desta forma: "Quando dizemos que alguém é um 'sucesso', o que queremos dizer? Queremos dizer que ela ou ele é um ser humano com equilíbrio emocional e amoroso? Queremos dizer que essa pessoa é criativa e artística e acrescenta beleza ao mundo? Em geral, não. Em vez disso, a maioria de nós reserva a palavra 'sucesso' para pessoas que ganharam muito dinheiro. É assim que nos empobrecemos."[5]

OS MODELOS ILUSÓRIOS DO MUNDO

Você já notou como tudo em nosso mundo parece ser medido, avaliado e valorizado em termos econômicos? Desde as formas pessoais com que julgamos as pessoas (riqueza, aparência, sucesso) até a forma como tentamos entender o mundo em geral (PIB, produtividade, recessão); em suma: baseamos nossas opiniões em partes de um modelo econômico gigantesco e difundido.

Outro modelo mundano é o modelo competitivo em que há sempre um vencedor e um perdedor, um que controla e um controlado. É um paradigma de poder em que nossos julgamentos e avaliações baseiam-se em quem tem mais ou menos poder.

Um último ícone cultural moderno de medição é o que poderia ser chamado de modelo de opções individuais. Julgamos as coisas pelo fato de limitarem ou não nosso leque de oportunidades ou atrapalharem nossa "liberdade" de fazer o que quisermos.

O que há de incompleto em tais modelos?

De maneira simples, eles ignoram o espírito, a alma, a necessidade de sacrifício e compromisso e ignoram, em grande parte, a família e as amizades. São modelos materialistas e temporários que não levam em conta perspectivas de longo prazo, nossa interdependência, nossa necessidade de amar, de ser amado e de acreditar em algo superior a nós; mais que isso, de esperar por magia e significado além do que nossos olhos podem ver.

Os três modelos se encaixam, um a um, com os três impostores. O modelo econômico combina com a ilusão da propriedade; o competitivo coincide com a ilusão do controle; o das opções individuais se sobrepõe ao engano da independência.

PENSE EM CONTROLE, PROPRIEDADE E INDEPENDÊNCIA COMO UMA ETAPA DA VIDA, MAS NÃO A PROTELE

Vamos mais uma vez recuar um pouco e dar crédito ao controle, à propriedade e à independência e até mesmo reconhecer que eles podem constituir uma fase ou estágio útil da vida pela qual a maioria de nós precisa passar antes de poder ir além.

Como pais, com certeza tentamos ensinar controle, propriedade e independência a nossos filhos, visto que desejamos que eles sejam capazes de controlar seu temperamento, seus apetites e o uso do tempo. Queremos que eles assumam a responsabilidade ou a propriedade de seus brinquedos, de suas roupas, de seu trabalho escolar e até mesmo de suas amizades. Além disso, almejamos que eles se tornem, de forma gradual, mais independentes, autossuficientes e automotivados.

Será que queremos ajudar nossos filhos a se desenvolverem em termos de controle, propriedade e independência ao mesmo tempo em que nós tentamos abandonar esse hábito?

É claro, isso é possível — e, em última análise, é a melhor maneira de pensar sobre controle, propriedade e independência — como uma etapa da vida que pode nos ensinar muito, ou como uma série na escola na qual fazemos nosso melhor antes de passar para a próxima. Pense nisso como a escola elementar da vida que não queremos levar para a universidade de nossa vida adulta.

Será que queremos ajudar nossos filhos a se desenvolverem em termos de controle, propriedade e independência ao mesmo tempo em que nós tentamos abandonar esse hábito?

Há algo apropriado e interessante em uma criança de dez ou 15 anos de idade que demonstra autocontrole, aceitando se responsabilizar pelos seus pertences, e que, por consequência, não precisa de seus pais para tudo e para cada escolha que faz. Todavia, um adulto que se prende de forma muito obsessiva ao mesmo paradigma torna-se menos interessante caso se torne rígido, dominador ou manipulador ao exercer tal controle. Além disso, torna-se ganancioso, orgulhoso e competitivo com relação às suas propriedades, além de pouco receptivo aos outros e invulnerável no que diz respeito à sua independência.

Desse modo, a chave é desenvolver a autodisciplina e a autoconfiança que podem derivar do CP&I, levando tais qualidades para nossa vida adulta à medida que nos tornamos nossa melhor versão e criamos a estrutura de nossas vidas. Precisamos, sobretudo, perceber o próximo passo, que envolve ultrapassar os paradoxos dessas atitudes e abordagens incompletas, e encontrar um paradigma mais elevado e verdadeiro.

Richard Rohr, em seu livro *Falling Upward*, expõe desta forma: "Há pelo menos duas grandes tarefas para a vida humana. A primeira delas é construir um forte 'recipiente' ou identidade; a segunda é encontrar conteúdo que preencha o recipiente."[6]

Controle, propriedade e independência são elementos fundamentais e úteis na construção de nosso recipiente, mas é importante reconhecer quando terminamos de construí-lo para nos concentrarmos de novo no que vai por dentro: procurar o conteúdo mais profundo que preencherá nossas vidas.

Afinal, é melhor pensar a vida como uma progressão, e nos tornamos melhores com nossos olhos e corações voltados para um estágio mais espiritual e perspicaz da vida para o qual estamos evoluindo, em vez de olharmos para trás, por cima de nossos ombros, e desejarmos ser jovens de novo. Sendo assim, o ato de enchermos nossos recipientes é, em última análise, um trabalho mais feliz do que os construir.

Este livro é sobre como encontrar e entrar em uma segunda e nova etapa da vida para realizar tal mudança o mais cedo possível. Assim, ao encerrarmos este lado do livro, pensemos em controle, propriedade e independência como uma fase pela qual passamos, aprendendo suas valiosas lições e, em seguida, saindo e subindo para a perspectiva superior das três alternativas.

CAPÍTULO 7

DO PARADOXO AO PARADIGMA

Quando comecei a escrever este livro, eu tinha quatro objetivos:

1. *Expor* os três impostores (controle, propriedade e independência) e mostrar as maneiras pelas quais eles podem roubar tanto nossa felicidade quanto nosso pleno potencial de vida.
2. *Criar* uma estrutura na qual as três alternativas possam ser apresentadas com clareza e implementadas de forma efetiva em nossos pensamentos e em nossas vidas.
3. *Revelar* as três alternativas e ilustrar como elas preservam as verdades e benefícios dos três impostores ao mesmo tempo que eliminam suas ilusões e perigos.
4. *Elaborar* cada uma das três alternativas e fazer isso de forma persuasiva o suficiente para que os leitores queiram absorvê-las e adotá-las, bem como de forma prescritiva o suficiente para que os leitores entendam como elaborá-las.

Finalizamos agora o primeiro objetivo. Você enxergou as camadas dos ladrões da alegria e está pronto para alternativas melhores e mais verdadeiras. Em seguida, é importante ter um bom quadro de referências para as três novas atitudes ou aproximações à vida que serão apresentadas no segundo lado. Uma estrutura desencadeia algo, o mantém unido e o apresenta a partir de uma luz atraente e por meio da qual obtemos clareza. A estrutura para as alternativas o conduzirá pela mudança de atitudes, as quais são necessárias para alcançar a verdadeira felicidade.

PARADIGMAS

O que são o controle, a propriedade e a independência? São metas? São princípios? São atitudes? São abordagens para a vida? São crenças? São lentes pelas quais vemos o mundo? São ideais ou objetos de adoração que nós veneramos?

É difícil substituir algo se você não estiver totalmente seguro do que se trata. Como peças de um automóvel ou máquina, você deve saber o que são, para onde vão e o que fazem antes de poder substituí-las da forma correta e com precisão.

CP&I não são valores ou preceitos, são conceitos ou atitudes e, em última análise, são falsos.

Os dois passos para se livrar de conceitos falsos são: primeiro, desmascarar, expor e abandoná-los (o propósito do lado um deste livro); e, segundo, substituí-los (o propósito do lado dois).

Sendo assim, um conceito só pode ser substituído por um alternativo. Um paradoxo pode ser substituído por um paradigma. E, por fim, o que precisamos é de uma mudança de um para o outro.

O INTERRUPTOR DA FELICIDADE E A MOTIVAÇÃO PARA ACIONÁ-LO

Seria ótimo se houvesse um interruptor em algum lugar — em uma parede, em seu cérebro ou em seu coração —, um interruptor com o qual você poderia ligar a felicidade de forma literal.

Embora esse tipo de interruptor de acionamento rápido não exista, há outro tipo de interruptor da felicidade que realmente funciona — é a mudança do paradoxo do controle, da propriedade e da independência para o novo paradigma das três alternativas —, o interruptor que o transporta da construção do recipiente ao seu preenchimento.

Não é como um interruptor de luz, pois trata-se de um instrumento mais complexo que envolve a troca de lugares, a mudança de posições, a transição de um ponto de vista para outro; mais que isso, ele exige que você vire sua perspectiva de ponta-cabeça. É um interruptor GRANDE, difícil de acionar, que exigirá todo o seu foco e sua determinação.

Os dois motivadores mais fortes são o amor e o medo. E há uma boa chance de que ambos possam entrar em jogo para encontrar e acionar o interruptor da felicidade.

Você pode perguntar: o que me motivará a fazer uma troca tão fundamental, tão completa? Você poderia dizer: mesmo que eu me convença de que lutar por controle, propriedade e independência é agir contra minha felicidade e comece a acreditar que existem algumas atitudes alternativas que podem funcionar melhor — mesmo que tudo isso aconteça —, o que me motivaria a sair da minha zona de conforto mental, a fazer o esforço necessário para mudar de forma consciente o jeito como eu vejo as coisas, parar de buscar o que pensei que queria toda a minha vida e começar a procurar algo diferente?

Essa é uma boa pergunta e aqui segue uma resposta esperançosa: diz-se que os dois motivadores mais fortes são o *amor* e o *medo*. E há uma boa chance de que ambos possam entrar em jogo para encontrar e acionar o interruptor da felicidade.

A primeira metade deste livro tem o objetivo de nos ajudar a desenvolver um certo tipo de medo: o medo da ilusória e infeliz busca pelo controle, pela propriedade e pela independência. Não basta apenas negar ou repudiar esses impostores, precisamos de fato desenvolver um medo saudável deles, do que eles podem fazer com as nossas vidas e de como eles podem minar nossas relações, espontaneidade e humildade.

Muitas vezes, nosso medo fica evidente quando percebemos controle excessivo, propriedade e independência nos outros. Uma coisa é observar, criticar ou tentar lidar com uma falha de controle, mas outra — com um potencial muito positivo — é o medo de desenvolver esses instintos em nós. Todos conhecemos pessoas gananciosas e orgulhosas de suas propriedades e é saudável temer essas mesmas tendências em nós. Quando encontramos alguém que nunca abaixa sua guarda ou nos deixa enxergar sua vulnerabilidade e age como se tudo o que ele necessita é de si mesmo, devemos ter medo de deixar essas mesmas atitudes crescerem dentro de nós.

Incentive-se a desenvolver um medo saudável do CP&I. Perceba-o. Reconheça-o. Tenha cuidado com ele. Prepare-se para não o admitir e o evitar. Tal tipo de medo é uma poderosa motivação, é um precursor para encontrar e adotar uma abordagem diferente e um novo paradigma.

O medo pode ser um poderoso motivador, mas seguem notícias ainda melhores: a única motivação que é ainda mais forte do que o medo, e com certeza mais doce, é o *amor*. E o outro lado deste livro tem um único objetivo: ajudar você a entender e aprender a amar as três alternativas.

O segundo lado deste livro é dedicado ao amor. Ele o ajudará a amar as três alternativas: a amá-las como conceitos interessantes e perspicazes, pela verdade que elas implicam, pela nova maneira que elas nos permitem enxergar a vida, pelas mudanças que podem trazer no que você busca e valoriza e em como vive.

Portanto, deixe o medo e o amor atuarem juntos, que ambos nos motivem a mudar do paradoxo para o paradigma.

CAPÍTULO 8

QUAIS SÃO AS TRÊS ALTERNATIVAS?

O que precisamos como substitutos são três paradigmas separados e novos, um para substituir cada um dos três impostores ou ladrões da alegria. Precisamos de três novas maneiras de ver o mundo ao nosso redor, três novas abordagens para viver cada dia, três novas estruturas nas quais podemos ver a nós e a nossa vida na Terra, três novas maneiras de lidar com o materialismo, a superficialidade e o egoísmo ao nosso redor, por fim, três novas atitudes para enfrentar cada dia.

AS COISAS COMO ELAS SÃO

Um verdadeiro paradigma ou conjunto de paradigmas representaria as coisas como elas realmente são: as realidades de nossa fragilidade e nossas necessidades, a nossa dependência e interdependência.

Um verdadeiro paradigma nos permitiria ver o melhor em nós, assim como enxergaríamos os outros com a mente aberta. Os verdadeiros paradigmas levariam em conta nosso propósito mais verdadeiro e seriam estruturas nas quais todos os princípios reais poderiam florescer.

As três alternativas devem ser um conjunto de atitudes, perspectivas ou paradigmas que nos tornem melhores e mais felizes.

Existem três paradigmas que podem nos motivar, inspirar, dar propósito e confiança ao mesmo tempo que nos mantêm humildes e receptivos ao fato de que precisamos buscar ajuda e conforto espiritual? Eles carregam consigo a fé que precisamos para enxergar o que um dia pode acontecer, assim como a humildade de reconhecer até onde ainda temos que ir?

Não estamos procurando juntos por pouco. Buscamos pontes que nos permitam viver no mundo sem aceitar todos os valores e ideias pressupostos. Procuramos atitudes que maximizem nossa progressão na vida, bem como paradigmas que nos libertem de falsas mentalidades e nos apontem para perspectivas duradouras.

Antes de virar o livro, formule suas próprias ideias de quais seriam as três alternativas. Use as três últimas páginas deste lado para escrever suas especulações sobre a identidade dos três heróis da alegria.

Eu acho que a alternativa ao controle é:

Eis o porquê:

Eu acho que a alternativa à propriedade é:

Eis o porquê:

Eu acho que a alternativa à independência é:

Eis o porquê:

UM BREVE INTERVALO E A TRANSIÇÃO

É MELHOR MUDAR DE FORA PARA DENTRO OU DE DENTRO PARA FORA?

A maioria dos esforços para o autoaperfeiçoamento é feito de fora para dentro. Se dizemos: "Preciso simplificar", nosso instinto é começar a analisar nossa agenda, nosso estilo de vida, o tipo de comida que comemos ou como priorizamos as coisas.

Se dizemos: "Preciso ficar em melhor forma", montamos um programa de exercícios, bebemos um certo número de copos de água por dia e utilizamos nossos smartphones para acompanhar quantos passos damos ou que altura nosso batimento cardíaco atinge.

A suposição é que podemos mudar como pensamos ou como nos sentimos mudando o que fazemos, e isso é verdade até certo ponto. Mudamos algo por fora na esperança de que isso nos mude por dentro.

Nosso instinto é de nos concentrarmos no que fazemos e não no que somos. Nós nos concentramos nos meios em vez dos fins.

E quanto à abordagem oposta? E quanto à mudança de nossas atitudes e paradigmas internos com a confiança de que, se mudarmos nosso interior, isso nos mudará no exterior?

Noventa e nove por cento das metas, planos ou resoluções de Ano Novo são sobre mudar o que fazemos. Poucos são sobre mudar o que pensamos ou como pensamos.

Este livro é sobre a mudança de três atitudes internas acreditando que elas acabarão por mudar tudo sobre o que e como fazemos. Mudar o interior para mudar o exterior. Mudar nosso paradigma para mudar nosso comportamento, nossa abordagem e nosso resultado.

Mudar o paradigma para corrigir o paradoxo.

Se seu objetivo é perder peso, é claro que você precisará de um plano de alimentação e exercícios físicos para melhorar de fora para dentro; mas e se houvesse uma atitude e um paradigma internos específicos que o motivassem a cuidar de seu corpo de uma forma que você nunca fez antes; que lhe permitissem mudar seu eu físico de dentro para fora?

Se você quer ser um pai melhor, pode começar a pensar em termos do que pode fazer para mudar seus filhos (o que é paradoxal, para início de conversa) e de fato existem maneiras de educar modificando o comportamento dos filhos e mudando-os de fora para dentro; mas e se houvesse outro paradigma específico que o tornaria mais paciente, espontâneo e consciente do que seus filhos realmente precisam — que o tornaria um pai melhor de dentro para fora?

Se seu objetivo é ter mais dinheiro e viver com mais conforto, é natural estabelecer metas financeiras, trabalhar mais, ser mais inteligente e melhorar suas circunstâncias de fora para dentro; mas e se houvesse um terceiro paradigma que o fizesse ver tudo de maneira diferente, reconhecer as oportunidades antes e trabalhar de forma mais efetiva com outras pessoas — isso o ajudaria a ver a riqueza de maneira diferente e a se tornar uma pessoa mais abundante de dentro para fora?

Esses três paradigmas de dentro para fora existem de verdade e agora você está pronto para folhear este livro e ler sobre eles.

Notas de fim

1. FAUST, J. Our Search for Happiness. *Ensign Magazine*, out. 2000. Disponível em: <www.lds.org/ensign/2000/10/our-search-for-happiness?lang=eng>.

2. PEW RESEARCH CENTER. When Americans Say they Believe in God, What do they Mean? *Pew Research Center*, 25 abr. 2019. Disponível em: <www.pewforum.org/2018/04/25/when-americans-say-they-believe-in-god-what-do-they-mea>

3. SIMPSON, J. Finding Brand Success in the Digital World. *Forbes*, 25 ago. 2017. Disponível em: <www.forbes.com/sites/forbesagencycouncil/2017/08/25/finding-brand-success-in-the-digital-world/#3dc4a60f626e>.

4. RIDLEY, M. *O otimista racional:* por que o mundo melhora. Rio de Janeiro: Record, 2014.

5. ROBBINS, J. *The New Good Life:* Living Better Than Ever in an Age of Less. Nova York: Ballantine Books, 2010.

6. ROHR, R. *Falling Upward:* a Spirituality for the Two Halves of Life. São Francisco: Jossey-Bass, 2011.

ESPERE...

Se estiver abrindo este livro deste lado primeiro ou se ainda não tiver lido o outro lado, por favor, PARE e vire o livro.

Leia os três impostores antes de ler as três alternativas.

Leia sobre o paradoxo da felicidade antes de ler sobre o paradigma da felicidade.

A sequência é importante!

E ler a solução antes de entender o problema é confuso.

Leia sobre os três ladrões da alegria antes de ler sobre os três heróis da alegria.

RICHARD EYRE

O PARADIGMA DA FELICIDADE

como o acaso, o servir e o compartilhar podem transformar a sua vida

Tradução
UBK Publishing House

ubook UBK Publishing House

Publicado mediante acordo com a DropCap Rights Agency. Edição traduzida do livro *The Happiness Paradox: The Very Things We Thought Would Bring Us Joy Actually Steal It Away/ The Happinness Paradigm: How a New View can Turn things Right-Side Up*, publicado por Familius LLC (1254 Commerce Way, Sanger, CA, 93656, Estados Unidos).

COORDENAÇÃO	Alessandra Brito
EDIÇÃO	Fernanda Avelino
COPIDESQUE	Christian Danniel
REVISÃO	Jessica Romanin e Fernanda Lutfi
DIAGRAMAÇÃO	Studio Oorka
CAPA	Clarissa Duarte

Dados Internacionais de Catalogação na Publicação (CIP)
(Câmara Brasileira do Livro, SP, Brasil)

Eyre, Richard
O paradoxo da felicidade; O paradigma da felicidade / Richard Eyre ; tradução UBK Publishing House. -- Rio de Janeiro : Ubook Editora, 2021.

Obras publicadas juntas em sentido inverso.
Título original: The happiness paradox; The happiness paradigm
ISBN 978-65-5875-574-6

1. Felicidade 2. Psicologia positiva
I. Título. II. Título: O paradigma da felicidade.

21-72796 CDD-150.1988

Ubook Editora S.A
Av. das Américas, 500, Bloco 12, Salas 303/304,
Barra da Tijuca, Rio de Janeiro/RJ.
Cep.: 22.640-100
Tel.: (21) 3570-8150

Sumário

VIVENDO O NOVO PARADIGMA DA FELICIDADE

PREFÁCIO

DE CHARLES RANDALL PAUL

Se você seguiu as instruções do autor, não ficará surpreso ao ler outro prefácio, pois estará de fato iniciando um novo livro, desta vez esclarecido quanto a equívocos e aberto a aprender melhores maneiras de pensar, sentir e agir com alegria e em direção a ela. Embora muito prático em seu foco, este não é um livro típico de autoajuda. É um testemunho marcante de vida com uma plenitude de pensamento consciente e uma experimentação da felicidade duradoura que resiste às várias dificuldades da existência humana.

Richard e Linda Eyre têm viajado, aprendido e ensinado com frequência na Ásia, assim como no ocidente. Este texto é uma tentativa notável de falar tanto da forma oriental, no que se refere a ser sábio no momento presente, quanto na forma ocidental, no que diz respeito a lutar por um grande propósito futuro. Com isso, o ocidente defende a obediência a Deus ou a racionalidade que leva à uma recompensa de eventual felicidade no Céu ou em uma Terra utópica; enquanto o oriente ensina o alinhamento com o Darma, permitindo o pensamento iluminado de que a realidade

já está completa para aqueles libertos da ilusão de identidade e do desejo de mais. Richard conclui que a resistência entre os dois pode proporcionar um impulso fortalecedor para cada um. Em resumo, ele sugere que podemos aproveitar o processo da busca por um propósito. Nem o ser nem o se tornar, de forma isolada, são capazes de criar uma realidade compreensiva.

Richard aceita a obstinada busca ocidental da felicidade *e* a libertação oriental das nossas noções de como alcançá-la. Ele faz isso substituindo as típicas atitudes ocidentais de controle, propriedade e independência, bem como as atitudes orientais de total inadequação humana, por um novo paradigma que mistura as duas em uma nova abordagem revolucionária da felicidade.

A alegria é experimentada ou revelada no amor, na criatividade, no humor, no *pathos* de amizades mútuas e em relações familiares leais que proporcionam infinitas surpresas à medida que os humanos experimentam novas aventuras juntos. Essa liberdade radical, de influência mútua, é a essência de uma relação espiritual. Assim, o novo paradigma da felicidade de Eyre essencialmente estabelece as formas pelas quais podemos nos envolver de maneira respeitosa no que é bom ou melhor em uma competição contínua de amor recíproco, de maneira criativa e original. É isso que os seres alegres fazem para se tornarem ainda mais alegres.

Richard espera nos inspirar a levar cada dia com alegria, mas também de forma séria — questionando e escutando o Poder Superior, bem como uns aos outros —, resistindo a influências negativas e registrando por escrito nossos resultados. Não é um projeto fácil de se resumir em algumas páginas, mas ele o fez. Em suma, acredito que os leitores desfrutarão e empregarão essa receita, que se traduz em uma mudança de vida no sentido de se direcionar para uma felicidade capaz de se sustentar.

— CHARLES RANDALL PAUL
Autor de *Converting the Saints: A Study of Religious Rivalry in America*

pa·ra·dig·ma
Um conjunto de suposições, conceitos, valores e práticas que constitui uma forma de ver a realidade. Um modelo, padrão ou perspectiva, isto é, uma visão do mundo ou uma estrutura mental na qual é possível ver e entender o que está ao nosso redor.

Podemos desenvolver um caminho paradigmático que nos conduza, de forma consistente e confiável, em direção ao objetivo da felicidade?

Para restaurar o que foi roubado,
para reaver o que foi perdido,
para nos salvar da ilusão,
para desfazer as inverdades que aceitamos de forma cega
e para substituí-las pelo que tínhamos em primeiro lugar, ou seja,
as atitudes e os antecedentes da verdadeira felicidade.
Que possamos velejar do **paradoxo**
Para a beleza de um novo **paradigma**
E descobrir que
Mudar de **paradoxo** para **paradigma**
é o melhor movimento que já fizemos.
Essa é a viagem do lado dois.

INTRODUÇÃO

QUATRO COISAS A CONSIDERAR ANTES DA GRANDE REVELAÇÃO

OS DOIS LADOS DE UMA MUDANÇA

Há dois passos para nos livrarmos de ideias falsas ou das meias verdades. Primeiro, devemos *expô-las*, nos aprofundar e descobrir onde elas estão e por que são falsas, rejeitá-las de forma consciente e nos afastar delas. Essa era a tarefa do lado um.

O próximo passo é *substituí-las* por pontos de vista verdadeiros e mais amplos, objetivando afastar os pontos de vista antigos, substituindo-os por novas maneiras de ver o mundo que se encaixam melhor tanto na realidade física quanto na espiritual e nos conduzem em direção à felicidade em vez de nos distanciar dela. Essa é a missão do lado dois.

OS CRITÉRIOS

Há quatro critérios importantes nos quais as três alternativas são superiores aos três impostores:

1. *Verdade:* são princípios corretos, para sempre válidos e sólidos, enquanto os impostores baseiam-se em meias verdades e levam a conclusões que são, em última análise, falsas.
2. *Motivação:* as alternativas são mais inspiradoras e estimularão mais ação e iniciativa do que os impostores.
3. *Amor:* as alternativas se abrem e geram a doação e a recepção de mais amor.
4. *Felicidade:* o ponto principal e o título deste livro — as três alternativas produzirão não só mais felicidade, como também um *tipo* melhor de felicidade.

Nossa revelação acerca de cada uma das três alternativas primeiro anunciará a palavra, depois a definirá com uma explicação para, por fim, mostrar como ela atende aos quatro critérios. Então, cada alternativa será comparada com a ilusão que ela substitui, justificando por que ela é mais correta — mais motivadora — e por que produz mais amor e felicidade.

A MUDANÇA DE PARADIGMA

Existe uma história clássica sobre um navio no mar. O capitão vê em seu radar que está em rota de colisão com outro navio, então emite uma mensagem dizendo que o outro navio deve mudar de rota. Mas recebe como resposta: "Não, mude você de rota." Zangado, o capitão responde: "Eu sou um megapetroleiro e você está no meu caminho, então mude VOCÊ de rota."

A resposta seguinte revela o falso paradigma do capitão: "Eu sou o farol, portanto, mude VOCÊ de rota."

Os falsos paradigmas acontecem com frequência, em muitos níveis e magnitudes. Os primeiros hospitais mataram mais pessoas do que salvaram porque tinham um falso paradigma sobre o que causava doenças. O fumo foi tolerado durante séculos devido aos falsos paradigmas sobre o que ele causava ao corpo. O voo era considerado impossível por causa de falsos paradigmas sobre aerodinâmica até aquele famoso dia, em Kitty Hawk, no ano de 1903.

Mas são os paradigmas pessoais, as formas individuais de ver o mundo, nosso propósito e os meios pelos quais a felicidade é obtida que fazem a maior diferença para cada um.

E a infelicidade reside no fato de que a maioria dos falsos paradigmas que levamos conosco e que definem nossas vidas não foram compreendidos de modo consciente e analítico por nós, pelo contrário, eles foram adotados a partir das "normas" ao nosso redor.

Dessa forma, percebemos que ter controle e agir em vez de reagir é bom porque a sociedade julga como algo positivo. Enxergamos a propriedade como um objetivo, haja vista que todos a aceitam como uma realidade mensurável e uma base comparativa. Vemos a independência como o ideal, pois ela é identificada com força e liberdade, quer tenha algo a ver com tais práticas ou não.

Adotar o paradigma predominante é o caminho mais fácil, e a única maneira de sair do padrão é pensar bem, de modo espiritual e por si sobre a possibilidade de que alguns de seus paradigmas sejam falsos e precisam ser mudados.

Assim, precisamos estar abertos à possibilidade de que nossos paradigmas sobre de onde vem a felicidade possam estar imprecisos, conduzam à direção oposta e possam, de fato, ser um paradoxo. Dessa forma, podemos considerar que seremos livres para encontrar um melhor paradigma de felicidade.

Conforme as três alternativas são apresentadas e levadas ao seu mais alto nível, a palavra *espiritual* será muitas vezes utilizada e, portanto, precisa de alguma explicação e definição.

Vivemos em um país (EUA) e em uma época em que menos da metade de nós se descreve como religiosos, mas três quartos de nós se descrevem como espirituais.

Espiritual tem significados distintos para pessoas diferentes, porém o fio condutor comum é que a maioria de nós sente que existe algo a mais do que nossos corpos físicos e cérebros; e que há mais maneiras de conhecer as coisas do que pelos nossos cinco sentidos. Sabemos que há algo mais elevado, porque sentimos.

As três alternativas são novas atitudes ou aproximações à vida e à felicidade que nos inspiram e ampliam nossa consciência, sensibilidade e poderes de observação por meio de nossos cinco sentidos e de um sexto, que eu escolhi chamar de espiritual.

A GRANDE REVELAÇÃO

Vale ressaltar que, por coincidência (bom, na verdade foi realizado um trabalho extremamente árduo), as três alternativas ou os três heróis da alegria, em inglês, se resumiram em palavras com 11 letras que começam com a letra "S". Nesse sentido, ao explicar cada uma das três alternativas, espero convencê-lo a trabalhar duro para adotá-las como as lentes pelas quais você se vê no mundo, como os três heróis da alegria e como seu caminho pessoal para a felicidade. Os capítulos seguintes vão elaborar, expandir e dar sugestões de implementação sobre cada uma das alternativas. O objetivo aqui é apenas revelá-las e defini-las.

A ALTERNATIVA AO CONTROLE É A SERENDIPIDADE (SERENDIPITY)

Essa palavra maravilhosa foi há pouco tempo adotada e simplificada pela cultura popular, tornando-se o nome de sorveterias, boutiques, filmes e linhas de roupas. Em sua nova popularidade, a *serendipidade* é muitas vezes definida como "destino", "sorte" ou "algo de bom que acontece com você por acaso". Sua verdadeira definição, no entanto, é muito mais interessante e esclarecedora.

A palavra foi cunhada por um autor inglês do século XVIII chamado Horace Walpole, que amava uma antiga fábula persa chamada *Os três príncipes de Serendip*. Serendip era o nome inicial da bela ilha em forma de lágrima, ao largo da ponta sul da Índia, que os britânicos chamavam de Ceilão e que nós, hoje, chamamos de Sri Lanka.

Na fábula, cada um dos três príncipes parte em busca de sua sorte. Nenhum deles a encontra realmente, mas todos, por conta de sua extraordinária consciência e percepção, encontram coisas *melhores*: eles descobrem o amor, a verdade e as oportunidades para servir. Com isso, eles se tornam capazes de desenterrar esses tesouros porque percebem algo que os outros não são capazes e, assim, experimentam alegrias e descobertas inesperadas.

Walpole, ao ler a fábula, disse a si mesmo: "Não temos uma palavra em inglês que expresse essa feliz capacidade de encontrar coisas melhores do que as que pensamos estar buscando." Assim, ele inventou a palavra *serendipidade* e a definiu da seguinte forma:

> "Um estado emocional pelo qual uma pessoa, por sorte, consciência e sensibilidade, muitas vezes encontra algo melhor do que aquilo que procurava."

DEFINIÇÃO

Pense por um momento sobre os elementos e implicações da fascinante definição de Walpole. Em primeiro lugar, é o estado emocional ou atitude de uma pessoa. Em segundo lugar, requer consciência e sensibilidade. Terceiro, implica que a pessoa é proativa, porque ela busca algo ou tem objetivos. Quarto, sugere que, à medida que a vida acontece com espontaneidade, recebemos oportunidades, impressões ou ideias — talvez relacionadas a coisas que a maioria das pessoas não reparam — que são, na verdade, melhores ou mais alegres do que seja lá o que for que estejamos fazendo ou buscando de forma consciente.

A definição de Walpole sugere que, mesmo quando vivemos nossas vidas, realizando nossos negócios, controlando o que podemos e buscando nossos objetivos, *devemos nos esforçar para permanecermos conscientes e em sintonia*, usando tanto nossos sentidos quanto nossa intuição ou inspiração. Enquanto fazemos isso, podemos muito bem enxergar caminhos melhores, mais importantes e mais felizes do que as tarefas em nossa lista.

Essas serendipidades podem ser grandes ou pequenas, assim como podem envolver poucas oportunidades ou pequenas belezas, como um chamado inesperado de um amigo ou um lindo pôr do sol. Também podem ser grandes conexões ou descobertas. Por exemplo, Alexander Fleming descobriu os antibióticos a partir

da observação serendipitosa de como o molde soprado por uma janela aberta começou a matar bactérias que estavam em uma placa de Petri, no seu laboratório. Charles Goodyear descobriu como vulcanizar a borracha ao notar o que acontecia quando uma panela fervia em seu fogão.

Nos níveis micro ou macro, a busca por serendipidade premia não o controle, mas a observação. Nosso foco não está em forçar as coisas a serem do jeito que queremos, mas em ver suas possibilidades considerando o que são de verdade.

Serendipitoso, a propósito, é uma forma adjetiva e uma palavra muito útil e descritiva, como veremos.

SERENDIPIDADE ESPIRITUAL

A serendipidade fica ainda mais interessante quando a dimensão espiritual é incluída. Podemos nos esforçar para sermos mais conscientes e vigilantes não só pelos nossos cinco sentidos, mas também pela nossa intuição e sensibilidade espiritual. À medida que nos esforçamos para estar mais em sintonia com os sentimentos de nossa alma, tudo chega a nós por meio de impressões, incentivos, sugestões, palpites e inspirações. Por intermédio disso, ficamos mais em contato com o que de fato está acontecendo ao nosso redor e começamos a ver tudo de uma forma mais completa e perspicaz.

Uma definição espiritual aprimorada de *serendipidade* seria, então:

> Um estado espiritual e mental em que nos esforçamos para ter consciência das bênçãos, do propósito e da vontade divina. Ao percorrermos nossas vidas e buscarmos nossos objetivos, tentamos perceber tudo o que está ao nosso redor e dentro de nós, felizes pela aventura e espontaneidade da vida, bem como dispostos a desviar ou desistir de nossos planos cada vez que nos damos conta de algo melhor.

Controle ou serendipidade: qual é o mais verdadeiro ou motivador? Qual deles melhor acomoda e atrai o amor? Qual deles produz mais felicidade?

A verdade: o fato é que controlamos pouquíssimo e quase tudo está além de nosso controle; ainda assim, oportunidades, circunstâncias e bênçãos inesperadas estão ao nosso redor, com belezas incríveis, e precisamos só da consciência e da sensibilidade espiritual para percebê-las. Podemos cultivar essa consciência e podemos rogar por ela. Sendo assim, usamos nossa ação para tomar a iniciativa espiritual, a qual permite que o divino nos abençoe de maneiras que nunca poderíamos ter planejado e nos impulsione em direções que nunca teríamos contemplado. Esse tipo de orientação liminar é bem mais valiosa e digna de nosso desejo do que nosso próprio controle pessoal. Ressalte-se que a *serendipidade* é o estado emocional ou paradigma que pode atrair essas bênçãos.

A motivação: o controle pode parecer motivador porque apela para nosso desejo de poder. Porém é um tipo perigoso de motivação, visto que muitas vezes não é freado pela humildade e pode levar ao pior tipo de orgulho. Com um paradigma de serendipidade, somos motivados por nosso desejo de descobrir a felicidade em vez de tentar fabricá-la o tempo todo. Começamos a ver a vida como uma grande aventura em que nosso desafio não é controlar, mas perceber e compreender. A serendipidade também aumenta nossa resiliência, tendo em vista que, ao contrário do controle, ela nos leva a procurar as oportunidades ocultas, mesmo em nossas derrotas.

Com um paradigma de serendipidade, somos motivados por nosso desejo de descobrir a felicidade em vez de tentar fabricá-la o tempo todo.

O amor: tal palavra tem muitas definições, mas todas envolvem

cuidado, preocupação e sentimentos profundos pelos outros, cada uma das quais é fomentada mais pela consciência da serendipidade do que pela elevação do controle autofocado.

A felicidade: os resultados de um paradigma de controle podem incluir comportamento obsessivo, muito estresse e podem gerar o sentimento de frustração por todas as situações e circunstâncias (e pessoas) da vida, as quais não acontecem da maneira simples, da forma como queremos. Em uma mentalidade de controle, nós nos aborrecemos com surpresas ou ocorrências inesperadas que nos distraem das coisas que estão em nossa lista de tarefas. Assim, tudo que não se enquadra em nossos planos, bem como nossa ideia controladora de como tudo deve acontecer, é considerado como uma interrupção, uma irritação e um impedimento.

Os resultados de um paradigma serendipitoso em modo espiritual são mais felizes, pacíficos e muito empolgantes. De posse de uma maior conscientização, aprendemos a viver o momento e a desfrutar do presente. Fazemos o nosso melhor para planejar nosso futuro, mas apreciamos a espontaneidade e nos tornamos bons na espera e na procura por surpresas ou oportunidades não planejadas. Removemos as limitações presentes em nossas obsessões. A partir de uma visão periférica restaurada, percebemos tanto as necessidades quanto as belezas dos outros.

Uma atitude serendipitosa parece retardar o tempo, aliviar a pressão e fazer de nós vigilantes em vez de pessoas muito preocupadas tentando controlar nosso mundinho particular, e, por fim, falhando de forma recorrente.

Enquanto uma abordagem de controle fecha a porta interior, a serendipitosa nos abre para nossas próprias almas.

Vivíamos no subúrbio de Washington, D.C., onde eu havia cofundado uma empresa de consultoria política de grande sucesso, planejando e gerenciando as campanhas dos candidatos nas disputas para o Governo, Senado e Congresso. Eu gostava do

entusiasmo e da potencial contribuição do que estava fazendo e tinha algumas ambições políticas próprias; mas o ritmo era exaustivo, eu viajava três ou quatro dias por semana. Linda e eu estávamos preocupados com nossos três filhos pequenos, tentando decidir que tipo de experiência pré-escolar eles precisavam.

Como se não bastasse, eu estava preocupado com a execução do meu estudo sobre a alegria e pensei que deveria existir uma alternativa para os insistentes acadêmicos das pré-escolas, em nossa área, que prometiam ensinar crianças de três anos a ler, fazer contas e estar muito à frente de outras crianças quando atingissem o jardim de infância. Começamos a escrever nossas ideias e em pouco tempo tivemos a base de um livro que chamamos de Teaching Children Joy*, que sugeria que as crianças da pré-escola estariam melhores e mais preparadas para a escola ao aprenderem por meio de alegrias sociais e emocionais — como a alegria da bondade, a alegria do estabelecimento de metas simples, a alegria da terra e do corpo — do que se tivessem uma vantagem acadêmica. Comecei a sentir que meu coração estava mais no livro do que na consultoria política, por essa razão reduzi meu tempo com a empresa para que Linda e eu pudéssemos expandir nossa escrita. Na época, eu não percebi por completo, mas estava me comportando de forma serendipitosa, afastando-me de meus objetivos e indo em direção a "algo melhor do que aquilo que eu buscava". Resumindo: o livro tornou-se um best-seller e gerou o currículo da Joy School, que já foi usado por mais de meio milhão de pais em suas crianças da pré-escola (Disponível em: www.joyschools.com).*

A ALTERNATIVA À PROPRIEDADE É A CONCESSÃO (STEWARDSHIP)

DEFINIÇÃO

Essa palavra é antiga e remonta ao século XI. O dicionário *Webster* diz que, em inglês, ela "funcionava como uma descrição de trabalho, denotando o ofício de um mordomo ou administrador de uma casa grande", implicando o cuidado vigilante de algo que não possuímos. Ainda de acordo com o *Webster*: "A gestão cuidadosa e responsável de algo deixado aos nossos cuidados."

Todavia, não faz muito tempo, essa palavra tem sido amplamente usada no âmbito dos negócios, mas com a acepção de gestão, como na "teoria da gestão" da administração, em que os executivos atuam como gestores, uma vez que são responsáveis pelos ativos que controlam. Nos últimos tempos, também ouvimos falar muito da "gestão ambiental", referindo-se à responsabilidade e proteção do meio ambiente por meio de práticas sustentáveis de conservação.

Por outro lado, há muito tempo, tal palavra tem tido uma conotação espiritual. De acordo com a Wikipédia: "A concessão é uma crença teológica de que os humanos são responsáveis pelo mundo, e devem cuidar dele [...] Nas tradições judaicas, cristãs e muçulmanas, a subserviência refere-se à forma como o tempo, os talentos, os bens materiais ou a riqueza são usados ou oferecidos a serviço de Deus."[1]

Desse modo, subserviência é o entendimento de que não temos nada de fato, e que, de maneira simples, as coisas passam por nós e por nossas vidas; coisas que podemos cuidar, assumir responsabilidade e encontrar alegria.

Eu gosto de definir *concessão* como:

> Um paradigma no qual alguém sente plena responsabilidade por algo que sabe que não merece inteiramente — algo pelo qual trabalhamos e recebemos, pelo qual sentimos dedicação e paixão — algo que nos traz uma sensação magnífica e expansiva de agradecimento e alegria, a tal ponto que queremos compartilhar com os outros.

Sendo assim, a concessão pressupõe que estamos cuidando do que nos é confiado pelo verdadeiro dono, ao considerarmos o bem maior. Dessa forma, percebemos a responsabilidade, porém a ganância e o orgulho não florescem. Com isso, o paradigma da concessão traz consigo humildade e gratidão, que são naturais e nos levam à felicidade.

CONCESSÃO ESPIRITUAL

Outra maneira de entender a diferença entre propriedade e concessão é, como foi aludido de forma breve anteriormente, pensar nesses conceitos como troncos de duas árvores e observar os galhos que crescem de cada um deles.

Na árvore da propriedade, há um galho ciumento, um galho invejoso e um galho cobiçoso, porque a propriedade sempre pressupõe uma comparação e uma competição, e torna-se fácil perceber a todo momento aqueles que têm mais do que nós. Há também um galho de condescendência, um galho de orgulho e um galho de superioridade, pois também podemos facilmente enxergar aqueles que têm menos do que nós. Por último, existem galhos de egoísmo, de frustração e os mais ambiciosos, haja vista que queremos passar por cima dos outros para que possamos olhá-los de um patamar superior, em vez de olhar diretamente em seus olhos.

Há também algumas ramificações boas na árvore, como a da responsabilidade, porque estamos motivados a cuidar daquilo que nos sentimos donos. Mesmo as ramificações de caridade e doação podem brotar, contudo, muitas vezes elas são sufocadas pelos fortes galhos do egoísmo.

Na árvore da concessão, tipos de ramificações bem diferentes tendem a crescer, tais como as da humildade saudável, alcançando os galhos do agradecimento. Já as ramificações da contemplação brotam a partir da beleza, da oportunidade e das opções que a vida nos dá. Galhos de empatia crescem a partir das dores e desafios dos outros. Galhos de oração, fé e esperança são inevitáveis, pois são princípios pelos quais as mordomias são honradas, cumpridas e ampliadas. As ramificações da caridade se entrelaçam com os galhos do amor e da sensibilidade, visto que sabemos que as coisas, de qualquer maneira, não são nossas; portanto, é mais fácil compartilhá-las com os outros.

Sendo assim, esse tipo de árvore, e seu consequente crescimento, é o resultado de viver com uma atitude de concessão.

CONSTRASTANDO A ILUSÃO COM SUA ALTERNATIVA

Propriedade ou concessão: qual é o conceito mais verdadeiro ou motivador? Qual deles melhor acomoda e atrai o amor? Qual deles produz mais felicidade?

A verdade: a propriedade pode ser verdadeira de forma econômica, mas a concessão é a maior verdade emocional e espiritual, tendo em vista que é mais abrangente, mais cuidadosa e menos egoísta. Tal verdade se torna mais consciente e traz uma perspectiva.

A motivação: não há dúvida de que a propriedade é motivadora. Mas é uma motivação que varia e é vulnerável, uma vez que a ganância pode se exaurir, bem como se tornar exaustiva em vez de renovar. A motivação provocada pela concessão é aquecida e sustentada pela

gratidão, situação em que percebemos que somos recompensados para além daquilo pelo qual trabalhamos ou merecemos. Aqueles com uma mentalidade de concessão querem mais concessão, assim como os proprietários querem mais propriedades, todavia a desejam menos por orgulho e aparências e mais por amor, serviço e pelo bem comum. Nesse caso, a motivação é mais pacífica.

O amor: a propriedade volta-se para dentro, já a concessão volta-se para fora. A concessão abre oportunidades de compartilhamento e servidão, que trazem sentimentos de amor e apreço; enquanto a propriedade se acumula e gera o isolamento.

A concessão traz uma sensação mais profunda da alegria do que a propriedade, porque se une à gratidão e não ao orgulho.

A felicidade: a quantidade de resultados é, de modo potencial, infinita no que diz respeito à propriedade, mas a felicidade que vem com ela segue a lei do rendimento decrescente [diz que em todos os processos produtivos, se a quantidade de um bem for aumentada e a dos outros permanecer constante, a produção total por bem cairá, todavia, tal fato não significa dizer que a produção total vai cair]. Assim, cada vez que você recebe algo, isso produz menos satisfação do que da vez anterior, pois ter muito pode se tornar cansativo. A partir da concessão, a qualidade torna-se aos poucos mais importante que a quantidade, e aprendemos que é possível ser feliz sem estar satisfeito. Nesse contexto, a concessão traz uma sensação mais profunda da alegria do que a propriedade, porque se une à gratidão e não ao orgulho.

Logo após escrever o livro da Joy School, foi-nos oferecido um hiato de três anos de nossas empresas para ir à Londres e supervisionar as atividades humanitárias das várias centenas de jovens missionários

que se voluntariavam em tempo integral e trabalhavam com refugiados, dentre outros, sobretudo nas áreas pobres de Londres e do sul da Inglaterra. Esse foi um chamado, não um trabalho, e não nos pagou nada. Significaria deixar tanto nossa empresa de consultoria quanto nossa escrita e publicação, bem como não havia nenhuma garantia de que poderíamos ter qualquer um deles de volta quando retornássemos. Nossa "propriedade" e nossa renda levariam um golpe, nossos filhos seriam retirados de suas escolas, viveríamos de maneira muito mais simples em uma casa menor e dentro de uma cultura nova e, de certa forma, estrangeira. Mas Linda e eu sentimos com veemência que isso era uma situação de concessão, que podíamos na verdade mudar vidas, tanto dos missionários quanto das pessoas que eles poderiam servir e ajudar. Isso nos levou a olhar para tudo o mais como uma concessão também, desde as casas e carros que teríamos que vender ou alugar até nossos filhos e o tipo de experiência e perspectiva que queríamos dar a eles. Quanto mais pensávamos a respeito, mais sabíamos que isso era tanto concessão quanto serendipidade. Era algo melhor do que o que estávamos buscando e era uma forma de procurar contribuição para a prosperidade pessoal. Nós o fizemos, e aqueles três anos mudaram nossa perspectiva, nossas ambições e nossa história de vida.

A ALTERNATIVA À INDEPENDÊNCIA É A SINERGICIDADE (SYNERGICITY)

A terceira alternativa é uma atitude que não só nos tira das garras ilusórias e negativas do falso conceito de independência, como também complementa (e atrai) a serendipidade e a concessão.

Para tanto, houve a designação de uma nova palavra: a *sinergicidade*. Muitos a reconhecerão rápido, pois trata-se de uma combinação de duas outras palavras, *sinergia* e *sincronicidade*.

Sinergia — a primeira parte de nossa nova palavra — é um conceito importante (e muito popular hoje em dia) que significa a combinação de duas ou mais pessoas, abordagens ou pontos de vista, onde o total é maior do que a soma de suas partes. Assim, um mais um pode ser igual a três, dois mais dois pode ser igual a cinco ou mais. Quando duas pessoas, grupos, empresas ou conceitos se complementam ou se motivam de forma mútua e de determinadas maneiras, o resultado combinado pode ser maior do que o agregado ou do que cada um poderia fazer de maneira separada.

DEFINIÇÃO

Sua origem é proveniente da palavra grega *synergos*, que significa trabalhar em conjunto. O dicionário define *sinergia* como: "Uma combinação vantajosa que ocorre de forma mútua e na qual o todo é maior do que a soma das partes. Trata-se de um estado dinâmico no qual a ação combinada é favorecida em relação à soma das ações componentes individuais."

Embora a palavra *sinergia* seja muito utilizada nos negócios, sua melhor utilização pode ser nas relações humanas, em particular no casamento. Esposo e esposa, trabalhando juntos por meio de habilidades e perspectivas complementares, produzem um casamento sinérgico que possibilita muito mais do que os dois indivíduos poderiam fazer isoladamente.

Todavia, precisamos de algo mais. A *sinergia* carece de uma qualidade surpreendente, cósmica e perfeita, onde tudo se encaixa de modo mágico.

Falta a qualidade da *sincronicidade.*

Sincronicidade é um termo desenvolvido por Carl Jung, o psiquiatra suíço conhecido pela exploração da mente subconsciente. Ele usou a palavra para descrever o que chamou de "ocorrências temporais e coincidentes em eventos acausais". Jung descreveu várias vezes a sincronicidade como um "princípio de conexão

acausal" (ou seja, um padrão de conexão que não pode ser explicado pela causalidade direta: uma "coincidência significativa") e como "paralelismo acausal"[2] (coisas que acontecem juntas e em tandem, isto é, ao mesmo tempo, sem ligação aparente). Difere da mera coincidência, a qual diz que a sincronicidade implica não só em um acaso, mas em um padrão ou dinâmica implícita expressa por relações ou eventos significativos.

Jung pode não ter apreciado as conexões espirituais ou mesmo percebido que existem causas externas à mente que geram algo que vai além da coincidência, porém seu pensamento é fascinante, uma vez que nos oferece uma maneira de falar sobre aqueles momentos surpreendentes quando tudo parece convergir, quando todo o universo conspira e se une em prol da nossa felicidade ou bem-estar. Tal fato sugere a interconexão do micro e do macro, como, por exemplo: as borboletas que batem as asas no Brasil e afetam o clima em Nova York; ou as conexões de pensamento e realidade de alguém que o chama justamente quando você estava pensando nele.

Quando se acrescenta a dimensão espiritual, a sincronicidade torna-se uma forma de falar sobre o incrível tempo das ternas misericórdias de Deus em nossas vidas e as conexões entre os pensamentos, bem como os sentimentos dos entes queridos, os quais não podem ser explicados em termos de causa e efeito. Isso nos ensina que "coincidência" é uma palavra que usamos quando não percebemos o divino nas coisas. Além disso, quando se liga sincronicidade espiritual com sinergia espiritual, você forma a ilustre e mais nova palavra: *sinergicidade* — o antídoto perfeito e a alternativa à independência.

Em vez de procurar maneiras de fazer melhor do que os outros, ela busca formas de agir melhor com os outros.

A sinergicidade é um dos heróis e um restaurador da alegria, não um destruidor. Em vez de dizer que devemos ficar sozinhos, diz que, na

maioria dos aspectos da vida, somos seres dependentes de forças mais elevadas e espirituais. Além disso, ela não nos diz que não precisamos de outros, mas sugere que somos todos interdependentes e que as pessoas que trabalham juntas têm capacidade de realizar muito mais do que poderiam fazer separadas.

A sinergicidade concentra-se na família, nos amigos, nos relacionamentos, nas comunidades e na conexão do todo com algo maior. Em vez de procurar maneiras de fazer melhor do que os outros, ela busca formas de agir melhor com os outros. No lugar de se esforçar para fazer algo apesar das circunstâncias ao nosso redor, ela nos leva a fazê-lo dentro de nós e em harmonia com as realidades que nos cercam. Vale ressaltar que, em sua dimensão espiritual, em vez da meta de nos elevarmos devido aos objetivos que estabelecemos, ela sugere deixar que Deus nos eleve em direção a nosso destino divino.

Dessa maneira, a sinergicidade é uma lente pela qual tentamos ver o mundo de forma mais orgânica, a partir do todo interligado, benéfico e interdependente de tudo e todos.

Ainda sobre a sinergicidade, tem-se a terceira e última alternativa, que é:

> Uma combinação das palavras *sinergia* e *sincronicidade* definidas como um paradigma no qual reconhecemos a dependência divina, a interdependência mútua e o respeito pela interconexão benéfica de todas as coisas, momentos e ocorrências dentro da estrutura de um propósito superior.

SINERGICIDADE ESPIRITUAL

A chave para implementar uma atitude de sinergia é entender que, embora nossa perspectiva e compreensão da realidade sejam estreitas e limitadas por nossa mortalidade velada, temos à nossa

disposição três ferramentas incríveis, cada uma das quais pode nos abrir caminhos e nos dar uma visão mais ampla da realidade maior. Tais ferramentas, pelas quais nossa alma ou espírito pode ter acesso, são:

1. Nosso cérebro: utilizamos menos de dez por cento da capacidade de nossa maravilhosa mente. O poder do nosso subconsciente está em grande parte inexplorado. Podemos programar nossos cérebros para nos mostrar conexões, perceber coisas sutis, colocar as palavras certas em nossas bocas, fazer o comentário ou o complemento que outra pessoa precisa. Podemos, de forma literal, dizer à mente para ficarmos mais conscientes, para nos lembrar de chamar alguém quando estiver disponível ou para lembrar algo de experiências passadas que são relevantes para o que estamos fazendo no momento.
2. A consciência das outras pessoas: quando perguntamos a outras pessoas como elas se sentem, como elas veem as coisas, qual é a opinião delas, é como conseguir uma imagem nova por completo a partir de um novo ângulo das lentes da câmera. Quando desenvolvemos nosso senso de empatia, às vezes podemos conseguir essas perspectivas sem sequer perguntar. A questão é que há tanta consciência e perspectiva ao nosso redor na forma de outras pessoas com seus conjuntos de experiências e pontos de vista, e vale dizer que, quanto mais nos aproximamos delas, mais nossas consciência e perspectiva se expandem.
3. Um poder espiritual superior: podemos desenvolver uma conexão espiritual para uma compreensão mais abrangente de toda a realidade, na qual temos o incrível privilégio de ter acesso a uma perspectiva superior. Essa conexão é um dom pelo qual podemos nos dedicar, pedir e aprender a reconhecer.

Pense nesses três recursos em uma metáfora tecnológica. Nosso cérebro é uma espécie de laptop ou smartphone que tem mais capacidade, memória e conexões do que utilizamos em geral.

A experiência, as percepções e as perspectivas de outras pessoas são nossas conexões, aplicativos e mídias sociais, mas sem a falsidade. Ao nos conectarmos e entrarmos em contato, expandimos de forma drástica a velocidade, o acesso, a memória e a capacidade de nossos computadores.

Por outro lado, o espiritual é a internet, o wi-fi, o Google, o banco de dados ilimitado: a fonte de capacidade infinita à qual temos acesso e que nunca quebra ou fica off-line.

CONTRASTANDO A ILUSÃO COM SUA ALTERNATIVA

Agora, vamos comparar sinergicidade e independência a partir dos mesmos quatro critérios que utilizamos com as outras duas alternativas de serendipidade e concessão.

A verdade: a independência não é um paradigma exato. Para reiterar, por mais que tentemos nos convencer de que somos independentes, na verdade somos seres dependentes desta Terra e de seu espírito para tudo o que nos mantêm vivos e interdependentes com tantas outras pessoas. A sinergia reconhece essa simples verdade e a transforma em uma magnífica bênção.

A motivação: a noção egocêntrica de tentar fazer tudo sozinho, de depender só de si, é um tipo de motivação teimosa e defensiva. É provável que ela se esgote e enfraqueça. Já a motivação da sinergia se estende e produz a empolgação de elevar os outros à medida que nos elevamos e promove a aventura de tentar encaixar as peças do quebra-cabeças da vida.

O amor: ao contrário do que ocorre na independência, a sinergicidade expande o nosso amor e o torna vasto e empolgante quando originado de pessoas especiais. Tal fato gera a possibilidade

de tornar-se, em conjunto, mais do que o dobro do que qualquer um dos dois poderia ser se estivesse sozinho. Ela convida mais ao círculo do amor: mais pessoas, ideias e experiências.

A felicidade: a partir da independência, situação em que fazemos tudo utilizando nossa capacidade e perspectiva estreita, tem potencial para resultados muito limitados e, diversas vezes, muito infelizes. A sinergicidade e o encontro com conexões que estão à nossa volta expandem a alegria e estendem todos os limites potenciais, os quais passam a não existir mais.

Após nosso retorno da Inglaterra, onde mais duas crianças foram adicionadas à nossa família, Linda e eu nos estabelecemos de novo em nosso nicho de escrita e palestras e escrevemos o Lifebalance e, posteriormente, outro livro que se tornou um best-seller do New York Times: Ensinando valores a seus filhos. Estivemos na Oprah e no Today Show e, por um tempo, fizemos um quadro regular na CBS This Morning. Tínhamos um contrato contínuo de cinco livros com a Simon & Schuster. Com a decisão de fechar nossa empresa de consultoria, nós nos tornamos escritores e palestrantes em tempo integral. Não nos demos conta disso na época, porém o mais importante é que estávamos aprendendo sobre sinergicidade. Em nossa escrita, descobrimos que, quando escrevíamos juntos, podíamos produzir mais e um conteúdo melhor do que o somatório do que cada um de nós poderia fazer individualmente. Nossas habilidades e estilos de escrita se complementavam, e nós os catalisamos com sessões de brainstorming com um grupo de escritores que chamamos de "Inklings", em homenagem a C. S. Lewis.

Comecei a perceber que Linda tinha dons que eu jamais teria, por essa razão se tornava mais relevante complementar e compensar os pontos fortes e fracos um do outro do que tentar trabalhar de forma independente. Aprendemos a amarrar o que estávamos

escrevendo e a falar sobre o que estava acontecendo no mundo. Com isso, nós nos tornamos melhores em ver as conexões entre o que as pessoas precisavam e o que estava acontecendo; e em mudar o ritmo do que estávamos trabalhando para corresponder às oportunidades que se apresentavam. Começamos a ver que éramos mais felizes quando sentíamos que nosso trabalho era uma causa e que nossos bens eram concessões. Começamos a confiar mais nas oportunidades inesperadas e na serendipidade do que em nosso planejamento de longo prazo. Além disso, aprendemos o quanto nossa felicidade e produtividade dependiam da interdependência com os outros, bem como dos nossos esforços para enxergar as conexões dentro do quadro geral. Começamos não só a entender esse terceiro herói da alegria, como também a ver como ele se ligava e conduzia os outros dois.

Agora, com as três alternativas definidas, podemos compará-las como um novo paradigma (SC&S) com os três impostores (CP&I) que elas substituem. Uma vez feito isso, podemos nos aprofundar em cada uma das três alternativas: os três "heróis da alegria".

OS LADRÕES (CP&I) VS. OS HERÓIS (SC&S)

Uma coisa é comparar cada um dos três impostores de modo individual com sua alternativa de substituição, mas outra é compará-los como um todo, comparar o paradoxo com o paradigma.

Ao compará-los, lembre-se que o objetivo deste livro não é argumentar que as alternativas são moralmente superiores aos impostores (embora isso possa ser discutido) ou prometer que iremos mais longe e teremos mais sucesso ao fazermos uso das alternativas em vez dos impostores (embora em geral isso aconteça). O ponto é mais direto. De maneira simples, as três alternativas nos fazem *mais felizes* do que os três impostores. O paradigma é um caminho direto e claro para a felicidade, enquanto o paradoxo é

um caminho confuso e sinuoso para longe dela.

Este não é um livro sobre caráter, realização ou sucesso, embora se refira a essas coisas. É um livro sobre a felicidade. Portanto, os três impostores e as três alternativas são sempre abordados no seguinte contexto: eles vão ou não nos fazer felizes?

Uma boa maneira de avaliar e comparar seu potencial ou propensão a nos fazer felizes é listar os momentos ou situações em que reconhecemos a felicidade e avaliar se cada um deles se correlaciona mais com o CP&I ou com a SC&S.

Considerando que li referências atuais sobre felicidade (e há muitas), parece-me que a maioria das teorias da felicidade concorda com os tipos de circunstâncias e experiências que talvez mais produzirão felicidade. Eu tentei explicitar dez delas:

1. **A felicidade se manifesta quando sentimos uma gratidão genuína, tendo em vista que ela equivale, quase que totalmente, a agradecimento. Escrevi em outro livro o seguinte: "A gratidão não é o caminho para a felicidade, ela É a felicidade em sua forma mais palpável."[3]**
2. A felicidade acontece quando temos aqueles pequenos e imprevisíveis momentos de alegria que aparecem de repente e de um jeito inesperado. Pode ser uma surpresa, uma epifania ou só um instante de paz quando uma pequena e aguda pontada de felicidade nos atinge. E, assim que nos damos conta dela, ela passa.
3. A felicidade ocorre quando uma onda de alegria nos envolve em uma ocasião particular ou em uma determinada situação. Tal fato pode acontecer em um casamento, formatura ou promoção. Certas vezes, em situações simples, tais como uma noite tranquila em casa ou um jantar em família, quando você olha ao redor da mesa e sente uma felicidade profunda, que dura mais do que um instante.
4. A felicidade se dá quando temos um sentimento enérgico

de amor e a intensidade com que o sentimos, em geral, combina de modo perfeito com o vigor de nossa alegria.

5. A felicidade se expressa ao oferecermos ou prestarmos serviço. Quando ajudamos os outros ou lhes prestamos assistência, é provável que sintamos uma forma distinta de alegria.
6. A felicidade acontece quando vivemos uma aventura. Embora possa ser chamada, de forma mais precisa, de "emoção", existe uma conexão entre ela e uma nova experiência, descoberta ou aventura.
7. A felicidade se manifesta quando estamos na natureza ou em contato com o mundo natural.
8. A felicidade acontece quando somos afastados de forma temporária da pressão, tensão e ansiedade. Há um alívio afortunado quando vamos a algum lugar ou fazemos algo que nos desconecta de comparações ou competições uns com os outros, as quais nos deixam sobrecarregados por conta do trabalho e desequilibrados.
9. A felicidade se dá quando saímos de uma crise ou de um período sombrio em nossas vidas e nos sentimos aliviados e felizes pelo fim e pela superação dessa fase ruim.
10. A felicidade se expressa quando nossas relações mais importantes vão bem.

Usando essas dez circunstâncias como modelo, convido-o a fazer sua própria avaliação. Pense em suas primeiras impressões de como cada um desses dez fatores da felicidade são impactados e afetados pelo paradoxo comum do CP&I. Em seguida, considere como o paradigma alternativo da SC&S impactaria essas situações. Qual dos dois se presta melhor à nossa percepção da felicidade: a precipitação e a pressão dos três ladrões ou a consciência e a paz dos três heróis? Quais atitudes você mais associa a esses dez tipos de felicidade?

1. Qual é a melhor forma de expressar gratidão, pensar da seguinte forma: "eu mereço" o controle, a propriedade e a independência, ou o ponto de vista de serendipidade, concessão e sinergicidade, que afirma que tudo é uma bênção?
2. Qual paradigma nos dá a maior consciência e mais perspectiva do que está acontecendo internamente à nossa volta no momento, e, por essa razão, você passa a perceber e aceitar os pequenos momentos de alegria, assim como as cargas pesadas do trabalho, superar os colegas do CP&I ou o preceito reflexivo e espontâneo de SC&S?
3. O que nos torna mais atentos ou presentes e mais receptivos à alegria em ocasiões especiais: a abordagem que foca a "próxima coisa que pertence ao meu mundo", bem como a de nos concentrarmos em uma lista de tarefas, ou uma abertura que nos permita excedermos às expectativas das três alternativas?
4. O que permite que o amor altruísta e incondicional floresça melhor: o foco no "indivíduo", que se traduz na independência, ou na empatia provocada pela concessão?
5. Qual paradigma desperta mais desejo e capacidade de serviço aos outros: o foco egocêntrico do CP&I ou o direcionamento ao todo, que provém da SC&S?
6. O que nos leva mais à aventura e à experiência do desconhecido: o *status quo* conservador e protetor dos três impostores ou a atitude curiosa e corajosa da serendipidade? Quais deles antecipam a aventura e a surpresa e quais deles são ameaçados por elas?
7. O que provavelmente nos faz escapar do mundo do trabalho e registrar a beleza do mundo natural: a mentalidade de "tarefa concluída" dos ladrões da alegria ou o mantra de "parar, pensar e questionar" dos heróis da alegria?

8. O que relaxa a pressão e o estresse: a abordagem no sentido de "provar você mesmo" a todo tempo, que nasce dos impostores, ou a sensação de "focar mais nos outros do que em mim" das alternativas?
9. Qual paradigma proporciona uma mentalidade reconfortante e cheia de perspectivas quando estamos lidando com um momento difícil ou com uma crise existencial? O que nos permite sentir menos sozinhos, mais conectados e mais resilientes: o cobertor confortável da abordagem interdependente dos heróis (SC&S) ou o frágil tapete dos ladrões (CP&I), o qual pode ser facilmente puxado?
10. Qual paradigma fortalece as relações como prioridade máxima? Qual as enfraquece?

Você pode querer voltar e revisitar essas dez perguntas após terminar este lado do livro; retorne com uma compreensão mais completa dos heróis da alegria e como eles impactam nos dez fatores ligados à felicidade.

Uma maneira simples de pensar este livro à medida que avança no lado do paradigma seria como uma estrutura dos fins e meios. O fim (o objetivo; a finalidade; o destino) é a ALEGRIA, e os meios (o plano; o caminho; a atitude) são SERENDIPIDADE, CONCESSÃO e SINERGICIDADE.

SERENDIPIDADE

A PROMESSA
(Impacto da Serendipidade)

O que é necessário: uma atitude,
Uma atitude que pode mudar a maneira como vemos a vida
e a maneira como a *vivemos.*
É uma atitude que envolve uma nova consciência,
novas abordagens,
e uma nova resposta
às mais profundas e antigas perguntas pessoais
de como conseguimos orientação espiritual.

Perguntamos: como nos valemos do nosso
discernimento, nossas impressões, intuições, inspirações
e de nossa crença em um poder superior que nos faz acreditar
nas possibilidades?
"Rogue por ela" é a resposta mais simples (e a boa resposta).
Mas, para ser eficaz,
rogar deve ser acompanhado de uma conscientização,
uma abordagem, uma *atitude*
que nos ajuda a fazer as perguntas certas, e somente então
passamos a ouvir (e ver)
as respostas inesperadas.
Que atitude é essa?
É a *Serendipidade.*

A Serendipidade não é um programa,
uma técnica, um método,
"seis passos para..." ou uma "sequência de ações".
Não se trata de como fazer algo
ou mesmo sobre o que fazer.
De fato,
não tem nada a ver com fazer.
Tem a ver com

Ser.
E as mudanças que ela defende não estão fora de nossas ações, mas *dentro*, em nossas almas.

Uma nova atitude, com uma profundidade consciente, que faz mais do que mudar o que fazemos.
Ela se torna uma parte de nós e, assim,
muda quem somos.
A *Serendipidade* requer mudanças em nosso paradigma
ou visão de mundo.
Ela sugere uma nova maneira de olharmos para nós,
nosso mundo,
e nossa relação com o espiritual.

A serendipidade, além de nos abrir para uma maior orientação, pode:

- Relaxar-nos, reduzindo a frustração e o estresse.
- Aumentar a empolgação da vida e remover o tédio.
- Sensibilizar-nos para a beleza e aprofundar nossos sentimentos.
- Aumentar os momentos em que nos sentimos comovidos.
- Orientar-nos para as ideias e aumentar nossa criatividade.
- Tornar-nos mais orientados para as *pessoas* e menos para as coisas.
- Aumentar nosso senso de humor.
- Permitir-nos achar mais graça nas pequenas ironias da vida.
- Tornar-nos mais flexíveis, mais espontâneos, mais *divertidos*.
- Dar-nos mais resiliência.
- Tornar nossa vida mais longa, pois o tempo *parece* diminuir para aqueles que são muito vigilantes e conscientes, por outro lado, um espírito calmo contribui para a longevidade.

Some tudo da lista e nós estaremos infundidos de Paz e Alegria.

CAPÍTULO 1

A ORIGEM DA SERENDIPIDADE: UMA VISÃO PESSOAL

Houve um momento, um período específico, em que fiquei tão encantado (alguns diriam obcecado) com a ideia de serendipidade que realizei uma jornada de descoberta e pesquisa para tentar entender todo o significado e as implicações dessa palavra. A viagem me levou ao Museu Britânico, em Londres, e depois ao Sri Lanka, uma bela ilha ao largo da ponta sul da Índia (uma ilha outrora chamada Serendip).

A história dos fatos que originaram essa jornada é um pouco constrangedora e dolorosa. Eu estava na casa dos vinte e poucos anos e tinha conquistado sucesso suficiente para ser perigoso (e arrogante). Eu tinha terminado meu MBA na Harvard Business

School, onde meu professor favorito, que chamaremos de professor Livingstone, tinha atitudes marcantes e lemas como "Aja, não reaja" e "Nunca se surpreenda, porque, se você está surpreso, significa que não conseguiu fazer planos de contingência suficientes". Eu pensava que ele andava sobre as águas, e ele me fez sentir tão independente que não aceitei nenhum dos empregos ou cargos que me foram oferecidos; em vez disso, com dois sócios, abri uma firma de consultoria política em Washington, D.C. Eu pensava que estava no comando e tinha o controle, e acreditava que era merecedor. Em suma: eu queria poder e me tornei insuportável.

Mas existia outro lado dentro de mim. Eu passei um verão estagiando no Havaí e trabalhei para uma companhia aérea, por essa razão, podia viajar de graça. Dessa forma, costumava ir à Big Island, que é a maior ilha do Havaí, nos fins de semana e lá eu gostava de pedir carona. Em uma viagem, peguei uma carona matinal com um casal nativo, Rusty e Honey. Eu estava tentando ir de Kona para Hilo, uma longa e sinuosa viagem naquele tempo, por isso pensei que teria que pegar diversas caronas. Todavia, Rusty e Honey paravam de forma periódica para sair e me mostrar uma cachoeira, um vulcão e, em uma parada, os túmulos dos avós de Honey. No início, eu estava um pouco impaciente (minha natureza), mas estávamos indo na direção certa. Rusty e Honey eram como crianças me mostrando todos os seus brinquedos favoritos, explicando tudo por meio de um inglês precário... e, por fim, quando o sol se punha, nós nos aproximamos de Hilo.

Eu disse algo sobre ter sorte por eles irem até Hilo, e Rusty, parecendo confuso, disse: "Ah, não, nós não vamos para Hilo; vamos para a mercearia." Então foi minha vez de parecer confuso; ele encolheu o ombro e disse o óbvio: "Podemos ir à mercearia no próximo dia, mas não poderíamos levar você a Hilo amanhã."

Tal atitude me impressionou tanto que passei a maior parte do ano seguinte ponderando o que me pareceu ser o dilema central da vida: será que eu queria ser como o professor Livingstone ou queria ser como Rusty e Honey? Será que eu queria ter tudo premeditado ou queria viver de forma livre? Será que eu queria poder ou espontaneidade? Será que eu queria agir ou reagir?

Parte desse dilema pessoal surgiu de um feedback bastante contundente que eu havia recebido de um casal de amigos e associados (e uma namorada), que foram francos o suficiente ao me dizerem o quão controlador e manipulador eles achavam que eu era. Vou poupá-lo das especificidades, mas frases como "Nem tudo diz respeito a você" e "Você não pode pisar nos outros para chegar aonde deseja" me vêm à mente.

O outro dilema era que a imagem de Rusty e Honey permanecia na minha cabeça, e eles pareciam mais felizes do que o professor Livingstone.

Comecei a fazer algumas perguntas profundas: por que eu queria o que eu queria? Para que fim? Por que eu queria mais controle? Era um fim em si mesmo ou eu pensava que isso me faria... mais feliz?

Foi em algum momento desse dilema de um ano que, por acaso, encontrei a palavra serendipidade. Era o nome de um grupo de cantores populares, The Serendipity Singers, e, embora sua música não me impressionasse tanto, a estranha palavra ficou na minha mente por tempo suficiente para que eu a procurasse em um velho dicionário na biblioteca da universidade.

Eu devia estar numa disposição rara e reflexiva, porque as definições que encontrei naquele dia me fizeram pensar se esta

palavra ou conceito era a solução para o meu dilema "Rusty e Honey ou Livingstone?". A observação que fiz em meu diário naquele dia dizia assim: "A serendipidade é um caso ou uma situação em que se descobre algo melhor do que aquilo que se buscava."

Talvez, pensei pela primeira vez, eu pudesse ser tanto Rusty/Honey quanto Livingstone. Posso buscar e estabelecer metas, ter controle e sucesso como Livingstone. Mas também posso vivenciar situações espontâneas em que posso relaxar, deixar a vida acontecer e apenas ser.

Eu de fato não entendi o conceito por completo, mas gostei da noção e das possibilidades. Contudo, quando li a definição completa e histórica da palavra, feita pela pessoa que a criou, soube que realmente tinha descoberto algo importante. De acordo com Horace Walpole, o autor britânico que inventou a palavra, serendipidade não dizia respeito à sorte ou ao destino; ela era voltada a um *estado emocional*, no qual, por meio de consciência e sensibilidade, o indivíduo encontra algo melhor do que aquilo que estava buscando.

Esse era o estado emocional que eu queria alcançar e que me levou a uma odisseia de descobertas.

A VIAGEM PARA SERENDIP

Neste capítulo, e em alguns dos que se seguem, meus escritos se tornarão um pouco pessoais à medida que compartilho pensamentos, citações de diários e outras observações pessoais de minha busca individual por serendipidade. Algumas vezes escreverei em linhas quebradas ou em formato poético para enfatizar o novo alinhamento de pensamento que eu estava experimentando e para tentar incentivar seu processo de pensamento para novas perspectivas. Quero usar qualquer dispositivo possível (formato diferente, linhas irregulares, *layout* poético, até mesmo notas e citações de meu diário) para fazer com que você leia de uma maneira

um pouco diferente e, assim, talvez pense de uma forma nova e mais criativa. Acompanhe-me nesta jornada de descoberta do primeiro herói da alegria.

DIÁRIO: TRECHOS DO SRI LANKA

Enquanto escrevo, estou sentado na varanda do meu quarto no Sri Lanka, olhando por meio da selva em direção à praia, vendo um homem levar seu elefante ao mar para um banho.

Talvez seja uma abordagem bastante extrema, mas eu estou aqui, no meio do nada, em uma ilha em forma de lágrima no oceano Índico, para encontrar a origem, e talvez o significado mais profundo, de minha palavra favorita.

A serendipidade é uma atitude mental que pode nos dar os meios para nos deslocarmos de onde estamos para onde queremos estar. Mais importante ainda, quando incluímos a contribuição espiritual em sua definição, ela pode nos ajudar a mudar de onde estamos para onde Deus quer que estejamos.

A palavra não é minha; ela foi cunhada por um autor britânico do século XVIII chamado Horace Walpole. Mas pode-se dizer que eu a adotei, e ouso falar que ela pode ter mais significado para mim do que para Walpole.

Walpole, filho do primeiro-ministro britânico e escritor de romances góticos, deparou-se com uma antiga fábula persa chamada "Os Três Príncipes de Serendip" e ficou fascinado com as implicações da história.

Encontrei a fábula original — uma das poucas cópias restantes no mundo — na distinta biblioteca do Museu Britânico, em Londres, e

a retraduzi para o inglês moderno. Mas, antes de entrarmos nisso, deixe-me fazer um comentário, baseado em parte na perspectiva que sinto ao olhar para nosso mundo a partir deste lugar distante.

Vivemos em uma época e cultura únicas, mais desafiadoras, complexas e competitivas do que qualquer outra da história. Em comparação com pessoas de outras sociedades e épocas, nossas vidas são abundantes e ocupadas, mas são sempre exigentes e nunca previsíveis. Não importa o rumo que escolhemos, a vida é repleta de surpresas e de reviravoltas inesperadas no caminho.

O estresse e a frustração que a maioria de nós sente se deve tanto às exigências quanto à imprevisibilidade. No momento em que aparentemente temos uma ideia de para onde estamos indo ou do que estamos fazendo, algo surge (uma crise, uma mudança, um desafio, uma circunstância) e de repente estamos em águas inexploradas e difíceis de entender.

Os problemas que enfrentamos são muitos, o que dificulta uma única resposta, a menos que essa resposta seja uma atitude que possa orientar a vida, transformar adversidade em vantagem, impaciência em discernimento, competição em caridade, tédio em beleza. Eu chamo essa atitude de serendipidade.

Está na moda estar no controle, no comando, planejar, administrar e até mesmo manipular. Damos destaque ao agir, não ao reagir. Mas o fato é que sabemos pouco e controlamos pouco. As surpresas acontecem todos os dias. E existe uma variedade de grandes e pequenas coisas sobre as quais não temos controle. O fato é que nós não sabemos o suficiente sobre o futuro, sobre aqueles ao nosso redor, tampouco sobre nós, para que possamos escolher de forma consistente o que é melhor para nós e para os outros.

Todavia, temos a capacidade de enxergar mais, de perceber mais, de encontrar melhores caminhos, e existe uma inteligência superior que sabe mais. Há um guia que pode nos estimular e conduzir por meio de pequenos, às vezes imperceptíveis, sentimentos e percepções que chamamos de incentivos, impressões, intuições ou inspirações. Algo sobre a beleza, o ritmo e a paz desta ilha me ajudam a saber que existe um caminho mais elevado e mais alegre, e eu escolhi chamá-lo de serendipidade.

A serendipidade, para mim, é uma atitude que aumenta nossa receptividade aos nossos sentidos, mentes e a uma inteligência mais pura. Com ela, podemos descartar o objetivo fútil de uma vida inteira autogerida e seguir as bases de uma vida orientada.

Nesse ponto, eu não estava só viajando para o Sri Lanka em busca da origem de minha palavra favorita, eu escrevia artigos sobre ela e a promovia como uma atitude da qual eu sentia que as pessoas precisavam mais. Minha esposa, Linda, escreveu um prefácio para um desses artigos que traz uma visão interessante:

O fascínio de Richard pela palavra e pelo conceito de serendipidade começou durante nosso namoro e atingiu o seu auge na época do nascimento de nossa primeira filha. Richard queria chamar nossa bebê de Serendipidade, mas eu o desencorajei com a observação de que as crianças poderiam zombar dela. Mesmo assim, o melhor que pude conseguir foi um acordo e a chamamos de Saren. Exceto pelo fato de existir um gás letal com esse nome [O Gás Sarin, uma substância química muito utilizada por terroristas, tendo em vista que ele afeta diretamente o sistema nervoso da vítima], por sua definição abreviada no dicionário ser "um feliz acidente", e por todos a chamarem de Sara ou Sharon, acho que ela se sente bem com o nome. Lembro-me de um presente de chá de bebê: um cobertor bordado com a etiqueta "Cobertor da Saren". Fiquei

contente por ela não ser um menino, senão Richard iria querer chamá-lo pelo nome do autor inglês que criou a palavra: Horace!

Mas, falando sério, tenha paciência com Richard e sua estranha terminologia. Meu marido é um pouco estranho de diversas maneiras atraentes, e eu passei a apreciar sua palavra quase tanto quanto ele. Significa, pelo menos em nossas mentes, algo poderoso e representa uma maneira de viver (e uma maneira de pensar) que é emocionante ao considerarmos o que ela representa em nosso dia a dia.

A ILHA, AS PESSOAS, O CONTRASTE E A MUDANÇA

Sri Lanka significa "Ilha Resplandecente"; devo dizer que está bem nomeada. Ao olhar para aquela ilha verde-esmeralda e com altas montanhas, localizada no oceano Índico, de cor anil, encontrei pistas para esse quebra-cabeças de serendipidade não só por meio do cenário, mas também do povo.

Vi trabalhadores felizes quando ganhavam duzentas rupias por semana (cerca de dez dólares). Somente com essa quantia (e o peixe que pescavam ou o arroz que cultivavam), eles alimentavam grandes famílias. No entanto, como em muitas partes mais pobres do mundo, os rostos refletiam mais alegria do que desânimo. Em nenhum lugar eu vi uma tantos rostos sorridentes como os de crianças, no sentido positivo, tendo em vista que eles nunca desviavam o olhar dos meus olhos. Mais que isso, tais olhares pareciam repletos de luz.

Seus rostos pareciam sem muita autoconsciência e me convidavam a olhar de volta. As preocupações aqui eram tão simples quanto acentuadas: comida, um teto e abrigo na estação das monções, alguns cuidados de saúde e educação para as crianças. O cingalês é um povo inteligente e alegre, por essa razão a maioria

dos turistas que escolhem retornar o fazem tanto pelo povo quanto pelas praias perfeitas e pelas montanhas frescas da selva.

Como o ritmo era lento e os contrastes vívidos (e porque minha palavra favorita nasceu aqui), este era um bom lugar para pensar nos três príncipes e em Horace Walpole. Além disso, era em especial o lugar específico para olhar para trás e pensar em nosso mundo e na civilização ocidental no início do século XXI, com todo o estresse e ansiedade que os acompanha.

Nosso mundo é muito agitado e complexo. As opções, oportunidades e obrigações proliferam e crescem como grama. Muitos de nossos problemas são decorrentes de excesso e não de escassez.

Nossas janelas ainda hoje são retangulares e feitas de vidro, mas são ligadas e desligadas a partir de um simples botão ou reconhecimento facial e mudam sua visão com apenas um toque: elas nos mostram nossos concorrentes e nos tornam materialistas, conjurando novos desejos e depois disfarçando-os como necessidades.

Entendemos que tentar fazer, possuir e ser tudo não funcionará. Porque não há tempo. Na verdade, dificilmente há um momento para escolhermos nossas *tarefas*, porque estamos muito ocupados e preocupados com a necessidade de *termos tarefas*. Além disso, a burocracia e as responsabilidades engolem o minúsculo tempo que nos é atribuído a cada dia.

Tentamos nos preparar, priorizar e planejar. Fazemos nossas listas e tentamos controlar os eventos que giram ao nosso redor, mas nada ocorre como planejamos. Impedimentos e interrupções nos desviam do curso e transformam nossos planos em testamentos de nossas falhas.

O trabalho, a família e as necessidades pessoais aglutinam-se uns aos outros como um cabo de guerra de três cordas. Olhamos ao nosso redor e buscamos conforto (ou pelo menos companhia) no fato de que todos têm o mesmo estresse, a mesma frustração, o mesmo desequilíbrio.

Parte do problema é que, tecido e enrolado em torno do pensamento aceito de nossa sociedade, está o perigoso fio rígido e quebradiço da *quantidade*.

Nós medimos (e somos medidos) mais pelo quanto fazemos do que
pelo quão bem o fazemos;
Mais por explícita exposição externa do que pela visão interna invisível;
Mais pela nossa amplitude do que pela nossa profundidade;
Mais sobre nosso fazer e receber do que sobre ser;
Mais na quantidade do que na qualidade.

Então, como mudamos este sistema, esta sociedade? Não mudamos!
O que mudamos é nossa suscetibilidade a ela, nossa estereotipada aceitação do padrão, nossa dependência de sua aprovação.
O que mudamos somos nós mesmos.

E a ferramenta que pode girar, cronometrar e ajustar a transição é a atitude de
Serendipidade.

CAPÍTULO 2

HORACE WALPOLE E OS TRÊS PRÍNCIPES PERSAS

Um excelente primeiro passo para tentar compreender o conceito de serendipidade é explorar a própria palavra, sua origem e definição. Para isso, precisamos retroceder quase trezentos anos até o autor inglês chamado Horace Walpole, muitas vezes referido por seus amigos como Harry. A seguinte visão geral sobre Walpole foi extraída de meu livro anterior, *Spiritual Serendipity*.

VISÃO GERAL

Walpole, em carta escrita em 1754 a Horace Mann, comentou sua atração pelas aventuras dos príncipes de Serendip: "Eles estavam sempre fazendo descobertas, por acidente e por sagacidade, de coisas de valor [...] as quais não buscavam."[4]

Que tipo de homem Walpole era? Seu interesse pelo conceito de serendipidade e sua intriga com uma fábula fantasiosa chamada *Os Três Príncipes de Serendip* desenvolveram-se por conta do tipo de pessoa que ele era?

Walpole nasceu em 1717, filho de sir Robert Walpole, que mais tarde se tornaria o primeiro-ministro da Inglaterra. Ele foi criado com privilégios e prazeres e estudou em Eton e King's College, em Cambridge. Após deixar a universidade, ele partiu para uma viagem de dois anos e meio pela França. Enquanto estava no exterior, seu pai foi eleito ao Parlamento. Sua vida foi a síntese das bênçãos de nascimento nobre na Inglaterra do século XVIII; entretanto, em vez de complacência e preguiça, Walpole parecia exalar produtividade e interesses abrangentes para além de seu privilégio.

Em vez de complacência e preguiça, Walpole parecia exalar produtividade e interesses abrangentes para além de seu privilégio.

As seguintes descrições se tornaram apropriadas para Walpole: antiquário, romancista, político, poeta-mestre, encantador social, arquiteto, jardineiro e cronista político. Sempre apreciador do singular e imprevisível, ele projetou e construiu um castelo gótico no qual vivia e escrevia. Seu ambiente inspirou histórias misteriosas de romance e intriga. Ele passou a ser denominado o pai do romance gótico. Sua escrita influenciou Scott, Byron, Keats e Coleridge. Suas volumosas e esclarecedoras cartas e correspondências nos dão a imagem mais clara que temos da vida social e política da Inglaterra do século XVIII.

Hugh Honour, em seu livro *Writers and their Work*, considerou Walpole "um dos personagens mais encantadores que já puseram a pena no papel. Ele conhecia todo mundo que valia a pena naqueles tempos de elegância. Ele tinha uma paixão substancial por antiguidades, arquitetura, impressão, escrita de cartas: tudo o

que pudesse melhorar os prazeres da vida."[5]

Você e eu podemos ter pouco em comum com esse homem que nasceu na riqueza e que tinha uma posição distinta em uma época tão diferente, porém ele tinha uma vivacidade de causar admiração. Desse modo, conhecer um pouco sobre sua natureza torna-se útil para entender a palavra que ele criou.

Como o historiador britânico Thomas Macaulay mencionou: "Walpole rejeitava, com entusiasmo, o que o entediava, reservando a si só aquilo que considerava divertido ou poderia ser feito pelo artifício de sua expressão."

O biógrafo contemporâneo James Boswell falou da "inerente tranquilidade de Harry ou de sua afeição por ela". Gilly Williams, que o conhecia desde criança, afirmou: "Não consigo imaginar alguém que seja mais feliz do que Harry." O romancista do século XIX, William Thackeray, que, como muitos, sentiu que as cartas de Walpole eram seu maior legado, disse: "Nada é mais encantador do que as cartas de Horace. Os violinos ressoam por meio delas: velas de cera, vestidos finos, piadas finas e pratos finos brilham e cintilam. Nunca houve uma Feira da Vaidade tão brilhante, divertida e cínica como aquela pela qual ele nos conduz."[6]

O que deu a Walpole sua tranquilidade, sua felicidade e seu dom de ver a vida como uma aventura gráfica, cintilante e emocionante? Teria sido uma atitude; uma atitude que ele já tinha e para a qual encontrou um nome quando leu a fábula dos três príncipes?

Por mais interessantes que sejam as descrições de Walpole feitas por amigos, suas próprias palavras e sua autodescrição trazem ainda mais clareza:

> *"Tenho documentos para organizar; tenho cartas e livros para escrever; tenho meus impressos para afixar, minha casa para construir e tudo no mundo para dizer à posteridade: como vou encontrar tempo para tudo isso?"*

"Eu adoro comunicar minhas satisfações. Em geral, silencio minha melancolia em meu próprio peito."

"Este mundo é uma comédia para aqueles que pensam e uma tragédia para aqueles que sentem."

"Em resumo, minha verdadeira definição é que sou um senador dançarino — não que eu dance ou faça qualquer coisa por ser um senador; mas eu vou aos bailes e à Câmara dos Comuns — para ser visto, e você precisa acreditar em mim quando lhe digo que na verdade acho que a segunda é a ocupação mais séria das duas: pelo menos os artistas são mais sérios."

"O que devemos ganhar com o triunfo [sobre os colonos]? A América devastada, inundada de sangue, saqueada e escravizada, substituiria a América florescente, próspera e livre"?[7]

Esse homem, que parecia interessado em tudo, que amava diversão e espontaneidade; que era aberto e franco sobre seus próprios sentimentos e fraquezas; que era parte cínico, parte crítico político, parte romancista e que estava sempre tentando descobrir o que havia dentro de si e fora do mundo ao seu redor: esse homem cunhou a palavra *serendipidade*. Ele tinha atração pelo conceito de acidentes felizes e boas coisas descobertas por meio da consciência e da sagacidade não só porque lhe interessava tanto, mas também porque a vida lhe proporcionava muita aventura e intriga.

Talvez a mais reveladora de todas as visões de Walpole tenha sido na ocasião em que ele tentou se ver pelos olhos do reverendo sr. Steward, um colega que se hospedou na casa de campo do Conde de Hartford.

Passeando pela casa, ele me viu primeiro sentado na calçada do depósito de madeiras com Louis, coberto de teias de aranha, terra

e reboco; depois me encontrou em sua própria sala, em uma escada, escrevendo em um quadro; e, meia hora depois, deitado na grama da quadra com os cães e as crianças, com meus chinelos e sem meu chapéu. Ele estava em dúvida se eu era o pintor, o trabalhador da fábrica ou o tutor dos filhos da família, mas você se surpreenderia quando ele me viu chegando ao jantar e me sentando ao lado da senhora Hartford. Lord Lyttelton estava lá e a discussão voltou-se à literatura. Não me achar muito ignorante aumentou a admiração do reverendo, mas, ao me ver brincar e pular com os dois meninos, não aguentou mais e implorou para saber quem e que tipo de homem eu era na verdade, pois ele nunca tinha encontrado nenhum do meu tipo.[8]

MINHA TRADUÇÃO

Parece que Walpole cultivava uma atitude de consciência, espontaneidade e alegria e que apreciava o inesperado, as descobertas felizes e as surpresas da vida. Talvez ele tenha encontrado uma pequena frustração no fato de que não havia palavras para descrever a atitude ou a qualidade que ele mais valorizava.

Em seguida, ele encontrou *Os três príncipes de Serendip*. Na história, ele encontrou uma expressão clara de sua atitude e, no título, ele encontrou a raiz para uma nova palavra.

Os três príncipes de Serendip é o conto de três príncipes que saem pelo mundo em busca de sorte e experiência. Embora nenhum encontre sua sorte, cada um encontra algo melhor. Um encontra o amor; outro, a lealdade e o terceiro, um grande serviço; todos encontram relacionamentos e causas de importância e alegria. Eles encontram algo inesperado (que era melhor do que aquilo que buscavam) a partir de sua consciência, sensibilidade e sagacidade. Eles percebem coisas que os outros não enxergam, pois são interessados nas coisas ao seu redor e assim encontram oportunidades, amizades e outras alegrias que as pessoas menos conscientes e menos sensíveis não conseguem.

Walpole se apaixonou pela fábula e disse em essência: "Não temos uma palavra na língua inglesa que expresse o fenômeno das pessoas que buscam algo, mas encontram uma coisa melhor do que aquela que procuravam por meio de sua consciência e sensibilidade."

Suponho que ele tenha pensado: "Eu sou um autor; inventarei uma nova palavra para expressar este conceito encantador. Como vem de *Os três príncipes de Serendip*, eu a chamarei de *serendipidade*."

Quando soube da antiga fábula persa que levou Walpole a cunhar a palavra serendipidade, quis ter um exemplar dela. Encontrar um exemplar não foi fácil, em particular um traduzido para o inglês. Por fim, soube que existia um nas antigas coleções anexas à Sala de Leitura do Museu Britânico, em Londres. Voei para a Inglaterra e, quando cheguei ao Museu, passei as primeiras horas me maravilhando com a beleza e a majestade da talvez maior e mais bela sala de leitura do mundo. Eu havia pedido para ler o antigo volume de Os três príncipes, vale dizer que adorei a forma como os funcionários eram protetores quantos aos antigos e insubstituíveis exemplares.

Desse modo, não me foi permitido tocá-lo. Um jovem com luvas brancas carregou o livro, sentou-se em frente a mim, em uma mesa de leitura, abriu o livro e virava as páginas quando eu acenava com a cabeça. Toquei o livro só com meus olhos. Mas o livro tocou meu coração e minha imaginação. Não me foi permitido copiar a história, então escrevi o máximo que pude lembrar e recriei a história em meu livro anterior, Spiritual Serendipity.

A história, uma fábula no sentido mais verdadeiro, ilustra de forma encantadora a direção que a vida das pessoas pode seguir quando elas aprendem a ser observadoras, a se sintonizarem com profundidade. Além disso, aprendem sempre que estão dispostas a subjugar seus próprios objetivos e estratégias aos novos caminhos e possibilidades que sua consciência revela.

CAPÍTULO 3

O QUE A PALAVRA PODE SIGNIFICAR HOJE

Agora que conhecemos um pouco do passado da serendipidade, é hora de passar para o presente. O que significa serendipidade hoje? Como ela funciona agora? Todas as boas explicações envolvem definições de termos e histórias ou experiências para ilustrar. Portanto, começaremos por aí e depois passaremos a algumas sugestões práticas sobre como consegui-la e como utilizá-la.

Começaremos com o tipo de serendipidade que é gerada e recebida tanto pela mente quanto pelos cinco sentidos que ela comanda. Eu chamo isso de *mentalidade* da serendipidade

DEFINIÇÕES DE TERMOS

(A PALAVRA E AS PALAVRAS QUE DEFINEM A PALAVRA)

Serendipidade, de acordo com o dicionário *Webster* atual, é: "O meio pelo qual se realizam descobertas agradáveis de forma acidental."

Walpole não ficaria muito satisfeito com essa definição. Após ler *Os três príncipes*, ele queria uma palavra que significasse mais do que sorte ou acidente. Ele queria uma palavra que celebrasse a imprevisibilidade, muitas vezes feliz, da vida, mas também queria uma palavra que reconhecesse o fato de que a sorte vem com mais frequência para aqueles que são conscientes, interessados e sensatos.

> A *serendipidade* foi definida por Walpole como "aquela qualidade mental que, por meio da sagacidade e da boa sorte, muitas vezes permite descobrir algo bom enquanto se busca algo mais".[9]

Serendipitoso é a forma adjetiva. Uma experiência serendipitosa é uma experiência de descoberta feliz, bem como inesperada, e uma pessoa serendipitosa é aquela que faz tais descobertas com frequência.

Sagacidade, de acordo com o *Webster*, é: "Sabedoria na compreensão e julgamento das coisas; consciência e discernimento que se originam tanto da educação quanto da atenção." Sagacidade, portanto, exige que estejamos informados e conscientes; requer que sejamos atentos, sensíveis e empáticos. Assim como foi dito que a sorte favorece os preparados, poderia ser dito que a serendipidade favorece os sagazes, embasados e *conscientes*.

A consciência sensorial pode ser definida como vigilância e uso eficaz dos cinco sentidos. Cada um de nossos sentidos pode ser desenvolvido — em boa sintonia — para que nos apresentem mais beleza, mais informação, oportunidades, discernimentos e dados. Quando nos concentramos só na tarefa em questão, no horário, rotina ou plano do dia, somos como o cavalo de arado munido de um tapa-olhos que só enxerga o sulco contínuo à sua frente. Mas, quando nos concentramos no que está acontecendo, no que estamos fazendo — e no que está ao nosso redor e em nós —, começamos a ficar tão conscientes dos sentimentos em nossos corações quanto dos planos em nossas *mentes*.

A consciência mental refere-se tanto à nossa educação quanto às nossas percepções: nossa compreensão e perspectivas acumuladas, bem como nossa atenção e vigilância. Refere-se à nossa capacidade de estarmos no mundo e conscientes dele no sentido mais positivo.

Boa sorte, segundo o *Webster*, é: "Sorte; coisas boas que acontecem sem trabalho ou esforço."

Mais uma vez, Walpole não ficaria satisfeito com a definição do *Webster*. Ele pensava que a serendipidade poderia ser conquistada com maior frequência desenvolvendo tanto a sagacidade quanto a boa sorte.

Boa sorte, em seu ponto de vista, era uma atitude de fé e otimismo — uma atitude que permitia ver o melhor e mais vantajoso lado de ocorrências inesperadas — um amor e uma apreciação pelas surpresas em vez de um ressentimento por elas. De fato, é possível esperar o inesperado, admitir que a vida é imprevisível e que controlamos só um número muito pequeno das variáveis, e depois decidir procurar a interpretação positiva ou o lado positivo de tudo o que acontece. Isso, para Walpole, constituiria a atitude de boa sorte.

Objetivos podem ser mais bem definidos como imagens mentais das coisas como nós queremos que elas sejam. Eles são uma parte essencial da serendipidade. O terceiro requisito estabelecido por Walpole, após sagacidade e boa sorte, era buscar algo. A serendipidade acontece quando descobrimos algo bom "enquanto buscamos algo mais". É quando unimos consciência e sagacidade com propósito e objetivos que criamos a atmosfera e as atitudes dentro das quais a serendipidade pode florescer. Enquanto a serendipidade é *auxiliada* por objetivos e direcionamentos, ela é *prejudicada* por planos superestruturados, além de listas e cronogramas muito detalhados que absorvem toda a nossa consciência, distanciando-nos das oportunidades e surpresas do presente.

Qualidade de vida refere-se à alegria e ao nível de realização de nossa vida diária. Ela não resulta de bens materiais ou estilo

de vida externo. A qualidade de vida resulta de uma qualidade do temperamento e da alma que este livro chama de serendipidade.

Ponte reflete a ideia de que a serendipidade é uma ponte. A metáfora se aplica de muitas maneiras. A primeira delas diz respeito ao fato de a serendipidade ser uma ponte entre estrutura e espontaneidade, entre disciplina e flexibilidade, entre esperado e inesperado, entre planos e surpresas e entre o forçado e o divertido.

Ao juntarmos tudo isso, entendemos que a serendipidade
não é um compromisso ou um ponto intermediário entre
estrutura e espontaneidade.
É um estado emocional que permite que uma pessoa tenha
mais de ambos
do que ela poderia ter de qualquer um dos dois.

Definir objetivos, com a determinação conjunta
para se manter flexível e
para continuar *procurando* por algo melhor
revela atalhos para os objetivos estabelecidos
tantas vezes quanto isso revela melhores metas.

As *fontes*, bem como os benefícios
de serendipidade,
são físicas, mentais, sociais e emocionais.

A serendipidade *física* envolve uso intenso
dos cinco sentidos
e produz uma beleza maior,
uma aventura e um registro de mais prazer e alegria pelo
que os olhos veem, os ouvidos ouvem, as mãos sentem.

A serendipidade *mental* treina ambos os hemisférios do cérebro
para reunir e valorizar o conhecimento
e resulta em compreensão,
aberturas alegres da verdade e da perspicácia
e, por fim, a verdadeira sabedoria.

A serendipidade *social* nos faz ver todas as pessoas como interessantes,
ajuda-nos a perceber oportunidades em reuniões, oportunidades de aprender,
oportunidades de oferecer,
e coloca em nossas mãos o *joystick* da amizade, em todos os lugares.
Mesmo naqueles onde nunca estivemos.

A *serendipidade* emocional
deixa-nos fascinados (em vez de ressentidos) com
nossos próprios estados de espírito.
É fácil desfrutar de empolgação, encanto ou paz, como também
observar nossa depressão, melancolia, até mesmo nosso medo,
e encontrar dentro deles uma visão e uma profundidade.

Em todos os casos, a serendipidade envolve uma certa combinação
de conscientização, observação, aceitação e otimismo
que nos permite encontrar o melhor
com quem quer que estejamos,
no que estiver acontecendo,
onde quer que estejamos,
sempre que estivermos vivendo
e como estivermos nos sentindo.
Em todos os casos, estamos
descobrindo e fluindo
em vez de pressionando e lutando.

Cientistas, exploradores e inventores nos dizem que suas descobertas vêm de uma dessas duas maneiras: períodos solitários de pensamentos privados, penetrantes, quase dolorosos ou surtos visionários que não se originam da análise, mas da observação ou de discussões acidentais; ou do nada.

Ocorre o mesmo com as nossas descobertas sobre nós e a vida. Elas simplesmente chegam até nós ou vêm por meio do pensamento profundo e livre gerado pela observação e consciência. Cada um deles é minado pela tentativa de controlar tudo, pela atividade frenética, pelo excesso de tecnologia e pelo tempo de tela.

Como sociedade, estamos cada vez mais conscientes do desafio do equilíbrio pessoal e de fazer bem o nosso trabalho sem sacrificar nossas famílias ou nossos interesses pessoais. Continuamos recebendo a mesma e velha solução disfarçada de "cura": atitude mental positiva e administração do tempo. Muitas pessoas levam consigo ambos em excesso. Desse modo, a atitude mental positiva passa a significar controlar tudo e a administração do tempo se traduz em fazer listas cada vez mais longas e tentar realizar mais e mais atividades.

A serendipidade é uma atitude alternativa, um herói. Envolve ser positivo e ter objetivos, envolve flexibilidade, espontaneidade, sensibilidade e o prazer da surpresa.

A FONTE

(Você)
De onde vem a serendipidade?
De nós!
É uma qualidade, é uma dádiva
que só pode ser dada por nós
e somente para nós.

Nós a oferecemos nos ensinando a *perceber* e *pensar*,
a procurar beleza, ideias, relacionamentos...
a desfrutar o inesperado,
a receber as surpresas como oportunidades,
mesmo se elas atrasarem ou alterarem (e às vezes substituírem)
os objetivos que estabelecemos com ponderação e buscamos
com diligência.

A serendipidade é um guarda-chuva translúcido e cor-de-rosa
que se sobrepõe à
nossa vida física, mental, social e emocional,
tornando-as dinâmicas e permitindo que cada parte de nós
seja capaz de enxergar.

A serendipidade é uma lente infravermelha grande e angular
que nos permite
Ver mais
e ver cada parte de forma clara.

De onde vem a serendipidade?
É uma visão, uma luz, mesmo na escuridão
Que emana de você.

O PROCESSO

O desenvolvimento da serendipidade não é apenas um processo mental, como aprender uma nova técnica de memória, ou um processo físico, tal qual o condicionamento muscular. Ao contrário, é a adoção de uma atitude de consideração e vigilância que nos desacelera fisicamente, nos acalma emocionalmente, nos abre socialmente e nos transforma mentalmente.

Por meio da elaboração de uma lista contendo dois lados, tem-se uma boa maneira de verificar como a quantidade certa de planejamento ou a busca a partir da sagacidade pode realmente funcionar. Caso você seja um criador de listas, faça sua lista (ou escreva seu cronograma) no lado esquerdo de sua página. Desenhe uma linha no centro e deixe o lado direito em branco para anotar a serendipidade do dia depois que acontecer (um novo conhecido, uma ideia nova, uma pergunta de uma criança, uma oportunidade inesperada, a necessidade de um amigo, um encontro casual, um lindo pôr do sol).

Por diversão, no final da semana, olhe para trás, para as esquerdas e direitas de seus dias, e descubra que o que acabou de acontecer na desconhecida direita é muitas vezes mais valioso do que o planejado na já conhecida esquerda.

Após minha descoberta inicial da ideia de serendipidade, continuei a usar uma agenda bastante volumosa e detalhada. Então um dia percebi que muitos detalhes nesse planejamento me tornavam menos receptivo ao tipo de consciência e sagacidade que eu buscava. Naquela época, fiz as seguintes observações em meu diário:

Muito planejamento pode tornar a experiência real de viver quase anticlimática. (Podem haver momentos para seguir o roteiro, mas nunca é tão empolgante quanto improvisar.)

Pensar demais em algo nos afasta disso: nós nos tornamos observadores, analistas, espectadores ou críticos em vez de participantes.

Se pudermos abordar a vida mais como uma experiência que contém uma grande variedade e um potencial infinito de surpresa, nós nos veremos lidando menos com o sucesso e o fracasso e mais com o progresso e o crescimento.

Se precisamos pensar em cada detalhe de nossas vidas, devemos pensar neles após vividos (quando podemos aprender com a experiência), não antes e durante (quando o próprio pensamento pode interceptar ou alterar a experiência).

Abordar a vida como uma experiência nos torna, momento a momento, mais conscientes do que está acontecendo e do que sentimos, e menos conscientes do que planejamos que deveria acontecer ou do que desejamos que tivesse acontecido. Assim, vemos as oportunidades que nunca poderíamos ter planejado e percebemos muito mais serendipidade do que de outra forma.

As metas podem coexistir com a experiência: elas podem brilhar como faróis e nos permitir ver nossas experiências com mais clareza em sua ordem e luz.

Desde o momento em que fiz essas observações, tenho tentado fazer o que chamo de *imaginar*, em vez de planejar. Ainda escrevo meus objetivos e o que acho que talvez precise fazer para alcançá-los, mas em termos muito mais gerais do que antes.

Uso o lado esquerdo de minha página de planejamento para manter o controle de compromissos e horários, mas estou comprometido com a serendipidade do lado direito e com sessões regulares para reavaliar para onde estou indo, bem como quais rotas alternativas podem existir para chegar lá. Um dia, em meu diário, tentei reduzir minha nova abordagem para um lema de duas linhas:

Seja firme e forte no destino,
mas criativo e flexível na rota.

SERENDIPIDADE EM RESUMO

Walpole, quer soubesse ou não, disse-nos *como* conseguir a medida certa de serendipidade por meio da sua definição da palavra. "A qualidade", disse ele, "por meio da sagacidade e da boa sorte, que muitas vezes permite descobrir algo bom enquanto se busca algo mais".

Três requisitos:

1. *Sagacidade:* perceber, acompanhar, observar, atentar-se, aprender, e recusar-se a usar uma espécie de filtro de obsessão e autoconsciência.
2. A atitude de *boa sorte*: enxergar as mudanças como oportunidades, as surpresas como empolgação, as decepções como vantagens.
3. *Objetivos* ponderados: estabelecer e listar objetivos e buscá-los até que algo (melhor) seja descoberto.

CAPÍTULO 4

O REINO DA SERENDIPIDADE ESPIRITUAL

Você já sabe que este livro não se distancia de construções espirituais e sua terminologia. Isso é justificado em parte por pesquisas anteriores, as quais revelam que 75 por cento dos norte-americanos expressam crença em um poder superior e mais de noventa por cento se autodenominam espirituais.[10]

De toda forma, a maior justificativa para a perspectiva espiritual é que ela é a única maneira de explicar algumas das coisas mais belas que acontecem em nossas vidas e em nossas mentes. Como os sentimentos espirituais e a identidade podem ser bem diferentes em cada um de nós, algum esforço tem sido feito para evitar o uso de terminologia religiosa específica e escolher palavras como "inteligência superior" ou "o divino" em vez de dizer de maneira constante "Deus" e levantar questões sobre qual Deus ou o Deus de quem.

Portanto, por favor, quando os termos "Deus" ou "poder superior" forem usados, interprete-os em seu próprio léxico de crenças, e, se um senso geral de espiritualidade funcionar melhor para você do que crenças específicas sobre um deus, prossiga e continue lendo segundo seu próprio paradigma espiritual. O propósito deste livro não é definir ou escrever sobre Deus, mas encorajá-lo a permanecer aberto e aceitar as ideias, epifanias e orientações que nos vêm de fontes que podem ser melhor chamadas de *espirituais*. E, se eu inserir uma citação da Bíblia, de Buda ou de *Beowulf*, concentre-se no poder do que a citação diz, não em sua crença literal na história ou na fonte da citação.

Vale dizer que a prosa, a lógica, a comprovação e a ciência têm seu lugar no mundo, mas muitas vezes não é com elas que entendemos o poder e a sutileza de nossas atitudes, de nossos paradigmas e de como sabemos e sentimos certas coisas. Para isso, precisamos da perspectiva espiritual e da interpretação poética. Como bem disse G. K. Chesterton:

"A poesia é sadia porque flutua com facilidade em um mar infinito; a razão procura atravessá-lo e assim torná-lo finito. O resultado é a exaustão mental. Para [...] compreender que tudo é uma tensão [...] o poeta só deseja levar sua cabeça ao céu. Já o racional procura trazer o céu para dentro de sua cabeça, que acaba se partindo."[11]

Ainda que seja mais bem compreendida e aplicada depois de entendermos e aprendermos a utilizar a serendipidade por meio dos nossos cinco sentidos básicos, no que diz respeito ao *espiritual*, trata-se de algo bem diferente — uma forma separada e superior — não só em grau, mas em bondade: um conjunto sentimental, em vez de uma mentalidade.

Com uma mentalidade de serendipidade, nossa consciência passa pela percepção de nossos sentidos e pela luz da educação, grandes livros, mentes e nossos próprios sentimentos. Por meio do estado emocional de serendipidade espiritual, nossa consciência

passa pela percepção de nosso espírito e, para alguns, pela luz das escrituras e dos profetas. Os incentivos e impressões que recebemos vêm de Deus, da natureza e do universo.

Assim como a qualidade em si é superior, o método e o processo de busca também são superiores (e mais difíceis). Mas vale todo o esforço que podemos fazer, porque as recompensas da serendipidade espiritual, de maneira simples, são luz e compreensão, orientação e direção, felicidade e alegria.

DEFINIÇÕES DE TERMOS

(AS PALAVRAS QUE DEFINEM UMA QUALIDADE ESPIRITUAL)

> Serendipidade espiritual: aquela qualidade ou dádiva que, pela sagacidade dos sentidos e do espírito, bem como pela graça, nos permite buscar e receber orientação, inspiração, confirmação, além de conhecimento relativo ao próprio propósito, à família, às oportunidades de serviço e às atividades do dia a dia.

Dádiva: enquanto a serendipidade é uma dádiva nossa, a serendipidade espiritual é uma dádiva de Deus. Uma vez que depende de poderes e percepções além das nossas, ela só pode ser oferecida por um poder superior. Ainda assim, somos *nós* que determinamos se recebemos tal dádiva, porque ela é oferecida de forma livre a todos que a desejam e fazem o que ela requer.

Sexto sentido: a maioria dos indivíduos sensitivos reconhece que os cinco sentidos não são sua única fonte de conhecimento ou informação. Podemos estar em harmonia com incentivos, impressões e visões (às vezes chamados de inspiração). Nosso sexto sentido consiste nos sentimentos de nosso espírito interior ou de nossa alma.

Lembro-me de uma discussão com um estranho em um avião sobre o que era mais verdadeiro. Ele era um cético que se pautava na atitude "só acredito vendo". Apenas por uma questão de argumentação, e para que o tempo de voo passasse mais rápido, perguntei se ele era casado e se amava sua esposa. Quando ele respondeu "Sim" e "Sim", perguntei se ele conseguia enxergar esse amor. Ele disse: "Não, mas eu o sinto." Isso serviu para expressar meu ponto de vista.

Incentivos: impressões que nos vêm à mente pelos nossos espíritos.

Sintonizar: como um sinal de rádio fraco, os incentivos podem ser sintonizados e amplificados até se tornarem claros e audíveis de forma espiritual.

Ponte II: enquanto a serendipidade é uma ponte entre nossos eus estruturados e eus espontâneos, a espiritual é uma ponte entre *nossos* objetivos e propósito e, mais importante, a vontade de Deus para nós ou para nosso propósito da vida. É também uma ponte entre a inspiração que recebemos durante a meditação, a oração ou o planejamento e os incentivos que vêm depois, no impulso do momento.

Preordenação: uma forma mais condicional de dizer destino. Você já sentiu que tem um propósito muito específico, algo que simplesmente precisa fazer, seja em termos do que sente que deve ser feito em um determinado dia ou antes de envelhecer? A ideia de preordenação é que cada um de nós possui certas capacidades ou dádivas e nascemos para realizar ações particulares enquanto estivermos aqui na Terra. A verdadeira realização vem de encontrar e cumprir a própria preordenação ou destino.

Pedir: é dada a nós a oportunidade de pedir orientação pessoal. Alguns fazem isso por meio da meditação ou oração, outros com uma simples pergunta feita pelo coração, enquanto dão uma caminhada ou apreciam o dia. Em suma: não há uma maneira errada de buscar orientação.

Eu tinha um conhecido que era parcial (e talentoso) com Estatística e Matemática. Ele tinha prazer em me fazer perguntas que sabia que eu não poderia responder. Um dia, ele disse: "Qual você acha que é a admoestação mais repetida em toda as escrituras sagradas?" Eu presumi que deveria ser algo relacionado ao amor. "Não", disse ele. "A admoestação mais frequente é pedir."

Ele estava se referindo em específico à Bíblia Sagrada, mas disse que a mesma admoestação ocorre com frequência nas escrituras de todas as religiões. Pensei muito sobre isso. Por que seria um tema tão recorrente? Por que Deus é tão insistente para que roguemos, para que O chamemos — e tão consistente em nos prometer que as respostas virão?

Penso que o mais próximo que chego de entender esse princípio está em meu papel como pai. Quero que meus filhos sejam indivíduos independentes e livres, assim como tenho muitos conselhos que desejo dar a eles; sei que ainda me sentirei assim, não importa a idade e a distância que possam ter de mim. Se eles pedirem, serei capaz de dar ajuda e conselhos que não prejudicarão sua independência ou sua liberdade, porém a iniciativa será deles, não minha.

Para mim, um Deus que nos permite fazer nossas próprias escolhas e aprender em nosso ritmo continua sendo um amoroso guia espiritual. Como qualquer pai, ele cuida de nós e deseja nos oferecer auxílio. Todavia, agir sem que peçamos constituiria uma interferência. Não admira que nos digam tantas vezes para pedir!

Inspiração: a comunicação de um poder superior com a humanidade. Ela vem às vezes na forma de confirmação e respostas a nossos pedidos ou como orientação enquanto meditamos, rezamos e buscamos respostas para nossas perguntas da vida. Em outras ocasiões, ela vem em forma de rápidos incentivos e impressões: sugestões pequenas, suaves e fugazes para nossos — espíritos.

Espírito: possui dois significados, nosso próprio espírito ou alma, a parte de cada um de nós que eu chamarei de espírito com letra minúscula, e o Espírito de Deus, o Espírito Santo ou Poder Espiritual do Universo. No que diz respeito a esse Espírito, que pode influenciar e iluminar cada um de nós, eu me referirei com um E maiúsculo.

UMA VIDA ORIENTADA

Da mesma forma que a mentalidade de serendipidade, a espiritual não pode ser definida apenas com palavras, porque é mais do que uma palavra, é um sentimento. As palavras são úteis apenas se elas gerarem alguma imagem ou vislumbre do sentimento. A serendipidade espiritual é a suave e doce submissão do espírito, uma dependência consciente de Deus. Para um cristão, é uma decisão de "crer sozinho nos méritos de Cristo." Já para um espiritualista, tem a ver com a conexão entre todas as coisas. No que diz respeito a um hinduísta, ela pode fazer referência a vidas passadas ou futuras. Por outo lado, para um muçulmano, é a aceitação de Alá.

Essa é a constatação rigorosa de que, quando se trata de planejamento de longo prazo, a vida é muito complexa para que possa ser calculada; daí o objetivo de uma vida orientada, guiada por uma fonte superior e mais abrangente.

A serendipidade espiritual é a luz do sol,
que ilumina e revela
o que de outra forma seria obscuro e despercebido.
É a empolgação e a intriga de um grande plano
em que fazemos perguntas e pedidos
para posteriormente invocarmos a sensibilidade necessária
para reconhecermos as respostas,

que às vezes vêm
com muita suavidade e sutileza.

Como o espírito dá vida e luz ao corpo, a serendipidade espiritual transmite e afeta todo o nosso ser. O líder religioso chamado Parley Pratt, há cerca de dois séculos, falou de uma força que poderia:

> *[...] adaptar-se a todos os nossos órgãos ou atributos [...] ela acelera todas as faculdades intelectuais; aumenta, amplia, expande e purifica todas as paixões e afetos naturais. Inspira, desenvolve, cultiva e amadurece todas as simpatias, alegrias, gostos, sentimentos de parentesco e afeições de nossa natureza. Inspira virtude, bondade, ternura, gentileza e caridade. Desenvolve a beleza, a forma e as características das pessoas. Zela pela saúde, pelo vigor, pela animação e pelo sentimento social. Revigora todas as faculdades do homem, tanto físicas quanto intelectuais. Fortalece e dá tom aos nervos [...] é [...] alegria para o coração, luz para os olhos, música para os ouvidos e vida para o ser inteiro.*[12]

Pratt também comparou o espírito com a eletricidade, explicando como ele poderia aquecer e iluminar, como se fossem puros condutores, aqueles que permitiam a sua entrada. Essa metáfora da eletricidade, considerada comovente em meados do século XIX, é talvez mais profunda agora que a eletricidade está em todos os lugares e sempre à nossa disposição.

O espírito de Deus, ao qual podemos nos "conectar", está sempre lá e sempre aqui. O circuito está completo. Nenhuma nova linha precisa ser improvisada para responder ao nosso pedido ou atender às nossas necessidades. Devemos apenas entender como conectar. Quando o fazemos, nós e o mundo ao nosso redor se transformam.

Uma vez tivemos um moedor de trigo velho que podia ser operado de forma elétrica ou manual por uma manivela de ferro. Com o intuito de desenvolver os músculos braçais da família, insisti que moêssemos por força humana. Certa noite, várias das crianças e eu estávamos em casa, onde nós nos revezávamos no moedor. Naquela noite, porque o tempo era curto e eu precisava ir a uma reunião, enfim ligamos o moedor. Eu observava os olhos das crianças enquanto elas observavam a transformação. O zumbido e o atrito constante das rodas de pedra aqueciam a máquina inteira e pareciam brilhar com uma incrível força e eficiência. Potência, calor, energia, paz. O moedor podia fazer mais em cinco minutos, por meio da eletricidade, do que nós podíamos fazer em uma hora. Funcionava com facilidade, de forma suave, com calma. A energia estava lá o tempo todo, esperando. Só precisávamos conectá-la.

O poder do espírito de Deus, que é transmissível ao nosso,
é tão vasto.
E apenas sua vastidão, como um rio lento e amplo
girando um moinho d'água,
torna-o pacífico, calmo, tranquilo e ao mesmo tempo forte.

Nós nos conectamos com uma tomada de consciência de três cumes:
Primeiro, o cume da consciência sensorial,
que nos revela oportunidade, necessidade e uma realidade profunda
por meio de nossos cinco sentidos.
Em segundo lugar, o cume da consciência espiritual,
um conhecimento tanto de nosso eu espiritual quanto
de um espírito superior,
com uma sintonia que nos leva a pedir.
Terceiro, o cume da consciência atitudinal,

que nos permite esperar descobertas interessantes e alegres
para desfrutar as surpresas do sentido e do espírito.
É a atitude aqui chamada de serendipidade espiritual,
adotada em nossas almas,
que nos acalma, abre nossa visão,
e nos leva às correntes de luz.

Buscamos então a serendipidade espiritual, desenvolvendo a consciência por meio dos sentidos, do espírito e de uma atitude que valoriza, cultiva e interliga os dois. Poder-se-ia argumentar que o acúmulo de consciência adicional é sinônimo de progresso... e que a diferença entre Deus e a humanidade, por mais vasta que seja, é em parte uma diferença na consciência.

Podemos estar prontos agora para uma definição mais clara e simples de serendipidade espiritual: é a condição consciente, submissa e sensível de nossos espíritos que os torna suscetíveis à calma, à luz, à paz e ao poder do Espírito.

A SERENDIPIDADE SEGUNDO TIAGO

Um dos mais fascinantes (embora pouco citado e pouco compreendido) versículos do Novo Testamento vem do quarto capítulo de Tiago, versículos 13-15:

> *Ouçam agora, vocês que dizem: "Hoje ou amanhã iremos para esta ou aquela cidade, passaremos um ano ali, faremos negócios e ganharemos dinheiro." [...] Vocês nem sabem o que lhes acontecerá amanhã! [...] Sua vida [...] depois se dissipa.*

Um aspecto notável sobre esses versos é a atualidade de sua terminologia. Com pequenos ajustes, eles parecem se traduzir em

críticas contundentes à atitude pseudopositiva, à habilidade de vendedor que estabelece metas e à mentalidade de alto rendimento de hoje. Quase poderia ser lido assim:

Cuidado quando você diz coisas como: "Nosso plano exige nosso comparecimento a tal e tal cidade amanhã e daqui a um ano cumpriremos a cota de vendas e realizaremos nosso plano de negócios." O fato é que você não pode planejar ou controlar muito do que acontecerá no futuro. Há muitos fatores envolvidos, e você não é o mais importante deles.

O conselho que se segue nas escrituras é também tão atual e importante hoje como era antes:

Em vez disso, deveriam dizer: "Se o Senhor quiser, viveremos e faremos isto ou aquilo."

Talvez apenas Deus saiba o suficiente sobre nosso futuro para poder nos dizer o que devemos fazer e quem devemos ser.

Tiago estava nos dizendo para não estabelecer metas ou fazer planos? Ou ele estava só nos lembrando de como controlamos pouco?

Situações, eventos, ocorrências, sentimentos, incentivos e impressões inesperadas, bem como impossíveis de antecipar, surgem em nossas vidas quase todos os dias. Na verdade, não sabemos o que o dia de amanhã nos reserva. A questão não é se podemos antecipar, prever e planejar tudo. Não podemos!

A questão é se tentaremos evitar, ignorar ou afastar coisas que não fazemos, que não se encaixam bem em nossos planos... ou se vamos saboreá-las, abraçá-las e procurar a serendipidade nelas. Aceitaremos, amaremos e buscaremos os sentimentos do espírito que vêm como sugestões interiores e com respostas sutis e inesperadas às perguntas dos nossos corações e orações?

Então, voltando à pergunta, Tiago está nos dizendo que somos insensatos em estabelecer metas e fazer planos? A vida é um jogo de cartas com resultados baseados sobretudo em uma questão de sorte? Ou um jogo de xadrez em que somos os peões movidos apenas pela vontade de Deus?

Não. Não. E não.

Mas a vida pode muito bem ser pensada como um jogo de perguntas e respostas. Rogamos por discernimento e direção a fim de sabermos nosso propósito ou o que devemos fazer. Por consequência, Deus, o espírito ou a natureza respondem — sempre —, mas nem sempre no caminho, no momento ou no lugar que esperamos. As respostas podem chegar de forma rápida e direta enquanto perguntamos e analisamos, ponderamos e planejamos; ou podem chegar mais tarde em formatos e momentos inesperados.

Essas respostas não são dadas por aqueles com planos muito inflexíveis, pois estão à parte de suas ideias.

Essas respostas também são despercebidas por aqueles sem objetivos ou planos, porque eles não pensaram o suficiente para serem capazes de reconhecer as respostas quando elas surgem.

O JOGO DE "PERGUNTAS E RESPOSTAS"

Neste jogo, o sábio jogador se conecta
às respostas, que vêm com os objetivos que ele estabeleceu, e às perguntas que fez.

O jogo é ganho pensando-se muito sobre os objetivos certos
e as perguntas corretas
e posteriormente encontrando (ou reconhecendo quando parecem fracas)
as respostas corretas.

Então... o jogo de perguntas e respostas é difícil,
mas gratificante de uma forma incomum.
E os vencedores são os pensadores, os pedintes
e os ouvintes.

Pense nisso, por um momento, em termos de reinos:
um em que as pessoas pairam, às vezes passivas,
às vezes ressentidas,
deixam o mundo pressionar, moldar, forçar e definir
como isso será,
seguindo o curso de uma resistência menor...
indo a lugar nenhum, de forma lenta.

Contudo, há outro reino
onde as pessoas fazem o seu melhor para assumir o controle
de si e de seus destinos...
criando eventos, estabelecendo metas, fazendo as coisas acontecerem;
concebendo um plano e depois o construindo.

Por fim, há um terceiro reino,
ele envolve:
estabelecer objetivos com ponderação
clamando e esforçando-se para ter inspiração no sentido de encontrar e cumprir nosso propósito.
(Deus nos dá uma luz sempre que rezamos).

Procurando respostas, mais luz e conhecimento,
incentivos que tornam nosso destino, nossa preordenação ou nosso propósito mais claro
e depois aceitando, agindo
e mudando nossos objetivos para se adequar a uma visão mais clara.

A beleza de ter fé para pedir e seguir resplandece por meio do famoso versículo que foi citado pelo rei Jorge VI em sua transmissão de Natal nos dias sombrios de guerra de 1939.

Eu disse ao homem que se encontrava no Portal do Ano: "Dê-me uma luz para que eu possa caminhar com segurança pelo desconhecido."

E ele respondeu: "Adentra a escuridão e põe tua mão na Mão de Deus.

Será para ti melhor que luz e mais seguro que um caminho conhecido."[13]

Se *perceber e pensar* são as chaves para a serendipidade, a metodologia de duas palavras para a espiritual é *vigiar e orar*. As respostas vêm às vezes enquanto rezamos ou meditamos; em outros casos, vêm mais tarde, enquanto observamos.

A maioria das pessoas deixa que os fluxos da vida tomem suas decisões por elas. Esse fato começou a se tornar claro para mim como estudante universitário. Um homem muito mais sábio do que eu me perguntou por que eu estava me formando em determinada área. Eu respondi que era porque meu tio seguia essa profissão. Ele disse: "E daí, por que você quer ter o mesmo emprego?" Respondi: "Porque gosto do meu tio."

Ele, então, me disse que a maior parte das pessoas toma decisões dessa maneira. Nós nos deixamos levar pelas escolhas porque alguém já as fez; tomamos um caminho porque é o mais conhecido e o menos ameaçador para nós na época.

Esquecemos coisas como a análise pessoal profunda, a oração e a orientação até que a vida nos submeta a um dilema terrível ou a uma crise. Sem esses avisos, nós só flutuamos com a correnteza em águas calmas, pensando pouco sobre para onde estamos indo. Em pouco tempo, passamos a crer que o objetivo principal é evitar as corredeiras sem compreender que elas podem ser a única parte empolgante da viagem.

Quantas respostas chegam até nós enquanto rezamos e meditamos, e quantas alcançamos a partir da observação, é algo que está nas mãos da sabedoria divina.

Um amigo meu da pós-graduação ficou tão preocupado em saber o que fazer com sua vida, em conhecer a vontade de Deus e entender seu destino que desistiu das aulas (e desapareceu) por vários dias para jejuar e orar sobre isso. Ele disse que teve alguns sentimentos e vislumbres, mas, na maioria das vezes, conseguia esta resposta: "Continue se esforçando e continue perguntando; eu lhe direi mais à minha maneira, no meu tempo, quando você estiver pronto para entender mais."

Então, ele continuou, como um maquinista da locomotiva que foi questionado: "Como você dirige este trem a 120 quilômetros por hora na calada da noite quando seu farol só ilumina os trilhos por cem metros?" "Descobri", disse o maquinista, "que, quando chego ao final dessa centena de metros, vejo com clareza os próximos cem metros".

O MOMENTO PRIMOROSO DA ORIENTAÇÃO DIVINA

A maioria das orientações vem em uma das duas ocasiões: enquanto oramos (e planejamos, ponderamos e nos esforçamos para entender) ou enquanto vigiamos (e somos sagazes, sensíveis e abertos a respostas surpreendentes e em formas sutis). Esse reino superior

de orientação envolve uma nova abordagem da vida, em que estabelecemos objetivos de longo e curto prazo, mas vigiamos e oramos pela percepção adicional e pela oportunidade expandida que pode elevar esses objetivos a níveis mais altos, felizes e saudáveis.

É uma abordagem que requer reavaliação frequente, meditação e oração. Trata-se de algo disponível para aqueles que acreditam em um Deus ou uma espiritualidade que poderá e oferecerá luz. Ela requer o entendimento de que temos pouco conhecimento e uma compreensão muito rasa para que possamos ser capazes de nos guiar de forma adequada.

Todos que acreditam nesses dois fatos (o amor de Deus e nossa própria inadequação) têm a razão de querer e a perspectiva necessária para conquistar a serendipidade espiritual.

A FONTE DA SERENDIPIDADE ESPIRITUAL (E UM POUCO DE ÁLGEBRA ESPIRITUAL)

Definimos a serendipidade espiritual como um sentimento, uma qualidade, uma atitude, uma condição de *nosso* espírito (calmo, consciente, pacífico, imóvel, seguro) que nos torna mais receptivos ao Espírito de Deus e à alegria. Portanto, o Espírito não é só a *fonte* desse sentimento ou condição, mas o *resultado* dele… certo?

Se S = serendipidade espiritual e E = Espírito de Deus.

Então S traz E. Ou, em linguagem Matemática, Se S, então E… certo?

Na verdade, não é isso. Vamos acrescentar um elemento que falta e processar isso.

As respostas e discernimentos que estamos buscando (chame de R) muitas vezes já estão aqui, dentro de nós. A serendipidade de nosso espírito nos permite vê-lo, encontrá-lo e senti-lo. E é o Espírito que dá essa serendipidade a nosso espírito.

Portanto: E traz S que revela R!

O Espírito de Deus traz uma serendipidade espiritual que revela respostas e discernimentos.

Portanto, o Espírito é a fonte da serendipidade espiritual.

Voltemos à discussão de Parley Pratt sobre o espírito e nossos próprios atributos. Ele disse que nós "temos cada órgão, atributo, sentido, simpatia e afeto que pertencem ao Próprio Deus. Mas estes pertencem ao homem em um estado rudimentar [...] esses atributos são embriões [...] eles assemelham-se a um broto [...] que floresce de forma gradual".[14]

Pratt deixa claro que a força que desperta todas essas faculdades, que amplia e expande nossa mente natural é o Espírito. O Espírito é a fonte da serendipidade de nossos espíritos.

Talvez haja outras fontes que possam iluminar e esclarecer nossas mentes. A meditação profunda traz uma certa quietude e serendipidade, tornando-nos abertos a descobertas inesperadas sobre nós e sobre a vida. Além disso, um lento e mensurável padrão de ondas cerebrais em estado alfa, que ilumina a criatividade e aguça a percepção, pode ser obtido por meio de técnicas que vão desde disciplinas respiratórias até a hipnose.

Mas o Espírito é a fonte completa e confiável.

Certo dia, enquanto vivíamos na Inglaterra, durante as férias escolares, resolvi levar minhas três filhas adolescentes para uma pequena viagem à França. Tínhamos uma lista de coisas que queríamos ver e fazer, e eu tinha em mente alguns tópicos que desejava discutir com as meninas na privacidade de nossa viagem. Fizemos todo o caminho até Dover, na costa sul da Inglaterra, ficamos na fila das bagagens e chegamos até o posto de controle de passaportes, a seis metros de onde estávamos, só para descobrir sobre uma nova decisão do governo francês, que dizia que precisaríamos ter visto para entrarmos no país.

Ao ver a decepção das meninas, eu fiz uma oração silenciosa por serendipidade. A tristeza de "desperdiçamos nossas férias" logo deu lugar ao otimismo juvenil e à noção de liberdade e

descoberta. Demos meia volta e partimos ao longo da costa sul da Inglaterra. Nosso novo objetivo agora era fazer descobertas. Em um antiquário obscuro, que ficava em Folkstone, encontramos uma mesa de sala de jantar maravilhosa, que custou uma pechincha e era do tipo que sonhávamos em ter. Em um restaurante indiano, descobrimos uma culinária nova para as meninas e fizemos amizade com dois casais britânicos que nos contaram sobre o pitoresco Wellington Hotel. Em Tunbridge Wells, encontramos o notável e antigo Hotel Wellington e passamos a noite em um maravilhoso quarto vitoriano.

Mais tarde, em um longo e escuro trecho de estrada, algo que uma das meninas disse iniciou uma discussão espontânea e livre sobre as relações matrimoniais, e eu tive a oportunidade de discutir à risca os pontos que eu esperava trazer à tona na França.

No dia seguinte, em um trem, conhecemos um escocês e seus dois filhos pequenos que se tornaram nossos novos amigos. Os dois dias inteiros foram repletos de surpresas felizes. Oportunidades de ensinar, de formar e aprofundar relacionamentos, e, com isso, descobertas serendipitosas ocorreram em muitos níveis.

Não chegamos à França, mas chegamos a um lugar melhor em nossas relações.

Sendo assim, quando pedimos ao Espírito para guiar nosso crescimento, por meio da consciência contemplativa, desenvolvemos o estado emocional e nos conectamos com a correnteza da fonte de serendipidade espiritual.

CAPÍTULO 5

DUAS MANEIRAS DE AUMENTAR SEUS INCIDENTES DE SERENDIPIDADE

Há duas maneiras de conseguir a orientação que pode levar a mais experiências serendipitosas de modo espiritual. Como mencionado antes, uma maneira é *vigiar* e a outra é *orar* ou meditar. Seguem quatro abordagens para cada uma delas.

ORAR OU MEDITAR PARA ORIENTAÇÃO: QUATRO SUGESTÕES PARA O DESENVOLVIMENTO DA ARTE

1. REALIZE SESSÕES SEMANAIS REGULARES E ESTABELEÇA OBJETIVOS, MAS SEM PLANOS

Reserve uma hora de solidão a cada semana para rever as direções e objetivos de sua vida por meio da reflexão silenciosa e da oração.

Use ferramentas espirituais, das genéricas e gerais às específicas e pessoais: tudo desde escrituras sagradas e sermões a podcasts e Ted Talks, e até mesmo suas próprias anotações, textos em seu diário e respostas que você descobriu enquanto rezava ou enquanto fazia seu trajeto matinal. Você é um navio com sua própria bússola interna e sistemas de orientação, mas também pode conseguir direcionamentos dos céus.

Planeje por escrito onde você deseja estar e o que deseja que aconteça em sua família, em seu trabalho e em sua vida pessoal daqui a cinco anos. Em seguida, de forma pensativa e em espírito de oração, aprimore e ajuste seu plano de acordo com suas impressões e respostas às orações; ajuste e refine seus objetivos toda semana nessa sessão de oração.

Reflita e pondere sobre como você alcançará esses objetivos. Com objetivos de longo alcance, contente-se com amplos vislumbres e imagens conceituais. Pare com os planos detalhados e complexos, os quais pressupõem que você sabe mais do que realmente sabe, pois tal fato pode obstruir o caminho tanto da inspiração quanto da descoberta.

Deus muitas vezes confirma o "o quê" e nos ajuda com o nosso "por quê" enquanto rezamos. Então, se formos sagazes de modo espiritual, o espírito refina e ajusta o "onde", "quando" e "como" (e às vezes até acrescenta algo ao "o quê") enquanto vigiamos.

2.
PEÇA

Já estabelecemos o ato de pedir como a mais repetida admoestação das escrituras sagradas e como a chave que libera bênçãos e orientações sem violar nossa ação. Por causa de seu poder, devemos ser cuidadosos em nosso pedido. Quando a súplica é feita com uma reflexão e resulta em um agradecimento altruísta, rogar nos torna melhores e agrada a Deus. A oração torna-se doce, deliciosa e difícil de ser concluída.

Os bons pedintes são bons ouvintes; eles estão dispostos a vigiar e esperar.

A oração às vezes nos inspira sobre o que podemos fazer para responder à nossa pergunta ou atender às nossas necessidades. Outras vezes, a oração não é a fonte de uma resposta ou o canal pelo qual somos guiados a fazer algo; ao contrário, ela é a resposta e traz a mudança por si só, sem nos orientar a fazer nada.

Às vezes, a oração nos aponta ao poder.

Às vezes, ela é o poder.

Há pelo menos três tipos muito diferentes de oração nos quais se busca orientação:

- Oração por uma mudança feita por Deus.

É aqui que pedimos a um poder superior que leve as coisas muito além de nossa própria capacidade ou poder.

- Oração para encontrar luz.

É aqui que buscamos uma mente limpa, discernimento, sabedoria, verdadeiras impressões e direção para decisões corretas de encontro com nosso propósito... para que possamos decidir o que fazer e depois agir.

- Orar para ter confirmação.

Ocorre depois que tomamos uma decisão e estamos nos perguntando se ela se alinha com a vontade de Deus para nós.

Essa última oração merece mais discussão e é a terceira maneira de desenvolver a arte da oração.

3.
BUSQUE CONFIRMAÇÃO

Reconhecendo os limites curtos de nosso entendimento, procuramos confirmação; a certeza, o aceno positivo às nossas metas e decisões analisadas. Nesse nível, nossas orações são opções de verdadeiro ou falso e não questões de múltipla escolha. Podemos esperar sentir um conhecimento espiritual e calmo — uma resposta de "sim" — um estupor de pensamento ou a confusão, que indica que nossa decisão não é a melhor que poderíamos tomar.

A confirmação, uma vez recebida, significa confiança e apoio em momentos difíceis, bem como a libertação da praga trazida por nossas suposições.

Ao não fazer isso, aprendi muito. Tinham me oferecido uma indicação presidencial para dirigir uma Conferência da Casa Branca, que acontecia uma vez a cada década. Tratava-se de um assunto digno (pais e filhos), era uma clara oportunidade e nos permitiria passar um ano em Washington. Também parecia abrir portas para outras contribuições que esperávamos fazer. Linda e eu discutimos o assunto, conversamos com as crianças e nos empolgamos com uma decisão e uma tentativa de ir. Mas, na oração, a confirmação não veio. Eu queria a garantia de uma confirmação, busquei por ela, tentei até imaginar que a tinha sentido. Mas, se você não tem certeza de tê-la sentido, não sentiu. Discutimos isso de novo, não podíamos pensar em nenhum outro inconveniente além de uma mudança de volta para Washington, onde já tínhamos uma casa, e a necessidade de entregar partes de nossos negócios a outros por algum tempo. Então, racionalizamos um pouco. Talvez não importasse muito se aceitássemos ou recusássemos. Talvez não fosse um estupor de pensamento que estávamos tendo, mas sim um "Certo, tudo bem, vá em frente se você quiser".

Nós seguimos em frente. Foi uma daquelas decisões interessantes que não estava na verdade errada, mas que também não estava certa. Não foi a melhor escolha que poderíamos ter feito. Apenas algumas semanas após nosso retorno a Washington, o presidente Reagan foi baleado e sua recuperação, aliada a outros fatores, o levou a diminuir a ênfase à conferência e redirecionar a maior parte de sua atividade para o nível estadual em vez do nível nacional, o qual fui designado a dirigir. Percebemos que existiriam maneiras de termos a mesma experiência sem desistir tanto: eu poderia ter presidido a conferência em vez de dirigi-la. Tínhamos tomado uma decisão baseada em uma previsão limitada e percebemos mais tarde que o que nos vinha em oração era uma confusão de pensamento, sinalizando a necessidade de repensar e adotar uma abordagem diferente.

Quando pedimos uma confirmação e ela vem acompanhada de um torpor e de uma confusão mental, é um sinal para começar de novo. Significa dizer que o garfo errado foi escolhido, algo foi deixado de fora, uma peça está faltando em algum lugar, que talvez o momento tenha sido errado.

Sendo assim, a confusão é a *ausência* da segurança, e ela é tão real e valiosa quanto a confirmação.

4. DESENVOLVA A ATITUDE DA "INSIGNIFICÂNCIA"

G. K. Chesterton afirmou: "É impossível desfrutar de qualquer coisa sem humildade, até mesmo o orgulho." Ele também disse: "Se um homem faz seu mundo grande, ele deve fazer de si pequeno." De fato, não podemos apreciar com plenitude a grandeza de Deus ou maximizar o poder e o uso da fé até que compreendamos (ou pelo menos reconheçamos) a nossa própria insignificância.

Deus quer que saibamos o quanto nosso potencial é ilimitado
e até onde temos que ir para alcançá-lo
para que possamos sentir a familiaridade da proximidade
e a admiração da distância.

De acordo com o acadêmico Neal Maxwell: "Quanto mais refletimos sobre a nossa posição em relação a Cristo, mais nos damos conta de que não estamos de pé... nós apenas ajoelhamos."

Para os cristãos, assim como para todos os que creem em um poder superior, a atitude de admiração faz parte da receita da serendipidade espiritual.

VIGIAR A FIM DE OBTER ORIENTAÇÃO: QUATRO SUGESTÕES PARA DESENVOLVER A ARTE

1.
DESENVOLVA A ATITUDE DE CALMA E CURIOSIDADE

Ter uma mentalidade de serendipidade requer sagacidade e uma atitude de calma e interesse em vigiar. A serendipidade espiritual requer a adição de uma observação mais elevada e profunda por meio de uma alma calma e vigilante, bem como pela visão interior do espírito. Para este reino, precisamos desenvolver um estado emocional em que não só tentamos ver as pequenas coisas, como também tentamos enxergá-las como *respostas*.

Uma vez que tenhamos pedido, devemos estar atentos às respostas, aos locais ou às formas inesperadas.

As respostas, certas vezes, são encontradas em situações benéficas e, em outras, em situações nebulosas.

Certa noite, em uma viagem de negócios, fomos para o oeste, em direção a um conjunto de nuvens pesadas, seguindo o pôr do sol. O profundo nevoeiro foi iluminado pelas luzes douradas do

sol e a metáfora do lado positivo veio à minha mente. Entramos nas nuvens, bem como passamos por algumas turbulências e solavancos. Então saímos delas e seguimos em direção ao brilho amarelo do sol poente; alto o suficiente, agora que o sol tinha voltado.

É interessante, pensei, que as nuvens que muitas vezes dominam nossa visão são apenas vapores... enquanto o lado positivo é a realidade transmutada pelo sol.

A atitude que estimula a serendipidade espiritual não só nos faz procurar pelo lado bom das coisas, como também nos ajuda a entender que, apesar das aparências, as vantagens são maiores e mais intensas do que as nuvens à sua frente. Tanto o lado positivo quanto as nuvens são fornecidos pela mesma fonte. Ore como se tudo dependesse de Deus (porque depende). Vigie como se tudo dependesse de você (porque a resposta pode estar bem na sua frente ou dentro de você). Quando observar com calma e curiosidade, verá e entenderá mais.

2.
DESENVOLVA A ATITUDE DE GRATIDÃO E JEJUM

Por que a gratidão nos ajuda a vigiar?

Porque a gratidão é a consciência das bênçãos!

A mesma visão perceptiva interior que revela gratidão pelo que aconteceu também revela respostas e orientações sobre o que está acontecendo.

A gratidão é o treinamento perfeito para a atitude de vigiar. Quem vê as bênçãos do passado vê também as respostas do presente e as oportunidades do futuro.

No Novo Testamento, Paulo nos fornece uma mensagem semelhante em Filipenses 4:6-7. Nesse sentido, ele diz (em minha

interpretação) que se, em vez de sermos cuidadosos e minuciosos em nosso próprio planejamento, nós tornamos nossos pedidos conhecidos por Deus, por meio da ação de graças, teremos a paz de Deus no coração e na mente, o que fornece serendipidade a nossos espíritos.

Há muitos anos, começamos uma tradição de ação de graças em nossa família, que era listar nossas bênçãos. Antes de nos reunirmos para a ceia, fazemos uma lista em um longo rolo de papel com todas as bênçãos que podemos pensar. Todos na família se envolvem e listamos tudo, desde "um país livre" até "água encanada". Após o jantar, competimos para ver quem pode ler a lista inteira no menor espaço de tempo possível. Cada vez que fazemos isso, percebemos que a gratidão é mais do que algo que devemos a Deus. É um sentimento lindo. É algo que devemos invocar e apreciar como uma dádiva.

A "gratidão", como digo em outro livro, "não é só um caminho para a felicidade [...]. Gratidão É felicidade em sua forma mais acessível."[15]

O jejum, um princípio corretamente pensado em conexão com o pedido de bênçãos e compreensão, também pode ser de grande ajuda para dar graças pelo que foi recebido.

O jejum aguça nossos sentidos físicos e regula nossos sentidos espirituais, tornando-nos muito suscetíveis à serendipidade espiritual. Além disso, o jejum intermitente, que está ganhando atenção como uma técnica de perda de peso, pode ser saudável tanto para o corpo quanto para a alma.

3.
REGISTRE E LEMBRE-SE DOS INCENTIVOS

Quando um incentivo ou impressão toca nosso espírito
(às vezes, apenas perpassa com suavidade sobre ele)
a pior coisa que podemos fazer é ignorá-lo.
A segunda pior coisa que podemos fazer é esquecê-lo.
As impressões, muitas vezes, trazem clareza só por um instante
e depois...
Logo a seguir,
começam a enfraquecer, ofuscar e se dissipar…
A menos que as aproveitemos e as transfiramos
para nossa mente consciente,
onde elas podem ser mantidas estáveis e nítidas.

Na primeira vez que nos mudamos para a Inglaterra, nossos filhos eram pequenos e tudo era uma aventura emocionante para eles. Quando voltamos para nossa segunda estadia, eles eram adolescentes e acrescentaram novas camadas ao conceito de saudades de casa. Apenas uma semana após nossa chegada, e antes que se iniciassem os sentimentos de saudades, eu estava fazendo compras com nossa filha de 15 anos e senti um claro incentivo para conversar com ela sobre isso, o que talvez começasse a se tornar claro quando a empolgação diminuísse. Ficou nítido para mim, por um momento, como explicar certas coisas: apenas o necessário para prepará-la e suavizar o impacto. Mas estávamos nos aproximando das lojas, então decidi esperar e discutir isso mais tarde. Meia hora depois, a caminho de casa, eu trouxe à tona o conceito de saudade de casa, mas a simples percepção de

como explicar e prepará-la para isso tinha ido embora. Vários dias depois, quando os sintomas tinham chegado com força, conversamos de novo (eu falava; ela soluçava), e pude explicar um pouco do que deveria ter explicado antes. Da maneira como fiz, percebi como teria sido melhor se eu tivesse seguido o incentivo quando o tive pela primeira vez.

Aprenda a reconhecer as impressões que vêm do espírito e categorizá-las não com imaginação, superstição ou acaso, mas sim com inspiração e discernimento.

Concentre-se nos incentivos e lembre-se deles. Se possível, aja de imediato com base neles. Se não, registre esses incentivos escrevendo-os. Conforme escreve, eles se expandirão e se tornarão mais explícitos. A escrita pode ser pensada como a sintonização que torna um sinal fraco audível e compreensível. Uma vez escrito, o incentivo não será esquecido.

4.
USE UM PLANNER QUE TENHA NOTAS DE INCENTIVO

Quando surge uma impressão espiritual, pode não ser algo que você consiga fazer de imediato, mas algo que você deve fazer em um determinado momento, alguém que deve ver ou algo que deve dizer. O melhor lugar para anotar esses incentivos é em um calendário ou em seu smartphone, de modo que você se comprometa com um horário específico em um determinado dia.

Outras impressões podem surgir na forma de ideias mais amplas e de maior alcance, que podem ser implementadas ao longo do tempo ou na forma de novos discernimentos que não têm nenhuma aplicação particular e imediata, mas que levam à lembrança.

Tais impressões de longo alcance também precisam ser registradas por escrito. Quando isso não é feito, elas ficam soltas e, de alguma forma, solúveis: elas se dissolvem e desaparecem.

Tanto os incentivos de curto quanto os de longo alcance podem ser mais bem registrados no mesmo planner mencionado antes e descrito com mais detalhes em um capítulo posterior. Impressões que ditam a ação podem ser comprometidas por um registro em um determinado dia (horário no lado esquerdo da página). Ideias e discernimentos mais amplos, que sejam da mesma fonte, podem ser registrados e expandidos sob a forma de notas, no lado direito da mesma página.

Qualquer tipo de agenda ou aplicativo que você utilize pode ser transformado em um *antiplanejador* com a página dividida pela simples inclusão de uma linha vertical que dividiria cada dia.

As percepções espirituais e a inspiração às vezes podem ser como um sinal fraco de rádio, mas, à medida que sintonizamos, o sinal fica mais forte e o ouvimos com mais facilidade.

Durante suas sessões semanais, faça uma revisão geral da semana anterior. Preste atenção especial a qualquer nota de incentivo no lado direito de cada dia. Pense em como elas podem ser implementadas no futuro.

O SERMÃO

Este capítulo sugere a fórmula ou receita para a calma, vigilância, sagacidade e oração serena e atenciosa. Mas há uma declaração muito melhor dos ingredientes necessários da serendipidade, muito mais bela, esclarecedora e poética, repleta de imagens e sentimentos perfeitos. A melhor maneira de seguir essas ideias sobre serendipidade é deixar de lado este livro e ler, em seu lugar, a Bíblia.

Quer você seja ou não cristão ou já tenha lido a Bíblia, o Sermão da Montanha de Jesus contém uma espécie de sabedoria simples, mas profunda, para viver uma vida boa e prazerosa.

Uma maneira de ler o sermão é como uma explicação e um conjunto de instruções de e para a serendipidade do espírito. Leia e sinta algumas das mensagens e veja como elas nos guiam para as atitudes que este capítulo tentou descrever. As palavras de Jesus, a seguir, estão em itálico.

- ***Construa sua casa sobre uma rocha, busque tesouros no paraíso.*** Construa sua vida sobre objetivos fortes e justos, mas uma vez estabelecidos...
- ***Pense menos no dia de amanhã.*** Não tente planejar tudo. Seja mais como os lírios do campo, os pássaros no ar: espontâneos, sensíveis, flexíveis.
- **A luz do corpo é o olho.** Veja, observe e preencha-se com a luz. Vós sois a luz do mundo.
- **Pergunte.** E as respostas se revelarão. Procure essas respostas e as aceite, mesmo que venham de maneiras inesperadas. Pergunte, olhe e saiba.
- **Não sinta raiva ou cobiça.** Controle a mente e pense com pureza e profundidade.
- **Vire sua outra face... ofereça seu manto... ame os inimigos.** Em vez de julgar, esforce-se para ver e compreender.
- **Jejue em segredo, reze sozinho, não deixe a mão esquerda ver o que a mão direita oferece.** Tenha uma motivação interior pura.
- ***Alegre-se.*** Mesmo na adversidade, aprecie e aceite surpresas e reviravoltas inesperadas de todos os tipos.
- ***Não deixe o sal perder seu sabor.*** Não deixe a vida ficar entediante, mantenha seu frescor e espontaneidade.
- ***Seja perfeito* em amar.** Desenvolva a atitude perfeita de receptividade, aceitação, consciência e paz. Registre, lembre e implemente cada incentivo que o Espírito dá.

Talvez seja por intermédio de algo como a serendipidade espiritual que *os mansos herdam a terra*, e *os humildes de espírito veem o Reino de Deus*. Convido você a ler de novo o maior sermão em sua fonte, em Mateus, capítulos 5, 6, e 7. Leia-o como uma receita para a serendipidade espiritual. Leia e redescubra sua sabedoria pacífica.

RESUMO

Esta parte deste livro termina como começou: com promessas. Espero ter feito um círculo que cerca as ideias necessárias para que as promessas pareçam acessíveis.

Pense por um momento sobre as aplicações da serendipidade espiritual: sobre os benefícios que advêm de se estar atento, orar e usar a serendipidade calma e receptiva presente em cada parte de nossas vidas.

EM NOSSO TRABALHO

A serendipidade espiritual nos faz mais felizes em nosso trabalho, pois nos faz relaxar e reduz o estresse. Ela nos ajuda a encontrar aventura nas possibilidades e oportunidades do dia a dia e no que é pequeno e inesperado.

Ela nos permite parar de pressionar e forçar, bem como nos permite começar a ver soluções criativas e abordagens de pensamento lateral.

Mesmo que seu trabalho seja, por natureza, muito rotineiro, a serendipidade espiritual lhe permitirá ver e apreciar pessoas e coisas que tornam cada dia mais interessante.

Como mencionado no lado um, eu tinha um professor que pregava o seguinte lema: "Tente nunca se surpreender. Se ficar surpreso, isso mostra que você não é bom em antecipar e planejar, por essa razão sua vida empresarial será constantemente imprevisível e perturbadora. Aja, não reaja, porque todos somos julgados pelo que fazemos acontecer. Aprenda a controlar as pessoas e as coisas ao seu redor."

Minha refutação serendipitosa a essa noção é quase como uma oposição ou imagem no espelho: "Tente encontrar surpresas todos os dias. Se nunca se surpreende, isso mostra que você não é um bom vigilante/observador e sua vida empresarial será monótona e chata. Aprenda a responder e a agir, porque a própria medida de nossa

mortalidade é como respondemos às coisas que nos acontecem. Deixe que sua noção de controle se estenda apenas a você mesmo."

EM NOSSAS FAMÍLIAS

A serendipidade espiritual nos torna mais felizes em nossas famílias, ajudando-nos a ver nossos cônjuges e filhos com mais clareza e de modo mais individual para que possamos identificar suas necessidades e compartilhar suas alegrias.

Ela também nos ajuda a manter a energia do humor e a empolgação da flexibilidade e da diversão... e nos lembra que nossas prioridades são nossos parceiros e nossos filhos, não nossos planos.

> *O plano era um jantar antecipado para dar tempo para uma atividade noturna familiar antes da hora de dormir das crianças mais novas. Mas um filho mais velho se atrasou para chegar em casa porque teve que recomeçar seu projeto de artesanato na escola, cujo prazo seria no dia seguinte. Teria sido fácil ficar bravo com ele, exceto por seu olhar de empolgação e orgulho. Ele tinha aprendido a usar a serra de fita. Foi tão empolgante que ele cortou seu pedaço de madeira depois de fazer apenas um rápido ajuste, o que arruinou seu projeto e fez com que ele tivesse que recomeçar. Refazer o projeto fez com que ele se atrasasse duas horas para chegar em casa. Nosso jantar atrasado foi despendido em uma discussão que aplicou o princípio "pensar três vezes, medir duas vezes, construir uma vez" em muitos aspectos diferentes da vida. Então, como já era tarde, todos saímos para tomar sorvete trajando nossos pijamas. Portanto, nada havia acontecido como planejado, mas tudo saiu melhor.*

EM NOSSA FÉ OU SERVIÇO COMUNITÁRIO

A serendipidade espiritual nos torna mais felizes em nossa fé e serviço, ajudando-nos a sermos mais orientados para as pessoas e menos orientados para os programas.

A sensibilidade e a receptividade às impressões nos levam a servir melhor e fortalecer nossas crenças.

Lembro-me de um incidente do período em que eu tentava de forma consciente substituir minha mentalidade de controle por serendipidade, mas não estava me saindo muito bem. Alguns novos vizinhos haviam se mudado para a rua, e Linda me disse que eu deveria dar-lhes as boas-vindas à vizinhança. Eu liguei para eles várias vezes para ver se eu poderia visitá-los, mas eles estavam sempre muito ocupados. Isso me irritou porque eu também estava ocupado, e eles pareciam estar ainda mais. Com isso, eu não conseguia tirar tal obrigação da minha lista de tarefas.

Eu liguei de novo em outra noite quando tinha uma ou duas horas livres e dessa vez a esposa disse: "Ah, desculpe; Jimmy está em sua peça da escola esta noite."

Eu me perguntei se não haveria aqui mais alguma solução serendipitosa... e acabei comprando um ingresso para a peça de Jimmy, assistindo ao primeiro ato e aproveitando o intervalo para conhecer toda a família.

NA DIVERSÃO E NO LAZER

A serendipidade espiritual nos faz mais felizes nos turbilhões de nossas vidas, assim como nas correntezas.

Há sempre algo a fazer
mesmo quando não há nada a fazer.
Vemos mais possibilidades, desafios, opções,
sentimos mais interesses e emoções,
e vivemos mais no mesmo espaço de tempo.

Diário:

Um sábado lindo, até olhar para o calendário: 15 de abril — dia do imposto de renda. Ainda assim, se eu puder terminar meus impostos durante o dia, podemos comemorar indo ao cinema esta noite. Mas que dia, que brisa fresca e constante; que ideia engraçada as crianças de seis e oito anos acharem que uma pipa voando é algo muito divertido.

Os números podem ser escritos, subtraídos e somados após o anoitecer, mas não se pode soltar pipas. Que dia e que vista! Observar os olhos dançantes das crianças, assim como suas pipas. Que memória calorosa para se ter enquanto passo longas horas, durante a noite, preenchendo declarações de impostos.

Há muitas aplicações da serendipidade espiritual —
muitas razões para querer a qualidade,
mas todos os motivos convergem
para uma só palavra e uma só razão:

A serendipidade espiritual é um *caminho*
ao longo do cume interminável, sempre em escalada
da *Alegria*.

CONCESSÃO

A verdade nunca muda,
mas a relevância sim.
A propriedade divina e nossa concessão
sempre foram tão verdadeiras quanto são agora,
mas talvez nunca tão relevantes.
Porque, hoje,
os sentimentos da sociedade nos permeiam e nos levam
a direções opostas,
para conseguir, ter e, em particular, para
querer mais.
Índices históricos de ganância, materialismo e estresse
estão chegando ao auge
em camadas de orgulho e preocupação com a posse.

Olhamos para a luz
de ser e de oferecer.
Aprendemos quem somos e de quem somos,
usando nossos dons e nossa ação
para descobrir a alegria.

Agora, mais do que nunca,
O mundo precisa de "gestores de concessões", e nós precisamos
de concessão.

CAPÍTULO 6

ORIGENS DA CONCESSÃO

DEFINIÇÕES E RAÍZES

As palavras às vezes evoluem e se distanciam de seu significado original. A palavra inglesa *commonwealth*, por exemplo, é muitas vezes entendida como a riqueza comum ou as coisas que temos em comum. A palavra original, entretanto, era *common weal*, que significava para o bem comum, por se tratar de algo que poderia ser usado por todos, mas que não poderia ser reduzido.

A palavra *stewardship* (concessão) passou por uma evolução semelhante.

A raiz *tig*, que significa "alcançar a ascensão" — para aspirar, para tentar —evoluiu para *stew*.

E a raiz *ware*, que significa estar atento, como em *beware* (cuidado), evoluiu para *ward*. Um *ward* (tutelado) da corte na Inglaterra é um herdeiro de um título ou propriedade que é tutelado até ter idade suficiente para se responsabilizar por si.

O que leva a estas definições:

Gestor de concessões: aquele que cuida daquilo a que é herdeiro, ao mesmo tempo em que alcança a ascensão, reconhecendo sua fonte, lembrando-se de seu provedor, esforçando-se para expandir aquilo que zela, enquanto procura oportunidades de compartilhar e usar tal prática para o bem dos outros.

Concessão: a gestão atenciosa, responsável e humilde de algo confiado aos cuidados de alguém.

Meu interesse pela palavra começou quando era estudante. Era a época do despertar da responsabilidade social e, apesar de a maioria dos estudantes pensar e falar em termos de quanto dinheiro podia ganhar, quanto poder podia conseguir e quantas empresas e coisas materiais podia ter, havia uma minoria crescente que olhava sua educação de elite e suas credenciais como uma responsabilidade, que almejava carreiras em empreendimentos sem fins lucrativos e que via seus objetivos em termos de contribuição e não de acumulação. Eu fazia parte dessa minoria, e, para mim, o conceito de concessão funcionava melhor do que o de propriedade ao pensar no que eu queria fazer, ter e ser.

Um bom gestor de concessões vê suas responsabilidades, pertences e relações como confianças ou dádivas e procura aumentar sua qualidade e quantidade. Ele não se orgulha, mas também não deseja menos. Um gestor de concessões em relação à propriedade não a considera como superioridade, mas tampouco a abandona ou a deixa se deteriorar. Com relação ao poder, não o usa para dominar os outros ou se elevar, como também não abdica ou se esquiva da responsabilidade. No tocante ao talento musical ou atlético, ele valoriza e desenvolve, fazendo mais para honrar e compartilhar seus dons do que para elevar a si.

Um gestor de uma empresa sente-se responsável por seus funcionários, clientes e acionistas e se mede mais pela forma como os serve do que pelo seu salário ou bonificação. Um gestor, em relação a uma promoção ou cargo, vê seu título como um fardo de confiança e não como um brasão de orgulho, pois se enxerga como um servo, agente e embaixador do proprietário.

O QUE CONCESSÃO PODE SIGNIFICAR HOJE

A vida é uma pergunta, e a concessão é uma resposta poderosa ou pelo menos uma nova maneira de compreender, reunir e usar as respostas mais antigas e eternas.

A concessão, para mim e para minha família, tornou-se uma forma de olhar para tudo; uma forma que aumentou a paz e a alegria. A palavra ou o conceito é como uma *lente* que dá um novo foco às coisas e me leva a ver minha vida em um contexto bem diferente, a ver as coisas como elas são de verdade e, talvez, às vezes, até mesmo a vislumbrá-las como Deus gostaria que fossem.

A Bíblia nos incentiva a "conhecer a verdade" e promete que "a verdade vos libertará" (João 8:32). Há uma grande liberdade na verdade da concessão. Quando nos libertamos de forma mental do fardo, da imprecisão e da presunção de propriedade, nós nos sentimos aliviados e iluminados.

A concessão e a propriedade não são só duas formas diferentes de lidar com os bens materiais. São duas formas alternativas de pensar sobre tudo na vida; desde nossas coisas e talentos até nossas oportunidades e opções, nossos relacionamentos e nossas famílias.

O paradigma da concessão não sugere que vivamos como Gandhi ou Thoreau ou mesmo que vendamos tudo o que temos para doar aos pobres. Ele não pede que adotemos uma vida espartana ou que vivamos em comunidade. Este não é um livro sobre estilo de vida. Ao contrário, é um livro sobre uma *mentalidade* ou um *estado emocional* que pode nos libertar dos cuidados sobre propriedade e

que nos ajudará a enxergarmos nossas vidas como alegres receptores de dádivas e concessões.

O tipo de concessão de cada pessoa é único. Cada um de nós tem um conjunto separado e distinto de circunstâncias e é capaz de encontrar um propósito único. Portanto, não há uma fórmula-padrão ou resposta. O objetivo dos próximos capítulos não é apresentar respostas prontas, que servem a todos, mas produzir uma perspectiva e estimular o pensamento: o mesmo tipo de pensamento que pode funcionar dentro de nós, estimulando a percepção, a meditação e a inspiração e nos ajudando a encontrar respostas únicas e pessoais.

Cada um de nós começa esta vida da mesma maneira: nus, com frio e sem nada para chamar de nosso, exceto nossos diferentes tipos de famílias. Nascemos, crescemos e aprendemos, depois trabalhamos e recebemos dádivas, que são nossas como uma forma de concessão, mas que ainda pertencem a algo muito maior do que nós mesmos.

A propriedade no contexto global de "Eu conquistei, eu mereci, é meu" é o veículo do orgulho e o inimigo da concessão. A ilusão da *propriedade*, na terminologia deste livro, refere-se à forma orgulhosa que esquece tanto a fonte quanto a natureza de nossas dádivas. O termo *concessão* é o reconhecimento preciso de onde tudo isso veio e de quem é.

A respeito da insensatez e do verdadeiro preço da propriedade, considere Russell e Thoreau:

"É a preocupação com a propriedade, mais do que qualquer outra coisa, que impede que homens e mulheres vivam com liberdade e nobreza." — Bertrand Russell

"O verdadeiro custo de uma coisa é a quantidade do que eu chamo de vida que é necessária para ser trocada por ela." — Henry David Thoreau

Wordsworth afirmou de forma poética, e Emerson e cummings disseram sem rodeios:

"O mundo está demais conosco; cedo ou tarde,
ganhando e gastando, desperdiçamos nossos poderes.
[...] este mar que mostra seu seio para a lua;
Os ventos que uivam a toda hora,
e agora estão reunidos como flores adormecidas;
Por isso, por tudo, estamos desafinados;
isso não nos move. [...]"

— William Wordsworth

"As coisas estão na sela e governam a humanidade." — Ralph Waldo Emerson

"Mais, mais, mais, mais, que inferno, no que estamos nos tornando, coveiros?" — e. e. cummings

Agora considere uma mudança de atitude com Frankl e Tolstói:

"Há cada vez mais quem tem os meios para viver e cada vez menos quem tem o sentido de viver." — Viktor Frankl

"Quando um homem deixa de acreditar em uma propriedade imaginária, somente fará uso de sua verdadeira propriedade." — Liv Tolstói

GALHOS DA CONCESSÃO

A concessão tem muitas facetas e dimensões; é o tronco de muitas das qualidades que buscamos e das quais precisamos agora, mais do que nunca, no mundo materialista de hoje.

Para contrastar, pense mais profundamente em duas árvores e nos galhos que crescem em cada uma.

Se o nome da primeira árvore é Propriedade, os galhos que nela crescem assim podem ser chamados:

- inveja;
- orgulho;
- ego;
- ganância;
- frustração;
- competição;
- egoísmo;
- estresse;
- acúmulo;
- vaidade;
- manipulação;
- desperdício;
- cobiça;
- presunção;
- excesso de confiança;
- condescendência;
- medo;
- amargura em tragédias; e
- caráter julgador.

Pense sobre a causa e o efeito. Retire a noção de ter e cada um desses traços negativos perde sua própria base: os galhos não podem existir sem o tronco.

A verdade simples e orientadora do paradigma da concessão é que não temos nada. Temos apenas a responsabilidade pela *gestão* das coisas, dos talentos, do tempo, dos chamados, de nossos corpos físicos e de nossas relações e famílias, pois tudo isso nos foi concedido.

Por que precisamos compreender a concessão? Primeiro porque é a realidade e qualquer outro paradigma ou visão de mundo é um engano; e segundo porque pensar e viver como indivíduos aptos a concessão pode nos livrar das características de curta visão supracitadas e substituí-las por seus opostos. Se a árvore é chamada de Concessão, ela cresce com galhos muito diferentes:

- humildade;
- empatia;
- generosidade;
- realização;
- cooperação/relação ganha-ganha;
- altruísmo;
- paz;
- colaboração;
- frugalidade;
- satisfação;
- docilidade;
- respeito;
- igualdade;
- coragem;
- doce aceitação; e
- tolerância.

Cada uma dessas qualidades ou galhos são *efeitos* que podem derivar da *causa* ou tronco gerados a partir de uma atitude do coração, capaz de reconhecer a verdade e a realidade da concessão.

Este não é apenas
Um capítulo sobre antimaterialismo
(embora inclua isso).

Coisas materiais (erroneamente denominadas posses) são
só uma categoria
do que não temos,
mas, ao tê-las, a concessão acaba.
Há muitas outras categorias:
habilidades
amigos
posições
beleza da terra
oportunidades
talentos
filhos
tempo
cônjuge
corpos físicos
provações
testes
amores.
Se pensarmos que somos donos
De qualquer um destes,
que os conquistamos ou os merecemos
Estamos errados,
E somos prejudicados pelo erro.
Mas
Nada mais, nada menos do que nos foi dado,
São as dádivas da
Concessão
o que pode produzir os efeitos opostos
da propriedade errada e orgulhosa
E
nos levam na direção de
Gratidão e responsabilidade por nossas dádivas.
Nossa tarefa é

aprender a amar essas dádivas, desenvolvê-las,
guiá-las, cultivá-las, para que
possamos conhecer a alegria de ambos
e seu Provedor.
De certa forma, a ideia de Concessão desafia a descrição —
porque evolui, expande-se, eleva-se.
Ela começa como uma atitude, uma abordagem mental,
uma avaliação consciente das coisas como elas realmente são:
Uma mentalidade.
Mas, ao misturar-se e integrar-se ao espírito,
torna-se um sentimento,
mais profundo e doce do que a mente,
tocando-nos, movendo-nos,
no coração, na alma:
Um estado emocional.
Ela se entrelaça com a orientação,
com gratidão, e cria a velocidade pacífica de desacelerar,
expandindo o tempo,
aquecendo as cores e texturas de cada dia,
revelando uma alegria inesperada e diferenciada,
peneirando e suavizando a luz do sol de si
para absorver, aceitar e assistir os outros
em vez de refletir sobre eles.

A concessão não é somente uma parte da vida, mas uma definição dela, ou seja, um modo de vida. A tese da concessão é simples e surpreendente. É a de que, na perspectiva da realidade eterna, os seres humanos não têm nada, exceto a capacidade de fazer escolhas.

Fazemos nossas melhores escolhas e estabelecemos nossas prioridades de forma sábia quando reconhecemos e compreendemos a concessão.

CAPÍTULO 7

COMO A CONCESSÃO SE CONECTA COM A ALEGRIA, A LIDERANÇA, O EQUILÍBRIO E A SERENDIPIDADE

Uma coisa é pensar em uma atitude de concessão como um fim benéfico em si mesmo. Outra, é algo maior, por outro lado, é enxergar suas conexões com outras boas qualidades que queremos em nossas vidas: qualidades de alegria, liderança, equilíbrio e serendipidade.

CONCESSÃO E ALEGRIA

Diz-se que o deus egípcio Osíris faz somente duas perguntas para aqueles que passam adiante: "Você encontrou alegria?" e "Você proveu alegria?". Um antigo ditado rabínico indica que Deus pede

àqueles que morrem para prestar contas "das coisas que Ele fez para eles e que eles se recusaram a desfrutar".

O que nos impede de desfrutar das dádivas de Deus é a impressão equivocada de que as ganhamos ou que as temos. Tal noção incentiva o acúmulo, a superproteção, a preocupação e dispensa a gratidão, bem como o uso apreciativo das coisas que nos trazem alegria.

O mundo idealizou e criou uma grande coleção de conexões falsas... conexões entre as coisas mundanas e a alegria, conexões do material com o belo, das circunstâncias exteriores com a felicidade interior. Isso tem nos enganado e confundido a conectar materialismo pretensioso com sucesso e respeito, bem como a pensar que podemos ganhar a felicidade por meio de casas maiores, barcos mais novos, carros mais caros.

A alegria é o objetivo, e a concessão é o veículo. Assim como a alegria é a meta, e a concessão é o plano.

Algumas pessoas parecem ter a capacidade de manter uma alegria profunda: a capacidade de ser conduzido de forma profunda e emocional pela beleza, pelo amor e serviço ou pela excelência e coragem. Em outras, essas capacidades são abafadas e minadas pelo materialismo.

Em um trecho do Novo Testamento, lemos sobre uma mulher, Marta, que estava "distraída em muitos serviços [...] e afadigada com muitas coisas".[16] Quando estamos distraídos e esgotados com o orgulho e o peso de muitas coisas, é difícil se orientar de maneira emocional ou encontrar tempo e espaço para a simples alegria. Torna-se fácil se deixar levar à alegria se estivermos *leves*. As realizações e a excelência dos outros podem nos inspirar se não tivermos ciúmes, e as simples belezas podem nos influenciar se as virmos, percebermos e reconhecermos como as grandes dádivas que são.

Nesse contexto, a relação entre alegria e concessão é direta e poderosa. A alegria é o objetivo, e a concessão é o veículo. Assim como a alegria é a meta, e a concessão é o plano. Enfim, a alegria é "o quê", e a concessão é o "como".

Frequentamos uma igreja durante um período em que o bispo leigo era um homem muito sábio e prático. Profissionalmente, ele era um encanador; muitas vezes havia sujeira sob suas unhas e, para aqueles que se orgulhavam ou julgavam, ele não causava uma boa primeira impressão.

Também, naquela mesma igreja, havia um terapeuta psiquiátrico clínico muito treinado. Alguns membros da igreja recorreram a esse psiquiatra procurando ajuda para problemas pessoais. Alguns deles também recorreram a seu bispo para conseguir aconselhamento espiritual. Muitos perceberam que o encanador-pastor parecia prestar mais ajuda e ter mais efeito do que o caro terapeuta. Uma das pessoas que notou isso foi o terapeuta.

Com certa frustração, um dia ele procurou o bispo e perguntou: "Como você faz isso? Que técnica você usa?" O humilde bispo deu uma resposta simples: "Eu continuo perguntando e ouvindo até descobrir quais dos mandamentos de Deus eles estão violando. Então lhes digo para pararem. Explico-lhes que, se enxergarem suas vidas como o ato de cuidar das coisas que Deus lhes deu, eles serão felizes."

CONCESSÃO E LIDERANÇA

Tenho um amigo que gosta de falar sobre ideias. Ele não tem interesse em falar sobre as pessoas (ele chama isso de mexerico) e não tem interesse em falar sobre o tempo ou eventos cotidianos (ele chama isso de conversa fiada). Não é que ele seja desinteressado

pelas pessoas, e ele adora o clima; é só que as ideias são seu maior interesse, e ele acha que de fato não há tempo suficiente para falar sobre qualquer outra coisa.

Adoro percorrer longos trajetos com esse amigo porque o tempo é preenchido com a exploração de ideias. Um dia, no caminho de volta de uma viagem, ele perguntou: "Por que você acha que os mansos herdarão a Terra?" Nas horas seguintes, nós nos debruçamos sobre essa questão. O que significa herdar a Terra? Será que os mansos apreciariam as belezas da Terra e, por sua vez, cuidariam da Terra? Com certeza, seriam necessárias habilidades de liderança para supervisionar este imenso planeta. A docilidade é uma qualidade da boa liderança? Esse com certeza não é o contexto habitual. Identificamos uma liderança eficaz com assertividade e agressividade. Não são estes opostos da docilidade? A Terra não deveria ser supervisionada por aqueles que demonstrassem liderança que incluísse sabedoria, inteligência, compaixão, visão, coragem, disciplina e amor?

Sim, nós decidimos, a liderança incluía todas elas, mas uma grande e confiável liderança inclui mais uma coisa, uma qualidade basilar que faz todas as outras funcionarem melhor e que permite que as pessoas confiem nos líderes. Essa grande e definitiva qualidade, decidimos, foi definida como uma humilde dependência de Deus, que confiaria no espírito e, assim, evitaria qualquer dominação orgulhosa.

Esse tipo de docilidade é uma atitude de concessão. Um líder que vê a si mesmo como um gestor daqueles que ele lidera, liderará com gentileza, persuasão e paciência. Ele reconhecerá que é, na verdade, um servo para aqueles que lidera. Ele tentará se importar como alguém que concede algo para vigiar e elevar os outros. Tal líder é do tipo que outros quererão ser liderados, que outros confiarão a liderança e, portanto, herdarão a Terra.

No sentido de liderança, a concessão é como ser um pastor. O pastor lidera suas ovelhas em vez de pastoreá-las ou empurrá-las. O pastor, ou quem concede, cuida de cada ovelha (ou pessoa) como um indivíduo e não como um rebanho.

A atitude de concessão não é a única qualidade de liderança, mas é a qualidade crucial. É o fator que pode nos ajudar a liderar com a orientação do verdadeiro líder e que faz com que os liderados confiem em nossos motivos e queiram nos apoiar.

Nossas famílias oferecem a oportunidade para uma das aplicações mais úteis de um tipo de liderança baseada na concessão. Pais conscientes do que podem conceder têm objetivos claros para o que querem dar e ensinar a seus filhos que também seguem o paradigma da concessão. Seus filhos são confiantes, pois sabem que os pais os priorizam e muitas vezes sacrificarão suas próprias necessidades para cuidar deles, vigiá-los, elevá-los e ajudá-los a explorar seus potenciais mais elevados.

CONCESSÃO E EQUILÍBRIO

Se nossos corações estão voltados para nossos filhos, para o serviço, para a verdadeira aceitação e honra da concessão, removeremos o materialismo e muito do egoísmo na vida, substituindo-os por um equilíbrio espiritual feliz.

A concessão é a atitude que traz a orientação do Espírito em nossos corações e nos dá o desejo de equilibrar nossas vidas de acordo com um padrão superior. É a atitude de concessão que nos permite estarmos confortáveis para viver no mundo sem sermos mundanos. Podemos viver em cidades cercadas por pessoas que acreditam na atitude de propriedade sem a necessidade de participar. Podemos escolher, em vez disso, a paz de uma atitude de concessão.

Eu era um garoto pequeno, recém-familiarizado com testes e provas na escola, impressionado com sua gravidade e seriedade,

quando ouvi pela primeira vez a resposta da Escola Dominical à pergunta: "Por que estamos aqui na Terra?"

A resposta foi: "Como um teste."

Para mim, e suspeito que para tantos outros, essa foi uma resposta bastante sinistra. Um teste era algo a ser temido, algo em que alguém verificava se era possível evitar erros e fazer tudo certo. Na minha jovem mente, Deus queria nos testar e nos avaliar, Ele fez um lugar com muitas perguntas difíceis e obstáculos difíceis.

Levei muitos anos para perceber que este era um tipo diferente de teste, mais bem chamado de dádiva de amor, alegria e possibilidade infinita. Se existe um teste, é para provarmos a nós mesmos e para vermos quanta alegria podemos encontrar.

A mentalidade de teste leva alguns a pensar no mundo apenas como uma pista de obstáculos, como o mal e o perigo a serem evitados. É essa orientação defensiva que faz muitos tentarem a fuga deste mundo... daqueles que rejeitam todas as formas de mídia social, dos ermitãos às pessoas comuns, que pensam que o mundo lá fora quer persegui-las e tentam de várias maneiras se esconder dele.

Algumas pessoas interpretam mal o seguinte trecho: "Estar no mundo, mas não ser do mundo." Elas consideram, como apoio à sua visão, que o mundo é um lugar ruim e perigoso, que deve ser temido e evitado. Em vez disso, devemos pensar na frase como duas admoestações separadas e positivas: "Estar no mundo" — estar envolvido, participar e desfrutar, contribuir e interagir; "não ser do mundo" — evitar o materialismo e o mundanismo que podem destruir a alegria.

Assim interpretado, entende-se que poder e equilíbrio residem em estarmos no mundo, mas não sermos do mundo. Como uma gangorra com um peso em cada extremo, isso pode manter nossas vidas em harmonia e equilíbrio. Por um lado, somos aconselhados

a estar no mundo: amando e apreciando os outros, bem como suas dádivas, ao cuidar de tudo o que nos foi dado. Por outro lado, somos solicitados a nos elevar acima do mau uso das dádivas existentes, o que se torna perigoso pela mistura de nossa ação e pela oposição do mal. O par sugere uma ofensiva e uma defesa, uma concentração em fazer o bem e evitar o mal, um desafio a buscar o lado da luz e evitar o lado sombrio. Mas, acima de tudo, é um convite para ter uma interpretação positiva da vida, para viver e amar como gestores fiéis e alegres.

Mundanos, Sensoriais, Temporais, Físicos, Materialistas, Comerciais.
Palavras que usamos para descrever o que esperamos não ser.
Ainda assim,
que bênção
esta Terra física, material,
um mundo de sentidos e sensações...

um laboratório de aprendizado,
de expansão e expressão,
de liberdade e fé.

Triste,
se alguma vez odiamos o mundo ou nos escondemos dele;
se tememos a paixão ou excluímos o que viemos aqui conhecer.

Nossa "fisicalidade", como
a potência de um cavalo (capaz de nos machucar ou fugir conosco)
pode ser temida e morta
ou controlada e desfrutada.

"Esteja no mundo, mas não seja dele"
não deve ser lido como
"Você tem que ser, então tente não ser",
mas como duas admoestações distintas e alegres.
Para que isso aconteça, devemos lembrar que o mundo
não é nosso mestre ou nossa identidade... mas nossa dádiva;
que somos seres espirituais ingressando, experimentando, desfrutando
uma extensão física de nós mesmos.
Não somos seres físicos que, às vezes, têm experiências espirituais,
somos seres espirituais tendo uma experiência física.

Devemos nos refrear, devemos usá-la com disciplina
e, acima de tudo, devemos nos lembrar
a Quem tudo isso tudo pertence.
Lembrar disso, compreender e amar
nosso papel como aqueles que recebem as concessões,
torna impossível ser "do mundo".
E, do mesmo modo, impossível não encontrar a alegria de estar "nele".

CONCESSÃO E SERENDIPIDADE

Há muitos anos, palestro sobre concessão e serendipidade para grupos corporativos e empresariais. Uma noite me encontrei em um ambiente rural, dando meu seminário a um grupo que consistia sobretudo em agricultores. Senti, enquanto falava, que esse grupo ou não entendia ou então precisava menos do que aqueles aos quais eu estava acostumado.

Um fazendeiro me procurou depois e me convenceu de que era a última opção. "Gostei do seu discurso", disse ele, "e eu nunca tinha ouvido a palavra serendipidade antes. Mas, sabe, os fazendeiros

são mais ou menos assim, por óbvio, temos que ser". Ele explicou que, como agricultor, ele tinha planos do que gostaria de fazer em um determinado dia, mas o clima e as condições naturais forçaram a flexibilidade, o que muitas vezes o levava a desviar sua atenção para uma necessidade mais urgente ou um projeto mais realizável. Usando minhas palavras do seminário, ele disse: "Você não pode apenas agir em uma fazenda", disse ele. "Você deve aprender a reagir também."

Ele também fez um comentário rápido e perspicaz sobre a concessão. "Os agricultores, em sua maioria, sabem que são recebem concessões", disse ele. "Qualquer um que pensa nisso sabe que a terra é de Deus, assim como a água e o vento. Apenas usamos e cuidamos da nossa terra."

Voltei para casa naquela noite com uma melhor compreensão do porquê tantos sábios advertirem contra o afastamento da natureza e da terra e nos aconselharem a "ficarmos perto do solo".

Também saí com uma melhor compreensão das conexões entre minhas duas palavras favoritas: concessão e serendipidade. As palavras estão ligadas de muitas maneiras. A serendipidade requer consciência espiritual e orientação, que pode nos conduzir de maneiras inesperadas, mesmo quando estamos buscando algum outro objetivo que vale a pena. Tal orientação também está no cerne da concessão, na qual reconhecemos que devemos ser guiados pelo proprietário se quisermos ser bons gestores de tais princípios.

Os primeiros nativos norte-americanos falavam do Grande Espírito e sentiam que a terra não pertencia a nenhum indivíduo em particular, mas sim a todos. O reconhecimento de nossa condição de receptores de concessões nos leva a buscar a própria orientação que traz a serendipidade espiritual ou a consciência do que Deus quer que façamos. Cumpre salientar que a busca consistente por orientação e consciência nos caminhos serendipitosos que Deus pode ter em mente é a melhor maneira

de nos tornarmos gestores dignos e eficazes de nossas concessões.

À medida que nossas concessões aumentam e se expandem, o mesmo ocorre com nossa necessidade de serendipidade espiritual. Se nossas tarefas, confianças ou propriedades são muito básicas (como uma bicicleta nova ou uma simples tabela de horários em uma aula de Matemática), talvez possamos elaborá-las e cuidar delas de forma bastante rotineira e autossuficiente. No entanto, se quisermos ir além das coisas básicas ou da aritmética simples, buscando formas mais elevadas e mais livres, nossas concessões se tornam maiores e precisamos de mais ajuda, orientação e serendipidade espiritual. Precisamos daquela atitude aberta e sensível na qual o Espírito pode falar com nosso espírito e nos ajudar a enxergar maneiras mais puras, fortes e criativas de multiplicar e ampliar o que nos foi confiado.

Imagino um Deus que pode estar ao mesmo tempo satisfeito e entretido ao vigiar um de nós enquanto paramos para estabelecer nossos objetivos e fazer nossos planos. Talvez ele sorria enquanto nos observa. Parte do sorriso poderia ser uma aprovação de nossos esforços para decidir o que queremos fazer e em que queremos contribuir, e a outra parte do sorriso pode ser um divertimento pelo pouco que sabemos do que nos espera e, portanto, pelo quão incompletos são em geral nossos planos.

Se procuramos conhecer e compreender as concessões que nos foram dadas, e se procuramos ter uma orientação constante e serendipitosa — como a sua ampliação —, então é provável que o sorriso também reflita o prazer de nosso cuidado.

Uma coisa é falar sobre o que é a concessão e sobre como olhar a vida por meio dessa lente pode nos ajudar a ver com mais clareza e perceber as coisas como elas realmente são. Outra mais complicada é desenvolver uma atitude de concessão interior, de modo que ela se torne parte de quem somos e não só parte do que entendemos. Ressalte-se que essa é a tarefa do próximo capítulo, em que exploraremos três chaves para desenvolver uma orientação verdadeira e pessoal de concessão para a vida cotidiana.

CAPÍTULO 8

AS TRÊS CHAVES DA CONCESSÃO

Há três chaves que podem abrir e desenvolver uma atitude de concessão em nossas vidas, formando dentro de nós uma atitude, uma perspectiva e um paradigma que podem mudar nossas vidas até o âmago. As três chaves são gratidão, generosidade e orientação.

CHAVE 1: GRATIDÃO

Eu estava contando uma história na hora de dormir, bem como rezando com minha filha de três anos enquanto a aconchegava em uma noite há muito tempo. Ela terminou sua oração doce e espontânea e então olhou para mim e disse: "Tenho dois papais", apontando para mim com uma mão e para cima com a outra. "Sou grata aos dois."

A gratidão exige, em primeiro lugar, agradecer pelas coisas e, em segundo, que alguém seja grato. Seja lá como compreendemos que Deus é, podemos refletir sobre como suas dádivas trazem uma alegria indescritível. Essa percepção traz não só uma vontade de viver como quem recebe concessões, mas um desejo profundo e alegre de realizar tal prática.

A gratidão é uma parte indispensável da felicidade, assim como da concessão. Reconhecer um poder superior em todas as coisas e ser grato por tudo é algo insubstituível no paradigma da felicidade e é a primeira das três chaves da concessão.

Minha avó materna era sueca e não conseguia fazer uma oração sem chorar. Sua gratidão brotava com tanta profundidade que os soluços e as lágrimas faziam tanto parte de sua oração quanto das palavras. Ela agradecia a Deus por tudo porque acreditava que a mão de Deus estava em todo lugar. Com isso, ela não conseguia pensar em nada de bom sem pensar em seu Deus.

Quanto mais eu vivia, mais apreciava o dom que minha avó tinha. É uma grande capacidade poder sentir gratidão com tanta profundidade quanto ela sentia. O ponto crucial em nossa busca por essa capacidade de gratidão é a simples aceitação da grandeza de um poder superior e da nossa relativa insignificância. Se você tiver uma perspectiva da vida de um ponto de vista mais espiritual, pode sentir a vastidão do universo e ver que você é de fato uma minúscula parte de tudo isso. Tal compreensão desenvolve atitudes de humildade, de admiração e de profunda reverência.

O simples reconhecimento de que não somos nada neste vasto mundo e de que não temos nada além do que nos é concedido é o começo, o ponto de partida indispensável na busca da alegria.

À medida que percebemos nossa insignificância, nós nos habituamos a ser gratos pelo que é concedido a nós, situação que nos permite usar e desfrutar das coisas, assim como nos desenvolver

enquanto nos preocupamos e zelamos pelo que nos foi dado. A maioria das concessões é mais utilizada como um músculo do que como um recurso que pode se esgotar com o uso; quanto mais usamos de forma correta o que nos foi concedido, mais fortes tais recursos crescerão e mais tempo durarão. Assim como o amor, a confiança e a alegria se expandem em vez de se esgotarem com o uso, as concessões também se ampliam à medida que são aceitas e incorporadas.

Alguns têm sugerido que a maioria das concessões se encaixa em três categorias: tempo, talentos e coisas. Tais categorias precisam ser bem utilizadas, desenvolvidas com sabedoria e *desfrutadas.* Diz-se que "não há forma maior de agradecimento a um provedor do que encontrar alegria no que é dado". Com certeza, isso se aplica ao que nos é concedido.

A própria concessão, essa bela e pacífica atitude, esse estado emocional responsável e atencioso, não é algo que se ganha ou se obtém, mas algo que se recebe como uma dádiva. Assim, parte da legítima concessão é a gratidão por essa oportunidade de cuidar e zelar por algo ou alguém.

Podemos nos preparar e nos posicionar para sermos mais qualificados e receptivos à dádiva, porém ela ainda é uma dádiva.

O sentimento de *paz* e *alegria* que vem quando exercitamos a gratidão gerada por nossa posição de insignificância é a própria dádiva que todo o mundo deseja.

Há mais uma perspectiva que pode ajudar:

A palavra *suficiente* é de grande importância.

Tenho um corretor, um amigo que é planejador patrimonial, que me diz que, em toda sua carreira de trinta anos, ele nunca teve um cliente que dissesse: "Certo, agora tenho o suficiente." Em vez disso, seus clientes diziam (ou pensavam): "Bem, agora que tenho tanto, parece bem fácil (e muito importante) ter mais, talvez duas vezes mais." Nesse sentido, nossa definição de suficiente continua aumentando, impulsionada pela mídia e pela pressão dos colegas.

Há dois grandes problemas com a ideia de querer sempre mais:

- Nós não temos a chance de sentir gratidão. Estamos muito ocupados querendo mais para notar ou apreciar realmente o que temos.
- Perdemos a liberdade. Ter o suficiente nos dá liberdade, porque não temos que nos preocupar tanto com as necessidades e podemos concentrar nossa energia naqueles que amamos, mas ter sempre mais diminui nossa liberdade, pois nos tornamos muito ocupados cuidando, protegendo e falando sobre o que temos.

Se conseguirmos definir *suficiente* e reconhecer quando o tivermos, ganhamos duas bênçãos extraordinárias: a gratidão (e a beleza de nunca tomar as coisas como garantidas) e a maravilhosa liberdade de não termos muito o que administrar.

CHAVE 2: GENEROSIDADE

Como em muitas coisas, a etapa intermediária é a mais difícil. Essa segunda chave põe à prova os limites de nosso desejo e da alegria induzida pela concessão. Todos nós podemos melhorar a gratidão, porque, para aqueles com consciência, é natural e sensato ser grato. Da mesma forma, a maioria de nós acolhe a terceira chave de orientação neste mundo desafiador. Contudo, a chave intermediária, a generosidade, talvez seja menos natural, uma vez que, até que tenhamos alcançado uma atitude de concessão, nossas inclinações muitas vezes caminham no sentido contrário. A autopreservação, o interesse próprio, até mesmo a autoindulgência e o apego ao que "ganhamos" parece instintivo. Por outro lado, a generosidade, em geral, não é.

No entanto, é claro, e até mesmo óbvio, que alguém que recebe concessões deve purgar o egoísmo e desenvolver a generosidade.

É claro que um bom gestor de concessões usa o que lhe é dado para servir, para oferecer, para construir e para beneficiar outros.

Essa chave intermediária de generosidade é o resultado das outras duas chaves. Quanto mais gratos formos ao oferecermos generosidade aos outros, mais receberemos em troca adiante. Além disso, quanto mais buscamos orientação, mais seremos guiados para a generosidade e o serviço.

> *Você pode ter ouvido a história ou a fábula de uma pequena aldeia na Europa que foi muito bombardeada na Segunda Guerra Mundial. Uma das vítimas foi a estátua de Cristo na praça da cidade, que foi derrubada pelas explosões e partida em pedaços. Os habitantes da cidade remontaram com cuidado as partes e conseguiram restaurar a estátua, exceto pelas mãos, que estavam muito quebradas para serem restauradas. Em vez de esculpir novas mãos, a decisão foi acrescentar uma inscrição: "As únicas mãos dele na Terra são as suas."*

Há outro princípio mais correto do que a simples verdade de que, quando servimos aos outros, nós nos elevamos? Lembre-se de que o significado original, na língua inglesa, de concessão, é cuidar e elevar. É interessante que quando elevamos os outros, nós nos elevamos também! As religiões de todo o mundo ensinam que servimos a Deus servindo aos outros. Será que nos surpreende o fato de que a dádiva da concessão tenha o propósito comum de trazer alegria a todos, até mesmo ao gestor da concessão?

Como podemos nos tornar mais generosos? Como superar a tendência natural ao egoísmo e nos tornar gestores espirituais? A generosidade pode ser uma dádiva, e a melhor busca pode ser rogar por ela. Mas há algumas coisas que podemos fazer que devem nos posicionar melhor para receber e acrescentar poder à nossa súplica. Uma delas é *simplificar*.

"Nossa vida é desperdiçada com detalhes", disse Thoreau. "Simplifique, simplifique."

Edward Abbey disse que adorava o deserto porque lá havia uma variedade menor de coisas, então ele poderia apreciar mais cada coisa, ainda que pequena.

Há algum tempo, chegamos em casa depois de uma viagem de fim de semana e descobrimos que ela havia sido arrombada. Gavetas foram arrancadas. Tudo fora exposto. Mas não faltava nada. Linda observou: "Devemos ser mais pobres do que eu pensava. Quem arrombou a porta não encontrou uma única coisa que valesse a pena roubar."

Havia coisas em nossa casa que valiam a pena roubar, é claro, e eu me vi com um novo senso de apreço por elas ao fazer o inventário após o arrombamento. Todas as coisas com as quais nos preocupávamos estavam lá, estavam seguras. Parece que o intruso buscava apenas dinheiro, algo que pouco havia em nossa casa.

A ansiedade que senti naquele dia ao verificar o que estava faltando me deixou preocupado com a simplificação e a concessão. Será que eu estava valorizando muito as coisas, cuidando demais delas e pensando nelas como se fossem minhas?

Precisamos nos livrar de todas as coisas materiais exceto nosso livro, nosso *dhoti* (tipo de vestimenta usado por vários homens na Índia) e nossos óculos, como Gandhi fez; ou nos mudarmos para o deserto e nos cercarmos apenas com simplicidade, da mesma forma que Edward Abbey; ou, mais que isso, devemos vender tudo o que temos e doar aos pobres? Simplificar e renunciar a tudo o que é material é o tipo de generosidade que nos levará à atitude de concessão?

Na verdade, desistir de tudo seria, para a maioria de nós, uma espécie de anticoncessão. Estaríamos dizendo: "Eu não quero responsabilidade por nada." Um verdadeiro gestor de concessões diria, em vez disso: "Quero a gestão de tudo o que posso cuidar e usar bem para servir aos outros."

Há uma diferença interessante entre ter e precisar. Se pensarmos que precisamos de todas as coisas que temos, será difícil desistir delas ou mesmo usá-las em benefício dos outros. Por outro lado, se percebermos quão pouco precisamos de fato, quão simples são nossas exigências básicas, isso nos permitirá sermos mais generosos. Podemos ver o que temos como gestores de concessões, cuidar e desenvolver as coisas que recebemos sem acumulá-las ou escondê-las de forma egoísta.

Tentamos dar aos nossos filhos experiências que aumentassem sua gratidão e generosidade e que os ajudassem a ver quão pouco eles realmente precisam. Passamos um verão nas Montanhas Azuis do Oregon, vivendo uma vida primitiva e construindo uma cabana de madeira a partir do zero. Todos nós aprendemos que não precisávamos de armários cheios de roupas, carros, televisão ou mesmo de encanamento ou eletricidade. Precisávamos de um bom e básico abrigo e precisávamos uns dos outros.

Em outro verão, vivemos em uma pequena cidade de montanha no México Central, entre pessoas bastante pobres, mas felizes. Nossa filha de oito anos resumiu nossa experiência no voo de volta para casa. Quando lhe perguntaram o que ela aprendeu, ela respondeu: "Que você não precisa de sapatos para ser feliz."

A simplificação necessária para conseguirmos maior generosidade e uma atitude mais profunda de concessão é aquela em que desistimos das coisas mentalmente. Como gestores de concessões, devemos aceitar e desfrutar das concessões que nos são oferecidas, ansiosos para usá-las e abandoná-las à medida que nos

sentimos inspirados ou que surgem oportunidades. Devemos parar a busca incessante por coisas muito além de nossas necessidades e sentir uma profunda gratidão nas concessões das quais podemos cuidar bem e usar para servir aos outros. Ao nos esforçarmos para termos consciência de quão limitadas são nossas reais necessidades, o ato e o espírito de generosidade tornam-se mais fáceis. Toda vez que enxergarmos necessidades, compartilhá-las será natural e, quando tivermos a oportunidade de servir, estaremos prontos para fazê-lo com alegria!

CHAVE 3: ORIENTAÇÃO

Será que queremos viver nossas vidas com uma mentalidade analítica, por meio de uma abordagem de objetivos e planos? Com certeza, eles são importantes, mas existe um reino e uma mentalidade maiores, que reconhecem a incompletude de nossa melhor análise e a miopia de nossos melhores objetivos.

Para alguém que se esforça para ser um gestor de concessões, as medidas do mundo ou as suas frases não são adequadas. "Uma vida de sucesso." "Uma vida plena." "Uma vida repleta de experiências." "Uma vida de serviço." Sucesso pelo padrão de quem? Plena de quê? Experiência em quais áreas? Serviço a quem?

Para aqueles que acreditam em um propósito específico ou em algum tipo de destino de vida, na individualidade e singularidade de cada alma, na natureza crucial e fundamental de nosso projeto de vida individual, o objetivo deve ser uma vida *orientada*. Devemos buscar uma vida governada por uma orientação que nos leve não necessariamente para onde queremos estar, ou ao que o mundo chama de sucesso, mas em direção a uma vida que nos leve ao nosso propósito único.

Não é benéfico para nós escalarmos a montanha errada ou apoiarmos nossa escada contra a parede incorreta. Precisamos da direção de uma fonte mais elevada do que nosso cérebro, nossos amigos e nossa família.

A razão nos diz que um bom gestor de concessões é aquele que tem seu próprio pensamento e toma sua própria iniciativa, mas

que sabe que as coisas mais profundas dizem respeito a algo mais: ao coração de Deus, à vontade de Deus e ao bem de todos. Quer tenhamos certeza de que existe um Deus ou apenas sintamos que existe um poder além do nosso, somos levados a uma mentalidade que é mais bem chamada de orientação. Sendo assim, tal estilo de vida se denomina da seguinte maneira: uma vida orientada.

Tal atitude requer fé, um forte esforço mental e uma oração sincera, porque as respostas e a orientação não vêm de forma automática ou com facilidade, tampouco vêm em projetos de longo prazo para seções inteiras de nossas vidas. Caminhamos pela fé, recebendo confirmação de um espírito superior a cada passo.

Não é benéfico para nós escalarmos a montanha errada ou apoiarmos nossa escada contra a parede incorreta.

Assim, torna-se fácil entender a mentalidade de orientação ao lembrar-se de seu maior ou mais impressionante desafio, talvez uma tarefa ou mudança de vida para a qual você se sentiu despreparado ou inadequado. Todos nós podemos nos lembrar de ocasiões em que o peso de uma tarefa ou desafio nos levou à humildade ou a ficarmos de joelhos. Abraham Lincoln disse: "Há momentos em que sou levado a me ajoelhar pela opressiva convicção de que não tenho mais para onde ir!"

A humildade e a consciência da inadequação, que é causada por crises e desafios, criam uma mentalidade de orientação. Nós rezamos, ponderamos, meditamos e perguntamos: o que devo fazer? Como posso superar este desafio? Pensamentos e inspirações vêm à nossa mente, a partir disso emergimos com uma força e uma direção que não são nossas.

Esforçar-se para viver cada dia de nossas vidas com um mesmo grau de humildade e com a atitude de busca é adotar uma mentalidade de orientação.

Em situações nas quais estamos desamparados, a fórmula popular da autoconfiança e da atitude mental positiva é considerada cômica

e inadequada. Nossa força não vem de olharmos para o espelho e repetirmos: "Todo dia e em todos os sentidos, estou ficando cada vez melhor." Ou, ainda, dizendo: "Eu posso fazer qualquer coisa." Na verdade, a força vem de uma abordagem oposta, mais no seguinte sentido: "Não posso fazer isso sozinho, não sei o que fazer." É nossa humildade, nossa insignificância junto à nossa fé em um poder superior que traz a infusão de força e perspicácia que nos permite encontrar nossos propósitos e enfrentar os desafios que nos são oferecidos.

Viver uma vida orientada não implica em duvidar de si, fraqueza ou insegurança. Pelo contrário, nós nos fortalecemos ao buscarmos orientação e um espírito repleto de amor e alegria. Basta lembrar que tudo é de Deus, não nosso, além de que devemos ter a humildade necessária para viver vidas orientadas.

Há muitos anos, tive uma oportunidade rara de orar com um senhor notável, que era mais velho e que me ensinou uma lição extraordinária sobre a oração.

> *Assim, eu orava em voz alta com esse humilde homem ao meu lado. Meus olhos estavam fechados, e eu estava um pouco incomodado ao ouvir o som inconfundível da escrita a lápis no papel. Quando terminei e abri os olhos, vi que aquele velhinho tinha quase preenchido uma página de um bloco amarelo ao escrever durante a oração! Em minha própria imaturidade, meu primeiro pensamento foi que ele estava fazendo algum tipo de avaliação sobre minha oração. Imaginei talvez um B pelo conteúdo, um C pela gramática etc.*
>
> *Ele percebeu minha consternação e disse de uma maneira bem trivial: "Estou ficando um pouco velho agora e, para evitar que eu esqueça as respostas que vêm em oração, eu tomo algumas notas."*
>
> *Lembro-me de ficar acordado a maior parte daquela noite,*

tentando compreender que a oração era comunicação, que tínhamos que ouvir assim como rogar, que a orientação recebida deveria ser lembrada e implementada.

Quer você ore de um jeito formal ou informal ou use a meditação para limpar sua mente e sentir paz, ouça, sinta e lembre-se de pensamentos e orientações que vêm à sua mente e coração. E talvez pegue sua caneta e papel para tomar algumas notas (seja lá qual for a sua idade).

O lema "Perguntar e ouvir" é maravilhoso para a comunicação com aqueles ao seu redor, assim como com um poder superior. Quando perguntamos e ouvimos, aprendemos, mostramos estima, crescemos e compartilhamos.

O mesmo homem que tomou notas sobre a oração me ensinou como ele estabeleceu um padrão quando ainda era jovem, no qual ele pedia orientação todas as manhãs e depois contabilizava a cada noite, enquanto se ajoelhava em oração, antes de se aposentar: uma contabilidade de como ele havia tentado seguir a orientação durante o dia.

A questão é que a orientação nunca deve ser tratada de forma leviana. Quando rogamos por ela, quando a recebemos, devemos estar dispostos a lembrá-la, a segui-la, a fazê-la!

OS OXIMOROS DA CONCESSÃO

Oximoro:
Um par de palavras ou frase que funciona mesmo que
(de forma literal) uma palavra
contradiga a outra:
terrivelmente bonita
queimadura de gelo
camarão gigante

Às vezes, eles se infiltram em nossa terminologia esportiva:
zagueiro avançado
atacante recuado.
O interessante sobre os oximoros
é que, enquanto as palavras individualmente entram em conflito,
a expressão dessas duas palavras é útil e aproveitável.
A Concessão do Coração, como uma atitude,
cria três oximoros úteis e aproveitáveis:
humildade confiante
Estamos confiantes porque sabemos quem somos
e como impactar o mundo de uma vez por todas,
mas humildes porque entendemos nossa insignificância.
generosidade frugal
A gestão da concessão significa cuidar do que temos
e cultivar,
assim como significa oferecê-la
e não só valorizá-la em nós.
confiança independente
Aprendemos a pensar e a autodeterminar,
mesmo quando dependemos e confiamos na
orientação de quem acreditamos
e na do espírito.

CAPÍTULO 9

CONCESSÃO ESPIRITUAL

Mudanças de paradigma, cuja natureza é transformadora, acontecem quando as pessoas percebem e aceitam o lado espiritual da vida. Verdades eternas sobre quem somos e de onde viemos podem mudar a forma como nos vemos e como enxergamos nossas vidas. Por sua vez, a maneira como vemos a vida muda conforme a vivemos, alterando o que pensamos ser importante e nos motivando a chegarmos mais alto, bem como a nos esforçarmos para sermos melhores.

Mude a prescrição ocular de uma pessoa e você pode mudar a visão dela, melhorando, assim, a clareza com que ela vê aquilo que a cerca. Todavia, quando o paradigma de uma pessoa muda, o *discernimento* dela se transforma, melhorando, assim, a clareza com que ela vê a si e a sua vida.

Discernimento é uma palavra fascinante porque implica em uma visão *interior*, e percebemos com nossos "próprios olhos"

coisas desconhecidas — mais profundas e permanentes do que a superfície —, coisas que podem mudar a forma como vivemos e enxergamos.

O PLANO DIVINO

No início deste livro, foi mencionada uma escritura que diz: "Adão caiu para que os homens existissem (fossem mortais); e os homens existem (são mortais) para que tenham alegria."

Seja lá o que for que você acredite ou não sobre as escrituras sagradas, sobre Deus e sobre Adão e Eva, tudo isso fornece com certeza uma história para explorar coisas como propósito e plano, assim como bem e mal.

Se existe um Deus, a maioria de nós gostaria que esse Deus fosse benevolente, interessado em nós e em nossa felicidade, e esperaríamos que, no âmbito do conhecimento divino completo, as coisas que fazem pouco sentido para nós façam perfeito sentido para Deus e formem algum tipo de plano definitivo para este mundo, bem como para todos que nele vivem.

Se a lógica de Deus é mais elevada, porém semelhante à nossa, seria lógico que houvesse algum propósito ou plano para nossas vidas mortais, que a mortalidade fosse algum tipo de preparação para um mundo superior que virá e que esta Terra fosse algum tipo de escola complexa onde aprendemos e podemos aprender as coisas que, por fim, nos farão felizes.

O paradigma da concessão simplifica as decisões, porque escolhemos apenas a concessão superior, e tal fato impacta nossas pequenas e grandes escolhas.

Parece claro que uma parte fundamental da vida é aprender a fazer escolhas sábias. Quando somos crianças, aprendemos

coisas simples como "não correr pela rua". Como adolescentes, aprendemos habilidades de vida e como lidar com amizades, além de sentimentos. Ao nos tornarmos adultos, ingressamos em carreiras e formamos famílias. Ao longo do caminho, há desafios, oposições, escolhas boas e ruins. Aprendemos que parte de nosso desenvolvimento vem de fazer escolhas — tanto más quanto boas — e vivenciar oposições, desafios e tristezas. Talvez esta Terra seja uma escola ou laboratório projetado com perfeição onde podemos aprender como amar, como encontrar a paz e como encontrar a alegria.

Esses destinos ou descobertas não são fáceis, e os caminhos para eles não são óbvios, mas, se acreditarmos que todos os elementos estão aqui, isto é, todas as forças opostas, todas as escolhas, todas as possibilidades, podemos enxergar nossas vidas como um enorme quebra-cabeça, no qual podemos procurar as peças e tentar montá-las de acordo com a alegria e o propósito deste lugar.

Descobri que o paradigma da concessão simplifica as decisões, porque escolhemos apenas a superior, e tal fato impacta nossas pequenas e grandes escolhas.

Uma pequena ilustração do micro e do macro: era a época das eliminatórias da NFL e eu tinha planos de assistir a um jogo com amigos, até que minha filha Saydi, de 12 anos, lembrou-me de que havia uma atividade de pai e filha em sua escola. Eu estava bem interessado no jogo, mas a maior concessão era Saydi. A escolha foi pequena. Alguns anos antes, logo após algumas grandes vitórias na empresa de consultoria política que eu havia fundado, fomos convidados como uma família a viver na Inglaterra por três anos para supervisionar seiscentos jovens voluntários, em tempo integral, que estavam fazendo trabalho humanitário, e por isso prestavam serviço, em grande parte, nas áreas mais pobres de Londres. Isso significaria muitas oportunidades profissionais perdidas e acarretaria alguns grandes sacrifícios pessoais, porém era com certeza uma gestão mais importante do que o que estávamos fazendo. Então, uma grande decisão foi tomada.

O REALISMO DO MAL

As escrituras sagradas e as lendas fazem alusões a um "anjo caído" que se tornou o adversário de Deus. E quer você acredite ou não de forma literal nelas, a justaposição da história pode nos ajudar a entender a felicidade e seus opostos.

Na história bíblica, o anjo caído é banido do céu, e assim começa a saga contínua e duradoura de sua luta demoníaca e incessante para nos conquistar e nos afastar de Deus.

De que forma o mal atua com o objetivo de nos afastar de Deus e de controlar o mundo que Ele criou? Isso envolve tentação? Está ligado ao egoísmo e à insensibilidade? Será que enfatiza o físico e nega o espiritual?

O mal tem uma estratégia ou um esquema?

Conhecemos algo da natureza do mal. Vale dizer que é uma insensatez ficar pensando nisso ou se tornar muito consciente disso. C. S. Lewis disse: "Há dois grandes erros que podemos cometer em relação ao diabo: um é pensar demais nele, o outro é não pensar o suficiente sobre ele." É sempre útil (e saudável) conhecer a estratégia de um adversário de forma boa o suficiente para, com efeito, combatê-la ou evitá-la.

O plano do mal é usar nossas ações ou escolhas contra nós, pois seu objetivo sempre foi nos escravizar. A história do anjo caído diz que ele tentou concretizar seu plano por meio da retirada de nossa liberdade de escolha. Como não foi bem-sucedido, o mal agora tenta usar nossas ações contra nós, a fim de nos influenciar a focarmos nos seguintes imperativos: *conseguir, manter e acumular — e ter —* tudo que nos escraviza.

Nesse contexto, os planos do mal são sempre contrários aos de Deus. Ele tentou contrariar o plano de ação divina com muita vontade e agora tenta contrariar a concessão altruísta com uma perspectiva contrária de propriedade, que é egoísta. Enquanto uma mentalidade de concessão pode edificar cooperação e humildade e

assim nos libertar, uma mentalidade de propriedade edifica orgulho e uma forma solitária de encarceramento.

Até que ponto a estratégia do mal está dando certo? Olhe ao seu redor! Pessoas gastando mais do que ganham, até mesmo antes de ganhar; julgando a si e aos outros sobre quanto têm; tornando-se ciumentas e invejosas umas em relação às outras com base na comparação de bens materiais. Assim, os adesivos de para-choques dizem: "Quem morrer com mais brinquedos ganha" e "Eu devo, não nego, por isso trabalho". Reina uma pretensão na qual gastamos mais do que podemos para adquirir casas maiores do que precisamos ou para comprar carros e roupas de grife a fim de impressionar.

O contraplano de propriedade envolve conexões falsas entre as coisas e a alegria. No entanto, trata-se de conexões falsas que não funcionam. O que a propriedade proporciona é orgulho, preocupação, "protetividade" egoísta e sentimentos perigosos de independência de qualquer lei ou poder superior.

O antídoto para o veneno do orgulho do mal é o reconhecimento da propriedade divina de todos e a alegre aceitação de nosso favorecido papel como filhos, gestores das nossas concessões e herdeiros!

NÍVEIS ESPIRITUAIS

Há quatro níveis nos quais as pessoas podem viver, dependendo de seus paradigmas. Desse modo, o nível mais alto, o quatro, é a concessão:

Nível um: o mundo me deve um sustento.

Nível dois: eu possuo, você possui. Eu mereço o que eu tenho e você merece o que tem.

Nível três: onde muito é dado, muito é esperado. Muito me foi dado, portanto, devo retribuir.

Nível quatro: tudo a Deus pertence. Por meio do que me foi concedido, posso ajudar em propósitos divinos.

Por mais nobre que seja o terceiro nível, ele não se conecta ao poder espiritual como o quarto. No nível três, podemos buscar

orientação perguntando: "O que posso oferecer aos outros?" No nível quatro, perguntaríamos: "O que o divino deseja que eu faça com isso, uma vez que já é Dele?"

UM ANTÍDOTO PARA O ORGULHO

Às vezes, nós precisamos de duas palavras diferentes para o orgulho, porque significa duas coisas diferentes: uma positiva e outra negativa. Quando estamos orgulhosos de nossos filhos ou de nosso trabalho, ele funciona para nós. Todavia, quando o orgulho é uma declaração exagerada de nosso próprio controle, propriedade e independência, ele atua contra nós e contra nossa felicidade. Essa segunda forma negativa de orgulho é o fator operacional e o resultado de uma mentalidade de propriedade.

O orgulho é repulsivo, quando dizemos: "Se você tiver mais sucesso do que eu, eu sou um fracassado; se eu for mais bem-sucedido do que você, você é um fracassado." O orgulho nos impede de aprender coisas novas, já que isso às vezes nos obriga a admitir que estávamos errados.

O orgulho é (às vezes) a história dos ricos e bem-sucedidos olhando para aqueles menos favorecidos. De toda forma, o orgulho também pode existir naqueles que têm menos, que se ressentem, criticam e julgam os mais favorecidos. Sendo assim, ele se concentra na competitividade e na inimizade, o que nos distancia e nos separa dos outros.

O orgulho deriva do falso conceito de propriedade. Pensar que somos donos gera inimizade porque se alguém é dono, nós não podemos ser, e se vencermos, alguém perde. A partir da concessão, apreciamos as dádivas alheias tanto quanto as nossas; somos cada vez mais humildes quanto mais nos é confiado e mais somos inclinados a usar o que temos em serviço; o único orgulho que sentimos é o louvor ao divino.

Caso a doença seja o orgulho pela propriedade, o antídoto é uma atitude de concessão e humildade.

CAPÍTULO 10

CONCESSÃO SOBRE SI MESMO

Qualquer pessoa que adotasse uma atitude de concessão concordaria de forma rápida que a primeira e principal coisa sobre a qual recebemos concessão somos nós. Portanto, cuidar de si é o começo, não de maneira egocêntrica, individualista, mas na perspectiva de saber que seu próprio corpo, mente e alma são sua primeira concessão e dádiva de Deus.

Benjamin Franklin geriu suas concessões e a si, ao criar uma lista das coisas que ele queria se tornar e se dedicou a elas de forma sistemática. Nossos programas de exercícios físicos e dietas são formas de cuidar de nossos corpos, assim como os jogos mentais, a leitura e outros estímulos são formas de cuidar de nossos cérebros.

Por outro lado, cuidar de nossos espíritos e de nosso caráter é, muitas vezes, um pouco complicado. Precisamos ser bem transparentes sobre quem somos e em quem queremos nos tornar. Uma maneira de fazer isso é desenvolver uma missão pessoal

declarada ou que aponte uma visão, a qual simbolize quem você quer ser e no que deseja se tornar.

Stephen Covey, autor do livro de autoajuda mais vendido de todos os tempos, Os sete hábitos das pessoas altamente eficazes, também foi amigo e mentor pessoal de Linda por mais de 45 anos. Uma noite, em um jantar, ele nos perguntou se tínhamos uma declaração de missão pessoal e uma declaração de missão familiar. Mostrei a declaração de visão que nossa empresa tinha desenvolvido para os negócios, e ele disse, em suma: "A maior parte das empresas tem isso agora, mas de longe a declaração de visão mais importante que você pode ter é uma para si e para sua família."

O resultado foi que Linda, eu e nossos filhos desenvolvemos uma declaração de visão familiar que ainda nos influencia todos os dias. Ela começou como um ensaio de uma página que escrevemos juntos quando a maioria de nossos filhos era adolescente. Fizemos um pequeno retiro de fim de semana e mesclamos diversão com uma séria troca de ideias. Começamos enumerando palavras que achávamos que deveriam descrever nossa família, a identidade e a definição que queríamos que nossa família tivesse. Mais tarde, em uma reunião familiar, reduzimos e condensamos o ensaio em um parágrafo e, por fim, trabalhamos em conjunto e o reduzimos a um lema de três palavras:

"Expandir e Contribuir."

Para nós, isso essencialmente significa conseguir a melhor educação e experiência possível para então retribuir à sociedade e a todas as instituições que fizeram de nós quem somos hoje.

Desenvolver declarações individuais de missão foi mais difícil, mas incentivamos cada um de nossos filhos a fazer isso, desse modo, Linda e eu tentamos liderar o caminho.

Quando comecei a trabalhar por conta própria, percebi que sabia, em termos gerais, o que eu queria e o que desejava ser. Mas chegar às especificidades e colocá-las em uma forma poderosa o suficiente para se tornarem parte de mim era um desafio. Tentei abordagens diferentes ao longo dos anos, e vale dizer que se trata de um projeto em curso (talvez seja o que deveria acontecer em todos os casos).

Uma tentativa teve a ver com transformar meu nome e minhas iniciais em uma visão geral e memorável de minha própria visão. Gostei de minhas iniciais, RE, porque elas podiam ser colocadas em um formato que resumia muitas das coisas importantes que eu queria ser e fazer:

REcordar,
REgozijar,
REmanescer,
REceber,
REparar,
RElaxar,
REter,
REalizar.

Você pode querer encontrar alguma conexão e uma estrutura simbólica como essa para sua declaração de missão pessoal, mas o importante é passar algum tempo concentrado e ponderando o que é importante para você, além de tentar escrevê-la de uma maneira que se lembre. Ao pensarmos e ponderarmos sobre o tipo de pessoas que queremos ser, compreendemos que sermos nossos próprios gestores e de nossas concessões nos conduzirá, guiará e impulsionará a reconhecermos nossa responsabilidade sobre tudo aquilo que nos foi concedido nesta vida.

SINERGICIDADE

"Eu apenas reconheço o que a ciência pode provar",
disse um conhecido meu,
orgulhoso de seu compromisso com a lógica e a razão.
"Eu acredito naquilo que consigo compreender."
Você entende o amor? Eu perguntei. Assim como a intuição
ou a beleza?
Uma larva pode explicar uma trovoada?

Não podemos deixar espaço em nossos cérebros minúsculos
para a possibilidade de magia
e pela fé de que há mais
do que a estreita dimensão do que os humanos compreendem?
Não são mais interessantes as coisas que desafiam a lógica
do que as coisas que a seguem?
As perguntas não são mais intrigantes do que as respostas?

Como dois mais dois pode ser igual a cinco ou a oito? (chamamos
essa magia de "Sinergia")
Como pode uma borboleta que bate suas asas na Argentina
afetar o clima na cidade de Nova York?
(chamamos essa magia de Sinergicidade)
As coisas mais empolgantes são as que podemos citar, mas não
conseguimos entender,
E, às vezes, elas podem até
Ser combinadas.

CAPÍTULO 11

ORIGENS DA SINERGICIDADE

Considere duas afirmações:

1. Um mais um pode ser igual a três (com cooperação e amor, o total pode ser maior do que a soma de suas partes).
2. Apesar de nossa obsessão com a independência, dois dos fatos mais óbvios do universo são nossa dependência e interdependência, bem como a interconexão de tudo.

Se você achar essas duas noções provocadoras, e se houver alguma verdade intuitiva em ambas, você está pronto para se aprofundar na terceira alternativa de sinergicidade. Esta seção irá explorá-la como uma atitude, um paradigma e uma nova e empolgante maneira de ver a vida cotidiana.

A sinergicidade, como explicado anteriormente neste livro, mais especificamente na parte "A Grande Revelação", é uma combinação de um híbrido de *sinergia* e *sincronicidade.*

Eu amava a palavra sinergia em meus primeiros anos como consultor de gestão e gostava de dizer aos gestores o quanto mais eles poderiam realizar se trabalhassem em conjunto e em equipe, para que o resultado coletivo fosse maior do que a soma de todos trabalhando de modo individual. Eu chamava isso de a "magia da sinergia", mas, para ser franco, para mim, naquela época, sinergia era algo que você planejava e desenvolvia de forma deliberada, reunindo as pessoas e explorando os pontos fortes uns dos outros.

Com o passar dos anos, entretanto, comecei a perceber que havia outro tipo de magia mais profunda que definia essa lógica, onde as coisas se conectavam e catalisavam umas às outras sem nenhum planejamento ou esforço particular de ninguém. Era como se alguma inteligência superior orquestrasse coisas que eram vastas e tinham conexões além de nossa compreensão e, com certeza, iam além de minha análise ou teoria de concessão. As melhores ideias vieram em lampejos e não como a conclusão lógica de algum processo analítico; algo que aconteceu em um ramo de uma empresa produziu resultados inesperados em outro; um atraso em uma coisa tornou possível um avanço importante de outra. A melhor palavra que pude encontrar para esse tipo de relacionamento benéfico, mas não causal entre as coisas, foi sincronicidade.

Os melhores exemplos dessas palavras não se originaram nem dos negócios nem das empresas ou campanhas para as quais prestei consultoria; eles vieram do meu casamento. Linda e eu, ambos com muita vontade e opinião, passamos os primeiros anos de nosso casamento desejando que pudéssemos ser mais parecidos.

(Em particular, eu desejava que ela pudesse ser mais como eu, e ela desejava que eu pudesse ser mais como ela). Mas, de forma gradual, começamos a ver não só a sinergia em nossas diferenças, mas a sincronicidade. A perspectiva dela ampliou a minha, e minha opinião modificou ou aprimorou a dela. Começamos a desfrutar em vez de resistir às nossas diferenças e a aprender a nos unir em vez de competir.

A *sinergicidade*, portanto, é a alternativa paradigmática à *independência*. Em vez de implicar que não precisamos dos outros, ela sugere que somos todos interdependentes e interligados e que as pessoas que trabalham juntas podem realizar muito mais do que o total que cada um poderia fazer sozinho. Em vez de afirmar que podemos ficar sozinhos, ela sugere que estamos sempre melhor se estivermos juntos com aqueles que amamos e se reconhecermos tanto nossa interdependência mútua quanto nossa dependência de algo superior.

Em vez do foco exclusivo no individualismo, a *sinergicidade* se concentra na família, nos amigos, nas comunidades e nas conexões. Em vez de procurar maneiras de fazer melhor do que os outros, ela visa maneiras de fazer melhor *com os outros*. No lugar de se esforçar para fazer coisas apesar das circunstâncias ao nosso redor, ela nos impulsiona a fazê-las em harmonia com as realidades que nos cercam. Substituindo a meta de nos elevarmos por conta dos objetivos que estabelecemos, ela nos ensina a nos deixar elevar pela natureza, pelos outros e pelas influências espirituais que nos cercam.

UMA ALTERNATIVA LIBERTADORA À INDEPENDÊNCIA

De modo infeliz, a independência tornou-se um objetivo tão aceito em geral que parece que quase exaltamos tal conceito. É com certeza o tema e o principal propulsor de centenas de livros de autoajuda

e incontáveis *coaches* de vida. De alguma forma, nossa sociedade elevou a independência a níveis icônicos, e ela se tornou um dos principais parâmetros pelos quais medimos o sucesso.

Em resumo, a independência tornou-se o objetivo desejado por quase todos e a obsessão de muitos. A obsessão leva a um tempo e pensamento desproporcional sobre si e começa a sugar nossa atenção para perfis de mídias sociais, para a imagem corporal, para o tempo gasto sozinho e com selfies.

Embora alguns aspectos da independência possam valer a pena (como um nível de independência financeira, pensamento independente e ter sua opinião), devemos reconhecer que uma ampla busca pela independência, em particular a emocional e espiritual, é um engano de primeira ordem. O simples fato é que somos seres dependentes das circunstâncias e situações e bastante interdependentes uns do outros.

No entanto, a cultura atual parece incentivar o objetivo impossível de ficarmos sozinhos e fazermos tudo desse modo. Devemos seguir o caminho oposto e, em vez disso, buscar oportunidades para servir aos outros, para deixá-los nos servir e para nos tornar bons provedores e receptores. Podemos reconhecer que estamos vivendo em um nível mais elevado do que a independência quando dependemos da família e dos amigos, mesmo quando os convidamos a depender de nós.

Ao fazer isso, nós nos abrimos aos outros e a uma fonte superior. Admitimos nossa vulnerabilidade, fraquezas e necessidades. Sentimos a calma honestidade de reconhecer nossa própria insignificância e a total disposição da humanidade como um todo e do divino.

SINERGICIDADE TEM TUDO A VER COM CONFIANÇA, MOMENTO E OUTRAS PESSOAS

A lente ilusória da independência está sempre focada em si, tentando fazer as coisas acontecerem quando e como queremos, dependendo

só de si e não precisando esperar, contar ou mesmo confiar em outras pessoas. Todavia, a sinergicidade é o completo oposto. Ela trata dos outros; tem a ver com ajudar e ser ajudado. Trata-se de confiar e depender daqueles que nos rodeiam e de uma orientação mais elevada, além de procurar conexões espirituais e o momento de todas as coisas.

Os dois são opostos diretos. Uma pessoa que luta pela independência está preocupada com sua própria capacidade, enquanto uma pessoa que busca sinergicidade está ciente primeiro de sua própria vulnerabilidade. A independência flui em direção ao orgulho e ao excesso de confiança, enquanto a sinergicidade se volta à surpresa, à humildade e à admiração pela grandeza das coisas além de nós. Ademais, a independência exige autoconfiança, enquanto a sinergicidade reconhece como confiamos na Mãe Terra para tudo, até mesmo para nossa respiração. Aquele que busca independência tem uma mentalidade de ganha-perde e tende a explicar as coisas em termos de oportunidade, habilidade, acaso ou a simples sorte de estar no lugar certo na hora certa; aquele que busca sinergicidade procura relações ganha-ganha e sente que há mais conexões e mais desígnio divino do que podemos imaginar. Por fim, a independência depende de uma receita pessoal de "trabalhar" e "planejar", enquanto a sinergicidade depende de uma fórmula de "vigiar" e "orar".

Madre Teresa ensinou sobre a loucura da independência e a alegria da sinergicidade:

"Se não temos paz, é porque esquecemos que pertencemos um ao outro [...] Espalhe o amor por onde quer que você vá. Que ninguém nunca venha até você sem sair mais feliz."

Além disso, uma mulher chamada Barbara Dillingham compreendeu a interconectividade:

"A vida não é um caminho de coincidência, acaso e sorte, mas sim um caminho inexplicável, traçado e coreografado de forma meticulosa para que alguém toque a vida dos outros e faça a diferença no mundo."

Sinergicidade significa, então, encontrar vínculos com os outros e descobrir oportunidades no momento inesperado em que as coisas ocorrem em nossas vidas. Trata-se de reconhecer que existe um reino que não apenas sabe o que nos prover para o nosso bem, como também quando fazê-lo. Nós nos acostumamos a confiar em um poder superior e a buscar um tempo além de nossa perspectiva. Mais que isso, aprendemos a fazer perguntas sinceras e de busca, tais como:

- Por que isso aconteceu agora?
- O que posso ganhar com isso e o que posso oferecer com isso?
- Por que eu entrei em contato com esta pessoa?
- Por que estou tendo esta experiência e que bem posso tirar dela ou fazer dela?

Dessa maneira, a sinergicidade é a forma como examinamos nossas vidas, como buscamos e encontramos nossos verdadeiros propósitos, como nos esforçamos para colocarmos nossas vidas em harmonia de acordo com tal princípio e, por fim, como descobrimos oportunidades tanto para dar quanto para receber.

Ao longo dos anos, Linda e eu temos servido em diretorias e trabalhado com organizações sem fins lucrativos que enviam indivíduos e famílias em expedições humanitárias para aldeias do Terceiro Mundo a fim de ajudar a construir escolas, clínicas ou sistemas de irrigação, bem como para criar conexões pessoais entre pessoas de diferentes nações e origens. Ficamos bem viciados nessas expedições por causa da experiência que elas proporcionavam no que tange às atitudes e perspectivas de nossos filhos. Uma das coisas que sempre me surpreendeu foi a rapidez com que nossos filhos se conectavam com as crianças das aldeias. Mesmo que venham de mundos diferentes e falem línguas distintas, as crianças parecem descobrir, quase imediatamente, coisas que têm em comum, além

de rirem e brincarem juntas muito antes dos adultos fazerem qualquer uma das mesmas conexões. Em uma dessas expedições, eu me lembro de pensar que tudo o que realmente precisamos fazer para entender e alcançar mais sinergicidade é observar e aprender com as crianças, além de fazer amizades de forma tão natural quanto elas.

Para exemplificar, reserve um minuto e visite uma cafeteria por meio do YouTube em: www.youtube.com/watch?v=Pm12mTIUJss. Veja as belas perspectivas das crianças sobre as amizades e o que importa de fato [conteúdo em inglês].

CAPÍTULO 12

A PARTE SINÉRGICA DA SINERGICIDADE

A ideia e a noção de independência têm duas falhas críticas. A primeira é que ela se baseia no "eu" em vez de reconhecer nossa necessidade de ajuda, pedindo e buscando por ela. A segunda é que a independência, muitas vezes, tenta operar sem consciência da visão global, falhando na busca de um momento e alcance maiores.

A alternativa da sinergicidade, em particular a primeira metade da palavra, traduz-se em buscar ajuda e direção do divino e de outros. Em suma: buscar ajuda em vez de tentar não precisar dela!

DEFINIÇÕES

Para entender a mentalidade da sinergicidade, revisitaremos nossas explicações e analisaremos algumas definições híbridas reunidas em vários dicionários:

Sinergia: a interação de dois ou mais agentes ou forças para que seu efeito combinado seja maior do que a soma de suas partes individuais.

Sinergia: (pronuncia-se si·ner·GI·a) do grego *sunergia*, que significa cooperação, ou *sunergos*, que significa trabalhar em conjunto de forma eficiente.

Sinergia: (do grego *synergos*, que significava trabalhar em conjunto, por volta do ano de 1660) refere-se ao fenômeno no qual duas ou mais influências discretas ou agentes atuando em conjunto criam um efeito maior do que o previsto, conhecendo só os efeitos separados dos agentes individuais. O oposto de sinergia é o antagonismo, o fenômeno no qual dois agentes em combinação têm um efeito geral que é menor do que o previsto a partir de seus efeitos individuais.

A sinergia também pode significar:

- Uma conjunção vantajosa de forma mútua onde o todo é maior do que a soma das partes.
- Um estado dinâmico no qual a ação combinada é favorecida em relação à soma das ações componentes individuais.
- Comportamento de sistemas inteiros não previsto pelas iniciativas de suas partes, que são tomadas separadamente.

Essas definições seculares e científicas são interessantes, mas não tão interessantes como quando a palavra assume uma dimensão espiritual. Em sua forma original, mais antiga, a palavra foi usada para descrever um conceito espiritual. O *sinergismo* deriva da doutrina teológica, de 1657, de que os seres humanos cooperarão com a Graça Divina na regeneração. O termo começou a ser usado no sentido mais amplo, não teológico, em 1925.

Sinergia espiritual torna-se um termo notável, até mesmo impressionante, que pode significar o poder e a eficiência de trabalhar com os outros e com o divino. Neste livro, é ao mesmo tempo uma mentalidade e um estado emocional.

À medida que ampliamos nosso pensamento e consideramos o conceito de sinergia em vários níveis, começamos a ver as muitas relações nas quais ele pode ser aplicado:

1. A sinergia entre você e outras pessoas.
2. A sinergia entre marido e mulher (a definição essencial de um bom casamento).
3. A sinergia entre seu cérebro, corpo e espírito (a sinergia completa da alma).
4. A sinergia entre você e um poder superior.

Explorar as várias aplicações e nuances da sinergia faz dela uma palavra cada vez mais convincente e é o primeiro passo lógico para compreender a terceira alternativa de sinergicidade, bem como compreender os limites severos e a solidão do paradoxo da independência.

SEJA MAIS DO QUE AQUILO QUE VOCÊ PODE SER E FAÇA MAIS DO QUE PODE

É comum ouvir alguém dizer algo como: "Todos nós temos limites e limitações, certo? E fazemos tudo o que podemos diante disso!" Ou: "As coisas são como são."

O fato é que nos limitamos a aceitar a ideia e o ideal de independência. Quando dependemos só de nós, nossos limites são finitos e aparentes. Além disso, muitas vezes ficamos aquém do que é necessário em uma situação: conseguir o que precisamos e dar o que os outros precisam. Sofremos em silêncio, nos inadequados e, por vezes, um pouco desamparados e sem esperanças.

Este é o ponto: a ajuda e a esperança não vêm da independência. A esperança vem da dependência de um poder superior, e a ajuda vem da *inter*dependência com outras pessoas. Uma vez superada a atitude limitadora da independência, podemos começar a

desenvolver uma verdadeira sinergia com outras pessoas e com o lado espiritual da existência.

Trabalhando juntas, compartilhando ideias e combinando talentos complementares, as pessoas podem fazer coisas surpreendentes, isto é, mais do que o esperado e do que poderiam fazer de forma individual e independente. Nos negócios, a principal razão pela qual as empresas se fundem é por terem forças e ativos complementares, os quais permitem que seus resultados se expandam além da combinação de seus lucros separados. Na natureza, há inúmeros exemplos de sinergia, que muitas vezes incluem uma dependência mútua chamada simbiose. Os peixes-palhaços, por exemplo, têm uma relação sinérgica ou mutualista com as anêmonas-do-mar. As anêmonas repelem os predadores dos peixes-palhaços, picando-os com seus tentáculos. Por sua vez, o peixe-palhaço possui uma camada protetora na pele que o protege do ferrão. Ao mesmo tempo, os peixes-palhaços assustam os peixes-borboletas que tentam comer as anêmonas.

Nas relações interpessoais existe uma sinergia que desafia a Matemática, algo mágico, emocional e empolgante que vai além do prático e do que pode ser somado ou descoberto. É, em suma, uma forma de superar sua capacidade pessoal, alcançar níveis e fazer coisas que de outra forma seriam impossíveis.

DUAS MANEIRAS DE ENCONTRAR MAIS SINERGIA EM SUA VIDA

Primeiro: PEÇA mais! Quando pede ajuda, conselhos e sugestões de outras pessoas, você está criando oportunidades de sinergia. Você está trazendo as mentes e as mãos dos outros para a equação, e o resultado combinado das ações e pensamentos deles e dos seus será maior do que a soma de todos, caso se dessem de maneira separada.

Perguntar ao seu cônjuge mais vezes o que ele/ela pensa, precisa ou sente pode ser o começo de mais sinergia em seu casamento.

Perguntar mais a seus filhos o que eles pensam e precisam pode significar o surgimento de mais sinergia em sua família.

Desse modo, questionar seu corpo sobre o que ele precisa e ouvi-lo — e perguntar ao seu espírito do que ele precisa — inicia um processo que leva a uma sinergia e completude de alma.

Rogar por orientação é a súplica mais poderosa de todas. Como mencionado antes, de todas as admoestações bíblicas, pedir é a mais repetida! Pense sobre isso: de todas as coisas que Deus nos diz para fazer, a mais repetida é a simples admoestação: PEÇA! Quando rogamos ao divino por inspiração e orientação, assim como pelas coisas que precisamos e queremos, abrimos a porta para incontáveis bênçãos. Muitos de nós entendemos isso melhor quando nos tornamos pais, porque todos nós desejamos que nossos filhos nos peçam orientação, conselhos e ajuda. Queremos que eles aproveitem o nosso desejo de compartilhar o que sabemos com eles e de servi-los.

Segundo: PENSE em si de uma maneira diferente — nunca sozinho e sempre interligado. À medida que segue executando seus afazeres diários, pense como você está feliz por NÃO ser independente; por ser dependente de tanto e de tantos e por ser interdependente com todos e com tudo. Comece a se ver como parte de algo tão grande, tão maravilhoso e tão fantástico que você mal pode imaginar. Adote a adorável e humilde sensação de dependência e interdependência.

Isso fará com que você aprecie os outros, perceba-os mais, procure seu *feedback* e sentimentos, bem como aprecie e receba bem suas contribuições e impressões. E, talvez ainda mais importante, fará com que você enxergue e contemple mais a natureza das bênçãos e da orientação divina em sua vida.

Essas simples mudanças em como você pede e pensa provocam uma transformação benéfica em sua mentalidade e em seu coração, além de garantir mais felicidade.

CAPÍTULO 13

A PARTE DA SINCRONICIDADE NA SINERGICIDADE

Mais uma vez, começaremos com algumas de nossas próprias definições derivadas de dicionários e combinadas para ilustrar mais o conceito:

Sincronicidade: a experiência de dois ou mais eventos que ocorrem de maneira significativa, mas que não são relacionados de forma causal. Para que sejam sincrônicos, os eventos devem estar relacionados entre si de forma conceitual, e a chance de que ocorram juntos por acaso deve ser muito pequena.

As sincronicidades são padrões que se repetem no tempo. A palavra *sincronicidade se* refere às engrenagens ou rodas do tempo, embora o conceito real de sincronicidade não possa ser comprovado de forma científica. Então, só é possível registrar sincronicidades conforme elas ocorrem e a partir da observação dos padrões de comportamento que as criam.

De acordo com seu criador, Carl Jung, a palavra sincronicidade é um princípio explicativo, uma vez que elucida as "coincidências significativas".

"A sincronicidade é o encontro de eventos internos e externos de uma forma que não pode ser explicada por causa e efeito e que é significativa para o observador." — Carl Jung

Algumas dessas definições podem soar um pouco enigmáticas ou teóricas. Mas, na verdade, a palavra é muito prática e acessível porque todos nós experimentamos exemplos corriqueiros dela em nossa vida cotidiana. Nesse contexto, certas coisas, que são até pequenas, parecem acontecer por uma razão específica, mas não há possibilidades de avaliá-la, por serem pequenas coincidências e conexões. Como por exemplo: você pensa em uma determinada pessoa pela primeira vez depois de muito tempo e se depara com ela algumas horas depois; uma frase incomum que você nunca tinha ouvido antes de se deparar com o uso dela três vezes no mesmo dia; em um país estrangeiro, no fundo de uma rua, você esbarra em um colega de quarto da universidade; um livro cai da prateleira da livraria e é logo aquele que você precisa.

Será que esses acontecimentos, como os céticos sugerem, apontam para a percepção seletiva e a ação da lei das probabilidades? Ou será que, como acreditava Carl Jung, psiquiatra e psicanalista suíço, trata-se de um vislumbre da ordem implícita do universo? Foi ele quem cunhou o termo *sincronicidade* para descrever o que chamou de "princípio de conexão acausal", que liga mente e matéria. Ele disse que essa conexão implícita "manifesta-se por intermédio de coincidências significativas que não podem ser explicadas por causa e efeito".

A MENTALIDADE E O ESTADO EMOCIONAL DA SINCRONICIDADE

A palavra *sincronicidade* tem atraído certo interesse ao longo dos anos. Em inglês, *Synchronicity*, é o nome de uma revista e de um

álbum do grupo de rock *The Police*; esse termo desenvolveu uma espécie de contexto místico da nova era.

Entretanto, quando acrescentamos a dimensão espiritual, a palavra pode vir a significar muito mais. Pode significar reconhecer uma mão divina em tudo e acreditar em um momento mais profundo, assim como pode sugerir à mente a interconexão de tudo no universo. Para nós, humanos, que vemos uma parte tão pequena das coisas, e com cada um vivendo em seu próprio mundinho, as coisas parecem desconectadas e aleatórias. Coincidências parecem ser coisas do acaso. Mas, na verdade, tudo está conectado, e todos nós estamos ligados uns aos outros, a um grande projeto e a um plano maravilhoso.

Certa vez ouvi uma frase que ficou na minha cabeça: "A velocidade no desacelerar." Talvez eu me recorde dela por causa de sua aparente autocontradição, mas parecia mais do que isso. De alguma forma, eu sabia que era um verdadeiro princípio ou pelo menos uma verdadeira possibilidade. Eu sabia que em alguns dias sentia uma calma e paz que me davam a sensação de fazer com que todos os semáforos ficassem verdes assim que chegava até eles, e, de alguma forma, eliminavam vias e precipitavam atalhos para o que eu precisava. Não existia pressa, mas eu chegava aonde precisava de forma fácil e eficiente e terminava de fazer o que precisava sem estresse. E, quando algum caminho estava bloqueado ou algo me afastava do meu destino, eu não tinha dificuldade de deixar isso passar e não me importava de trocar de marcha e seguir em uma direção diferente com a garantia silenciosa de que haveria um melhor momento em outro dia. De forma gradual, aprendi a chamar esse sentimento de sincronicidade e a procurá-lo e desenvolvê-lo.

"Se prestar atenção em cada momento, você forma uma nova relação com o tempo. De alguma forma mágica, ao diminuir o ritmo,

você se torna mais eficiente, produtivo e enérgico, concentrando-se sem distrações na tarefa que está diante de você. Você não só se torna imerso no momento, como também se torna aquele momento."
— Michael Ray

Esta perspectiva de Kristine Maudal e Even Fossen diz tudo: "Os líderes do passado que fizeram grandes conquistas sabiam da importância de desacelerar. O fundador do Império Romano, Augusto, usaria a expressão latina *Festina lente*. Ela se traduz como: " 'Apresse-se, lentamente'. Isso serviu como um lembrete para Augusto realizar atividades com o equilíbrio adequado de urgência e diligência."[17]

SINCRONICIDADE TEM TUDO A VER COM O MOMENTO, ATÉ MESMO O MOMENTO PERFEITO

"O momento certo é tudo." "Esteja no lugar certo na hora certa." Há tantas frases sobre o momento porque sabemos, por instinto, que ele é a chave para quase tudo. Nos esportes, a diferença entre um grande jogador e o comum é o momento certo. E, na vida, a diferença entre o sucesso e o fracasso muitas vezes se resume ao momento certo.

O problema é que, no grande plano da vida, tentamos controlar o tempo, mas na verdade temos pouca capacidade de controlá-lo. O setor inteiro da "Gestão do Tempo" cresceu, muito embora não controlemos o tempo: apenas esperamos nos controlar dentro do tempo, tentando fazer bom uso dele e reservá-lo para coisas importantes.

Assim, o tempo é medido em relação às rotações e revoluções da Terra: tudo posto em plano por algum poder superior e mantido dessa forma pelas leis da natureza. Quando estamos em sintonia com o tempo divino e a natureza, bem como dispostos a confiar neles, em vez de desejarmos sempre poder estabelecer horários, começamos a ver e compreender a sincronicidade espiritual.

Não podemos determinar quando encontraremos alguém que se tornará um amigo para a vida toda, assim como não poderíamos dizer à Terra quando e como girar. Uma pessoa pode desejar que algo aconteça de imediato — como uma promoção, um aumento, um casamento, um filho ou um talento — e isso venha a ocorrer mais tarde de uma forma diferente ou uma variação do que ela tinha imaginado. E nós descobrimos com bastante frequência, com uma visão *a posteriori*, que o momento foi perfeito, que aconteceu no tempo certo e na melhor sequência, mesmo que não pudéssemos ter previsto tal acontecimento. Enfim, quando confiamos em um tempo divino, começamos a nos preocupar menos com o abstrato e a viver mais no momento.

Como crianças, muitas vezes queremos uma gratificação instantânea ou que algo aconteça da forma exata como imaginamos e quando queremos, vale ressaltar que esse é outro exemplo de uma atitude de "eu, eu, eu". Todavia, o cronograma da vida é diferente e, se pudermos aprender a confiar no tempo divino, a vigiar e perceber, assim como o propósito e a oportunidade de aprender à medida que os eventos se desenrolam diante de nós, a vida se tornará muito mais empolgante e completa.

Com essa atitude, pequenas sincronicidades acontecem com mais frequência. Algo está lá quando precisamos; uma pessoa, ideia ou resposta. Começamos a conectar as coisas que acontecem conosco e ao nosso redor com nossas necessidades e com as dos outros. Começamos a confiar em nossas impressões e incentivos, bem como passamos a enxergá-los como estímulos de algo divino. Além disso, notamos padrões e conexões maiores.

Quando passamos a perceber exemplos simples de sincronicidade em nossa vida diária, podemos começar a aproveitar sua qualidade e aumentar sua frequência.

Muitas vezes, quando penso nas pessoas para as quais preciso ligar, mas planejo ligar só depois e anoto isso em uma lista, elas não

respondem. Mas se eu ligo logo quando penso, isto é, no momento certo, parece que sempre consigo falar com elas. Para mim, esse é o maior valor de um telefone celular. Quando alguém surge em minha mente, eu ligo e lá está a pessoa. Caso eu enxergue a impressão de ligar como um incentivo espiritual ou uma pequena inspiração e, se eu ajo em função disso, o momento certo funciona e a sincronicidade, por sua vez, ocorre.

Ter um programa pessoal muito rígido e tentar forçar as coisas a acontecerem dentro de nosso próprio cronograma e de acordo com nossa própria conveniência, na maioria das vezes, não funciona. Tudo isso nos faz sentir como se estivéssemos fazendo um grande esforço, mas indo contra a corrente ou contra o fluxo. Se pudermos só desacelerar um pouco, abrir nossas mentes e nossos corações, bem como buscar sincronicidade, procurando sentir incentivos e impressões, parece que encontramos um canal ou uma corrente que traz o que deveria acontecer. Isso não significa que não temos um plano; só mantemos flexível o momento do que sentimos que queremos fazer, bem como nos mantemos abertos ao que vem em nosso caminho e em nossas mentes. Percebemos que há uma força maior trabalhando pelo nosso bem e pelo bem daqueles que encontramos a cada dia.

Sob essa luz, a sincronicidade está ligada à serendipidade de forma íntima, pois nossa consciência e nossa perspectiva nos trazem os dois. Desacelerar e observar as oportunidades de servir muitas vezes leva a um propósito melhor do que o que encontraríamos de outra forma. A sincronicidade também está ligada à concessão, na medida em que envolve nos vermos como gestores de nossas concessões dentro de algum plano maior para a humanidade. Mas sempre, e de forma primordial, a sincronicidade espiritual envolve a busca da interconectividade dos eventos, das pessoas e do momento certo em tudo.

COMO ENCONTRAR MAIS SINCRONICIDADE EM SUA VIDA

A melhor maneira de conseguir mais sincronicidade, assim como a de conseguir qualquer bênção, é PEDIR por ela em oração ou buscá-la em meditação. Se rogarmos para vermos as conexões, para sentirmos os laços e para reconhecermos o tempo divino em nossas vidas, nós nos tornaremos cada vez mais perceptivos e em sintonia. Aceitaremos "coincidências" e entenderemos que elas são muito mais do que isso. Desenvolveremos a mentalidade e o estado emocional que atrai a sincronicidade.

Procurar esse tipo de sincronicidade espiritual pode abrir nossos olhos espirituais. O próprio conselho e admoestação de Deus é "vigiai e orai" (ver Marcos 13:33) e, de fato, mais uma vez, estas são as duas chaves: rogar por ela e vigiá-la.

O conceito de sinergia e a qualidade da sincronicidade são noções muito interessantes e encantadoras, mas cada uma tem limitações, e nenhuma delas é uma alternativa completa à ilusão da independência. Contudo, elas podem se combinar em um terceiro herói: a sinergicidade.

CAPÍTULO 14

COMBINANDO SINERGIA E SINCRONICIDADE EM SINERGICIDADE

A razão pela qual gosto de combinar a palavra *sincronicidade* com a palavra *sinergia* é que a palavra *sinergicidade* combinada sugere que tudo está conectado e dentro de um controle maior, acima do que podemos compreender. Além disso, quando trabalhamos juntos, em sincronia com esse poder maior e em conjunto com nossos semelhantes, as coisas melhoram e tanto o momento quanto os resultados se tornam mais alinhados com a possibilidade final.

Sincronicidade é sobre enxergar as oportunidades, as conexões e o momento inesperado a partir de perspectivas em larga escala em vez de tentar forçar tudo a se encaixar em nossa ideia de quando e como as coisas devem acontecer. O paradigma da sinergicidade pode ser libertador, até mesmo mágico.

UMA DEFINIÇÃO FUNCIONAL DE SINERGICIDADE

A sinergicidade, uma conexão espiritual de sinergia e sincronicidade, pode ser definida como:

> Um estado emocional e mental que reconhece (de fato, celebra) a completa dependência de poderes superiores e a total interdependência, bem como a cooperação com outras pessoas, o que gera melhores resultados; uma atitude e abordagem que busca o propósito divino e procura orientação em todas as coisas, em particular no momento e interconectividade dos eventos da vida.

Outra maneira de definir uma palavra é por meio do que ela não é e pela noção do que ela rejeita. Então, a sinergicidade é a antítese da independência, pois ela não busca a competitividade do ganhar ou perder, não incorpora a atitude orgulhosa de não precisar dos outros, tampouco o falso ideal de "seguir sozinho".

Assim, a sinergicidade é buscada pela mudança de nossa atitude e consciência, uma vez que a partir dela não há ganhadores, merecedores ou realizadores. Trata-se de uma clareza disponível por meio da inspiração. Portanto, deve-se rogar por ela, empenhar-se e *refletir*.

O PODER E A BUSCA DA SINERGICIDADE E DA INSIGNIFICÂNCIA

Sugiro que, para começar, você faça em sua mente uma declaração pessoal de interdependência com outras pessoas e uma declaração de dependência divina em relação a uma fonte superior. Apenas reconhecer sua própria falta de independência é um bom primeiro passo. Tal prática traz um tipo de humildade pacífica na qual há menos estresse, tendo em vista que nos permite começar a

transmutar as coisas para um poder superior, além de aumentar nossa fé e esperança. Permite seguir a seguinte admoestação: "Entregue suas preocupações ao Senhor" (ver Salmo 55:22).

Às vezes, apenas compreender a própria insignificância é o começo de uma humildade gloriosa que nos liberta do orgulho, do egoísmo e da solidão. A insignificância, como acontece, não é algo negativo; na verdade, trata-se de algo poderoso que nos abre grandes mundos de promessa.

Fui introduzido à palavra insignificância em uma oração. Eu participava de uma conferência que iniciava e encerrava cada uma de suas sessões com uma oração. Os senhores mais velhos que ofereciam a oração final sentiam a necessidade de lembrar aos líderes que se tratava de algo maior do que eles: o que importava era o propósito, a causa e os objetivos da organização. Em sua oração, um deles disse: "Por favor, abençoai os oficiais neste estande com a compreensão de sua própria insignificância." Algo sobre a forma como ele disse deixou claro que seu pedido não era um menosprezo, mas um simples reconhecimento de que a causa e os objetivos da organização eram mais importantes do que os indivíduos que a dirigiam e que eles eram parte de algo maior do que eles mesmos.

A humildade nos dá gratidão e nos faz regozijar. Percebendo o poder divino e o quanto somos dependentes, podemos nos encher de paz e amor. Ao sentirmos nossa insignificância, nós poderemos observar as coisas como elas são e nos preocuparemos menos com como queremos que sejam. Em suma: sentir essa insignificância traz a paz que nos leva a amar e a ensinar o amor em nossas famílias e comunidades.

A insignificância é o gatilho da sinergicidade! Quando estamos nesse estado emocional, procuramos e nos submetemos ao tempo divino e percebemos ternas misericórdias e incentivos. Buscamos

trabalhar de forma sinérgica com os outros, buscamos soluções vantajosas para todos e encontramos melhores caminhos em vez de insistirmos em seguir o nosso.

SINERGICIDADE COMO UMA LENTE PRECISA SOBRE A VIDA

A sinergicidade é uma lente pela qual tentamos ver o mundo; com tudo interligado, tudo beneficiado de modo potencial por tudo e, de uma forma ou de outra, dependente do todo.

Em seu aspecto mais completo, esse terceiro herói da alegria é uma combinação das palavras *sinergia* e *sincronicidade*, com uma boa dose de *simbiose* incluída. Ele pode ser definido como um paradigma no qual reconhecemos a dependência divina, a interdependência mútua e respeitamos a interconectividade de todas as coisas, momentos e ocorrências dentro da estrutura do universo conhecido e desconhecido.

CAPÍTULO 15

A EQUAÇÃO DA SINERGICIDADE ESPIRITUAL

Já foi mencionada a noção de que a sinergia desafia a Matemática ao produzir situações em que um mais um é igual a três.

Por outro lado, uma equação Matemática pode nos dizer à risca como obter sinergicidade. De fato, existe uma equação constante e confiável para a sinergicidade.

Ela é: T + P = S.

A sinergicidade, claro, é o *S*.

Uma solução para a equação, como discutido antes, é quando os dois elementos somados representam *trabalho* e *planejamento*. Afinal, essa parece ser a fórmula para quase tudo neste mundo. Trabalhe para isso! Trabalhe duro, trabalhe muito! Esforce-se, esforce-se, trabalhe e trabalhe até conseguir. E trabalhe com inteligência, planejando: crie estratégias e descubra como conseguirá o que deseja.

Mas a equação de trabalho e planejamento não traz sinergicidade, não importa quão bem você planeja ou quão duro trabalha. Uma razão pela qual a equação não faz sentido é que a sinergicidade, como a definimos, é uma dádiva da atitude e do espírito: um estado emocional e não algo que podemos ganhar ou comprar.

VIGIAR E ORAR É IGUAL A SINERGICIDADE

Portanto, voltamos a um tema frequente deste livro. A fórmula verdadeira e precisa é *vigiar e orar.*

Para encontrarmos a sinergicidade, devemos primeiro aprender a de fato vigiar: ver as coisas como elas realmente são. Quando percebemos o espiritual, assim como o físico e mental, nós nos tornamos cada vez mais conscientes e percebemos que com uma perspectiva cada vez maior, começamos a ver um momento perfeito e o curso certo a seguir. Passamos a apreciar as conexões entre todas as coisas e a ver as coincidências não como questões de acaso, mas como manifestações de uma mão divina e como oportunidades para encontrar e cumprir os propósitos mais profundos da vida.

Por meio da oração e da meditação, podemos interpretar tudo o que vemos de acordo com uma visão maior que nos permite enxergar e ir além do que poderíamos alcançar sozinhos.

Nesse contexto, quando contrastamos a forma aceita de fazer as coisas no mundo, tais como a forma de trabalhar e planejar, passamos, assim, a reconhecer diferenças profundas a partir da fórmula espiritual: vigiar e orar. Por outro lado, trabalhar e planejar significa depender de você mesmo e usar seu poder mental e personalidade para fazer as coisas acontecerem. Isso é algo bom, mas lembre-se, é algo limitado. Vigiar e orar (o que muitas vezes pode nos levar a trabalhar e planejar de novo) é uma equação espiritual que usa sinergia com todos e sincronicidade com o universo, a fim de nos transportar em conjunto com os outros, ao melhor lugar que podemos estar.

Por muitos anos, tivemos uma casa em Jackson, Wyoming, e mantivemos um barco na garagem. Era um barco de fundo plano, feito de modo específico para navegar pelo rio Snake. Embora eu não faça isso há muito tempo, lembro-me com detalhes da incrível beleza de navegar sem esforço por meio das florestas situadas abaixo das cordilheiras.

Quando eu digo "sem esforço", isso não é bem verdade. O barco tinha remos que poderiam mantê-lo fora de problemas se você estivesse se direcionando ao centro das corredeiras ou se o rio se dividisse em canais e você precisasse atravessar o correto.

Foi a explicação experimental perfeita para o termo "recanalização" — na realidade, pensando bem, pode ter sido a experiência real da qual a metáfora da recanalização é tirada. Muitas vezes, quando entrávamos em um canal errado, uma boa quantidade de remadas não seria suficiente para passar por ele, e, por mais que se esforçasse, você ficava sem água ou ela ficava muito rasa e você tinha que voltar rio acima e "recanalizar".

Planejar isso por conta própria antes de navegar muitas vezes não era suficiente. Os mapas não mostravam tudo e os canais tinham uma maneira específica de mudar.

Assim, aprendemos a vigiar e orar. Aprendemos que, se observássemos bem, poderíamos ver para qual canal a maior parte da água estava fluindo e que aquele deveria ser o caminho a ser tomado. Além disso, sempre que havia outro barqueiro para perguntar, em particular aquele que tinha feito essa escolha de canal antes, era a maneira mais segura de recanalizar.

Portanto, a fórmula de trabalhar e planejar e o canal de vigiar e orar não são opostos: eles precisam um do outro. Nós recanalizamos

nosso trabalho e planos pelas respostas e discernimentos que obtemos ao vigiarmos e orarmos.

A fórmula espiritual V + O = S pode ser elaborada e ampliada. Consistentes com a equação, *T* e *P* também podem ser substituídos pelos significados:

Admiração e percepção
Espera e paciência
Disponibilidade e prece
Adoração e louvor
Caminhar e ponderar

Todas as alternativas da equação falam sobre observação sensível, consciência e perspectiva, sobre vigiar usando nossos sentidos e, mais importante, usando nossos corações e almas. Premissas, impressões, orientação e inspiração se tornam tão importantes quanto olhos e ouvidos. As necessidades dos outros passam a ser tão importantes quanto as nossas. Com isso, descobrir e trabalhar para nosso propósito torna-se o objetivo, e a vastidão do universo, em comparação com a nossa insignificância, guia nosso pensamento a cada volta inesperada. Planejamos e tentamos pensar adiante, mas estamos atentos — e interessados — para mudar de rumo e aproveitar oportunidades e possibilidades imprevistas que nos são apresentadas.

VIGIAR

Tive uma tia, May Swenson, irmã de minha mãe, que foi uma das maiores e mais honradas poetas da América do século XX. Como um garotinho, lembro que tive experiências de "vigília" com ela. "Olhe para aquela árvore", ela me dizia, "e me diga o que você vê". Eu via casco, galhos e folhas. Ela dizia: "Olhe mais, olhe de perto e me diga o que vê." Então ela me falava dos padrões que via no casco, as formas e aspectos na copa das árvores, a maneira

como o vento tinha definido o crescimento da árvore, como as folhas giravam no sentido horário, por que o musgo estava no lado norte do tronco, onde os esquilos poderiam ter colocado nozes, de que maneira os galhos pareciam crescer e dezenas de outras coisas que eu não tinha visto porque não estava observando de perto ou de forma poética o suficiente.

Se há tanto para ver apenas examinando uma simples árvore, imagine o que acontece quando usamos todos os nossos sentidos e desenvolvemos uma mentalidade e um estado emocional que abre também nossos olhos espirituais. É aqui que encontramos a *empatia* e a *solidariedade* para apreciar as diferentes perspectivas no que as outras pessoas veem.

Quanto mais percebemos, mais crescemos, e nossa capacidade de observar e compreender o que os outros sentem ou precisam é aprimorada. *Essa é a verdadeira empatia.* E, quanto mais percebemos, mais nos conectamos com as pessoas, com a natureza, com as ideias e com o amor e o ato de ceder. *Essa é a verdadeira solidariedade.*

Podemos treinar nossos olhos físicos para ver mais, assim como minha tia tentou me treinar. Além disso, torna-se possível desenvolver cada um de nossos cinco sentidos para absorver mais, perceber mais, ser mais conscientes e ganhar mais perspectiva.

Certo dia, ao andar sozinho por um bairro em Southampton, no sul da Inglaterra, encontrei um cego com seu cão, vendendo cestas em uma esquina. Ele se apresentou como George, e nós iniciamos uma conversa. Ele era encantador, perspicaz e engraçado! Quando perguntei se ele fazia todas as cestas, ele disse: "Bem, exceto as cestas de cachorro. Essas, meu cachorro que faz."

Enquanto conversamos, ele deve ter percebido um indício de pena em minha voz, porque disse, de repente: "Ei, não se sinta tão mal por mim. Você tem um sentido que é melhor que o meu, mas eu

tenho quatro sentidos que são melhores que os seus. Posso ouvir mais, cheirar mais, desfrutar mais e sentir mais do que você!" Ele então começou a demonstrar, dizendo-me coisas que ele podia ouvir e eu não, além de coisas que podia sentir por meio do olfato e eu não. "Eu desenvolvi meus outros sentidos para compensar a visão perdida", disse ele, "e o melhor sentido de todos é o que sinto no meu coração".

Vigiar não se refere apenas ao que vemos com nossos olhos. Aprenda a vigiar (e estar atento) com todos os seus sentidos e lembre-se do que George aprendeu: não é com nossos sentidos físicos que fazemos nossa vigília mais importante — é com nosso coração. É com os nossos olhos e ouvidos espirituais que podemos sentir as coisas primordiais da vida.

ORAR

Existem tantos tipos diferentes de meditação e oração quanto pessoas distintas. Entretanto, sempre que você reza ou utiliza qualquer estilo de meditação ou contemplação silenciosa, há alguns princípios básicos que se aplicam.

Quando rezamos ou meditamos, pedimos discernimento, perspectiva, consciência. Será que perguntamos e ponderamos sobre nosso propósito e como podemos ajudar alguém que está sofrendo? Será que expressamos nossos pensamentos e planos, bem como pedimos feedback, orientação e clareza? ESCUTAMOS e esperamos por respostas, sugestões e novas percepções? Tomamos notas para que possamos lembrar as respostas, implementá-las, aprender com elas e fazer aquilo que nos é solicitado? Mencionei antes um homem notável para quem trabalhei e que gostava de orar antes de reuniões importantes ou de tomar decisões. Ele não se desculpava por isso; na verdade, ele se comportava de uma forma quase utilitária e prática. "Por que não orar?", ele dizia. "Afinal, Deus sabe mais sobre as coisas do que nós."

Outro amigo age de forma muito semelhante com a meditação, tendo em vista que faz questão de chegar cinco minutos mais cedo ao marcar compromissos e realizar uma pausa por um momento antes de anunciar algo importante. Ele prevê como quer que a discussão se desenrole e se condiciona no clima certo para isso: "Tenho pequenas impressões que me fazem abordar as coisas de uma maneira melhor", diz ele, "e não posso dizer se elas vêm do meu interior ou exterior".

Certas meditações podem ser feitas em um instante. Perguntei à Maria Sharapova, a estrela do tênis, em uma entrevista coletiva, o motivo pelo qual ela se afastava da quadra e ficava estática por um breve momento entre cada ponto. Ela respondeu que foi ensinada quando era uma jogadora júnior a fazer uma pausa e recentrar sua mente antes de cada novo ponto da partida.

Alfred Lord Tennyson disse: "Mais coisas são forjadas pela oração do que este mundo sonha." A oração é tanto uma forma de ganhar discernimento e direção quanto uma forma de influenciar de fato os resultados.

A oração e a meditação não só podem fazer com que as coisas aconteçam, como podem abrir os canais pelos quais vemos o que o divino quer que enxerguemos, pelos quais aprendemos a vigiar com olhos espirituais e a descobrir — ao nosso redor — a sinergicidade, que nos permite maximizar nossas vidas e a dos outros.

COMBINANDO O PODER DE VIGIAR E ORAR

A beleza da fórmula espiritual V + O = S é que somente vigiar e orar não leva à sinergicidade: eles se ajudam e se valorizam de forma mútua. Em outras palavras, à medida que nos aproximamos e nos aprofundamos na sinergicidade, vigiar leva a uma melhor oração e orar leva a uma melhor vigília.

Aqueles que se tornam vigilantes de forma genuína começam a perceber tudo que possa direcionar suas orações e contemplações. Eles veem as necessidades, oportunidades e situações com mais

precisão; eles sabem que ajuda é necessária e, portanto, sabem o que pedir e o que fazer. E, quanto mais eles veem, mais devem agradecer. Os pensamentos e orações de um verdadeiro vigilante são expansivos e cheios de perspicácia e empatia. A pessoa tende a buscar um propósito e a se concentrar em como pode servir aos outros, tornando-se um mecanismo de busca e procurando mais do que seu espírito deve perceber.

Aqueles que meditam e oram com afinco — que exercem sua reflexão e se envolvem com o divino ao orar — são melhores vigilantes, porque seus olhos espirituais estão abertos. Eles começam a ver mais, sentir mais e se tornam mais conscientes dos outros e, portanto, mais guiados no serviço e mais capazes de encontrar e cumprir seus destinos.

A equação funciona, pois a vigília e a oração aprimorada levam a uma sinergicidade cada vez maior, o que, repito, é: *um estado emocional e mental que reconhece (de fato, celebra) a completa dependência de poderes superiores e interdependência, bem como a cooperação com outras pessoas, o que gera melhores resultados; uma atitude e abordagem que busca o propósito divino e procura orientação em todas as coisas, em particular no momento e interconectividade dos eventos da vida.*

SERVIÇO E MAGIA COMO ELEMENTOS DE SINERGICIDADE ESPIRITUAL

A sinergicidade é uma atitude que invade e eleva a todos, mas que não diminui a importância de cada indivíduo. De fato, ao reconhecer a interconexão de todas as coisas e a interdependência das pessoas, ela amplia a importância de cada um perante os outros. Também aumenta nosso senso de responsabilidade uns para com os outros e, portanto, torna-nos mais interessados, envolvidos e em sintonia com o serviço.

Quando Linda e eu falamos ou palestramos a pais abastados, uma das perguntas mais frequentes que recebemos é: "Como fazer com que meus filhos deixem de ser mimados?" Muitas crianças têm tanto hoje em dia e parecem apreciar tão pouco! Os pais queriam que houvesse uma "solução rápida" para crianças que são egocêntricas, voltadas somente para si, que vivem em seu pequeno mundo e não estão interessadas em ajudar ou mesmo em saber sobre as necessidades dos outros. Não há de fato uma solução pronta, é claro, porém a mais interessante que encontramos é envolver as crianças no serviço. Tais serviços podem ocorrer de diversas formas, desde retirar a neve da entrada da casa de um vizinho até ajudar em uma cozinha comunitária, em um abrigo local, ou mesmo ir um intercâmbio voluntário. Além disso, uma família pode usar suas férias para ajudar a construir casas em áreas pobres como voluntários na ONG Habitat para a Humanidade ou fazer reparos para refugiados e idosos no centro da cidade. Mais que isso, caso as finanças permitam, ir para algum lugar do Terceiro Mundo e ajudar uma vila a cavar um poço, construir uma escola ou abrir uma clínica de saúde.

Nesse tipo de serviço, as crianças se tornam mais conscientes, adquirem uma perspectiva maior e obtêm mais sinergicidade. Vale destacar o efeito transformador nos pais ao passarem um tempo em áreas diferentes daquelas a que estão acostumados e enxergarem, em primeira mão, as pobrezas e disparidades existentes no mundo, bem como as belas pessoas e perspectivas que estão espalhadas por toda a Terra. Isso é o mais próximo que já encontramos de uma solução rápida para as perspectivas e o senso de direito a certos privilégios das crianças e a maneira mais rápida para que elas obtenham uma maior compreensão da interdependência humana.

Não é necessário viajar até a África ou Amazônia, visitar abrigos ou cozinhas comunitárias para ver as necessidades e oferecer ajuda. As pessoas ao nosso redor e agora, bem onde estamos e neste momento, têm necessidades. Todos somos interdependentes. Às vezes, apenas notar que alguém parece um pouco abatido, confuso ou preocupado pode nos dar a oportunidade de perguntar se há algo que possamos fazer. Muitas vezes, basta um sorriso, saudação ou cumprimento bem colocado para mudar o dia de outra pessoa. Dessa forma, Madre Teresa afirmou: "Nunca saberemos todo o bem que um simples sorriso pode oferecer."

Certas pessoas (minha esposa, Linda, é uma delas) têm um dom de empatia. Elas simplesmente sabem o que os outros precisam, por essa razão o serviço por elas prestado e a ajuda se dá de forma natural e fácil. Já outros indivíduos (e eu me incluo nesta categoria) precisam desenvolver e cultivar a qualidade da empatia. Temos que fazer isso olhando de um jeito mais atento para outras pessoas, concentrando-nos mais nelas, tentando vigiar e orar sobre como elas se sentem e o que precisam. Às vezes, determinar as necessidades é tão simples quanto perguntar "Como você se sente?" ou "Há algo que eu possa fazer por você?".

Não é necessário viajar até a África ou Amazônia, visitar abrigos ou cozinhas comunitárias para ver as necessidades e oferecer ajuda.

E há outro tipo de pergunta e reflexão que podemos fazer, qual seja: ponderar oportunidades para servir. Nesse sentido, temos a oportunidade de pedir para estarmos mais conscientes das necessidades que estão à nossa frente a cada dia.

A qualidade da sinergicidade se expande dentro de nós quando estamos direcionados a servir? Ou vemos oportunidades e prestamos mais serviços à medida que desenvolvemos melhor a atitude e o paradigma

da sinergicidade? *Ambos!* Elas se precipitam de forma mútua, assim como no questionamento de quem nasceu primeiro, o ovo ou a galinha.

Desse modo, a sinergicidade é uma qualidade mágica em muitos aspectos. Quando falo de magia, eu me refiro a casos em que as coisas de alguma forma parecem suplantar as leis normais que conhecemos, nas quais vamos além de nossa capacidade natural e conseguimos resultados além do que poderíamos esperar de forma lógica. Com a sinergicidade, um mais um pode ser igual a três ou mais, e as coisas (e seu momento) podem parecer alinhadas, como se todo o universo conspirasse para funcionar em conjunto para nosso bem. Sendo assim, um pouco mais de foco no servir pode contribuir para essa magia.

Quase toda fé, escritura sagrada, religião e filosofia ensinam o conceito de servir como um princípio de dupla benção. Quando ajudamos os outros, nós também nos auxiliamos. Ao fazermos os outros felizes, desfrutamos dessa alegria da mesma forma. "Lança o teu pão sobre as águas", diz a Bíblia, "e ele voltará a ti cem vezes". De alguma forma, as maiores dádivas que podemos oferecer são mágicas, pois quanto mais oferecemos, mais nos resta. Essa é a verdade do amor, da alegria, da paz, do conforto e do bom ânimo.

Há mais uma dádiva, mais uma motivação para o ato de servir que é tão magnífica que mal podemos compreendê-la. É a magia que nos assegura que "quando o fizestes a um destes meus pequeninos irmãos, a mim o fizestes" (Mateus 25:40). Imaginem a incrível e incompreensível oportunidade de fazer coisas para Deus, oferecer dádivas e prestar serviço ao divino. Podemos fazer isso em pequena retribuição ao fato de que Deus fez tudo por nós. Esse não é um princípio apenas cristão, pois todas as grandes religiões e filosofias duradouras contêm afirmações sobre o princípio de que servir ao próximo seria um serviço a Deus.

É difícil, no meio de nossos problemas, focar mais no que podemos oferecer do que aquilo que gostaríamos de receber. Também não é fácil pensar nas necessidades dos outros quando as nossas são tão óbvias e urgentes. Todavia, tal prática é possível e é

um dom que podemos alcançar, bem como um talento que podemos desenvolver. Ressalte-se que isso nos dará mais sinergicidade e alegria.

Na verdade, há muita magia na sinergicidade! Se definirmos a magia como coisas que desafiam as leis naturais como as conhecemos e como as coisas das quais nosso coração e espírito nos deixam depender, mesmo que não somem de forma matemática, há magia em torno deste terceiro herói da alegria. Por que recebemos cem vezes mais por tudo o que oferecemos? As leis que conhecemos não podem explicar isso, mas nossas ações podem provar tal fenômeno para os outros e para nós.

É possível listar e categorizar os elementos mágicos e as ramificações da sinergicidade:

1. **A magia da sinergicidade:** quando trabalhamos em conjunto com outros, reconhecendo seus talentos, entendendo que sabem coisas que nós não sabemos (assim como nós sabemos coisas que eles não sabem) e respeitando a estimulação — a ideia de dar saltos — que ocorre quando pensamos e refletimos em algo com outras pessoas, começamos a nos beneficiar de um certo tipo de magia. Quando operamos em sinergicidade, sempre descobrimos que o total é maior do que a soma de suas partes.
2. **A magia da sincronicidade:** quando queremos as coisas de imediato, muitas vezes nós nos sentimos desapontados e frustrados. Por outro lado, quando trabalhamos, planejamos, observamos e rezamos por coisas boas, e somos pacientes quanto ao tempo, começamos a ver a sabedoria e a crescer em perspectiva. Desenvolvemos paciência, empatia e aprendemos a ver o quadro geral, o que, por consequência, gera outro tipo de magia, pois nos é revelado (em geral, depois do fato) que a maneira como as coisas aconteceram foi a melhor opção e algumas delas nunca teríamos entendido se tudo não tivesse se desenrolado como na época em que aconteceu.
3. **A magia da ausência de coincidências:** como sugerido antes, coincidência é a palavra que usamos quando não

vemos ou não entendemos a influência ou conexão divina. A maioria das coisas acontece por uma razão, mesmo que a razão seja pequena ou difícil de ser percebida no momento. Se procuramos sinergicidade e nos perguntamos por que algo pode estar acontecendo nesse momento, algumas vezes podemos encontrar razões ou pelo menos enxergar oportunidades. Sendo assim, em tudo há propósito, e a magia está em encontrá-lo.

4. **A magia das relações:** quando se pensa nisso, quase todas as relações são uma espécie de milagre. Neste mundo de sete bilhões de pessoas, como você encontrou seu parceiro ou seu cônjuge? Ou seu melhor amigo? E como você acabou com os filhos que tem, cada um dos quais parece ter sido destinado a vir até você? Há tantas "agulhas" que, na verdade, de forma improvável, encontramos em "palheiros." Será só sorte e acaso ou é uma espécie de magia?
5. **A magia de que certas coisas não diminuem à medida que são dadas:** talvez esta seja a magia mais magnífica de todas (e ela é a essência do que estamos chamando de sinergicidade). Algumas coisas na verdade crescem e se multiplicam à medida que são oferecidas, ao contrário das coisas temporais, que se desgastam. Se eu lhe oferecer uma maçã, terei uma a menos. É nas coisas espirituais que a magia funciona, então, se eu lhe oferecer amor, terei mais do que o que eu tinha antes de oferecer. É o mesmo com a alegria, com a paz, com o que Cristo chamou de "bom ânimo" e com que os hindus chamam de "Karma". A magia funciona de fato com muitas ferramentas que, em geral, não pensamos como espirituais, mas que são na verdade: elogios, otimismo, empatia, simpatia, interesse. Quanto mais consumimos, mais nos resta e, quanto mais oferecemos aos outros, mais eles nos oferecem.

Um mundo sem esse tipo de magia é mundano e pequeno. Ele é governado por leis básicas e não retira ou mesmo considera os poderes do espírito. Mas um mundo com esse tipo de magia é ao mesmo tempo uma alegria e uma aventura. Ficamos impressionados com o que não entendemos. Sentimos o amor divino pela magia. Tornamo-nos bons receptores, assim como bons provedores, e encontramos a alegria para a qual fomos destinados.

Entrei em uma discussão com um cético e ateu autoproclamado que um dia me fez perceber algo. Ele estava fazendo questão de dizer que não acreditava em nada que a Ciência não pudesse provar. Tratava-se de um estudante de doutorado na Cornell que adorava a atmosfera acadêmica e intelectual. Ele gostava do estímulo de descobrir novas verdades e explicações sobre as coisas. "Se algo é verdade ou se existe", disse ele, "então devemos ser capazes de provar, demonstrar ou compreender, e, se não podemos, não há razão para acreditar nisso". O que me preocupava era a presunção de sua lógica. Será que ele realmente achava que o cérebro humano é algo superior e o juiz final das verdades? Ele estava pronto para rejeitar qualquer coisa que não pudesse provar, ver ou ouvir? Tudo o que pude pensar para dizer a ele foi: "Deixe um pouco de espaço para a possibilidade de magia, de coisas que talvez você não seja capaz de entender ou explicar. O mistério da vida é parte do que a torna empolgante e do que vale a pena viver."

A sinergicidade é um símbolo e um lembrete de quão pequenos nós somos, também é uma forma de amar e se divertir nessa pequenez, haja vista a forma mágica com a qual ela pode se conectar, combinar e colaborar com outras pessoas, ideias, forças e espíritos e como pode se tornar parte de algo que é muito poderoso e prazeroso.

Outra parte da magia é que cada um de nós se torna, de modo individual, mais, e não menos, parte desse conjunto amoroso, duradouro e maior.

VIVENDO O NOVO PARADIGMA DA FELICIDADE

CAPÍTULO 16

QUEM, QUANDO, O QUÊ, ONDE E O PORQUÊ DOS HERÓIS DA ALEGRIA

QUEM: ISSO É DE FATO PARA VOCÊ?

Este livro foi escrito para quem?

Bom, com certeza, ele não é para todos.

Se você está, de forma razoável, satisfeito com sua vida, talvez não valha a pena perder seu tempo. Além disso, se você sente que está ganhando cada vez mais controle de cada vez mais coisas e essa busca lhe traz mais satisfação do que frustração, siga com ela.

Se você se sente dono de certo número de coisas, elas lhe trazem alegria, ou se você está feliz na busca de mais — siga em frente.

E se você sempre se sente autossuficiente — de forma física, mental e emocional — e acredita que a independência será sempre

mais atraente para você do que a interdependência, permaneça nesse rumo.

A questão do *quem* como um todo é um pouco complicada, mas de modo individual é simples: quem pensou o suficiente para decidir que deseja mais as alternativas do que os impostores — quem está farto do paradoxo e quer mudar para o paradigma.

QUANDO: ENXERGANDO OS IMPOSTORES COMO UMA FASE DE APRENDIZADO

Quando é o melhor momento para avançar do paradoxo para o paradigma?

Você já sabe que eu acho que a melhor resposta é: "O mais rápido possível." Mas entenda que esse é um paradigma avançado... Trata-se de uma pós-graduação em vida. Em geral, não é algo que eu tentaria ensinar aos graduandos da vida.

Dito isso, estou impressionado com quanto os conceitos de serendipidade, concessão e sinergicidade apelam para o público de estudantes universitários com os quais falo. Eles têm um senso inato e natural de aventura e um gosto pelo inesperado que torna a serendipidade atraente para eles. Muitos deles têm uma aversão ao materialismo e ao comercialismo que os ajuda a se aquecerem para a concessão. E há sempre um número surpreendente que já conhece e usa as palavras *sinergia* e *sincronicidade* e fica intrigado ao usarem as palavras juntas.

Ainda assim, apesar da curiosidade, a maioria dos adultos mais jovens não são candidatos privilegiados ao paradigma completo. A maioria das pessoas está mais preparada para essas novas abordagens somente após ter buscado controle, propriedade e independência por tempo suficiente para saber que eles não funcionam e, por consequência, se tornar aberta a algo superior.

Agora que nós nos aprofundamos e exploramos cada um dos paradigmas de serendipidade, concessão e sinergicidade, podemos

revisitar o controle, a propriedade e a independência como uma fase da vida que pode nos preparar para a mudança de paradigma.

Deixe-me explicar um pouco mais sobre isso, enquanto consideramos que a resposta para *quando* pode ser: "Após termos experimentado e desejado ir além de CP&I."

De um jeito irônico, grande parte do meu tempo na atualidade é despendido com Linda defendendo controle, propriedade e independência como as próprias lições que os pais devem ensinar a seus filhos. Deixe-me explicar, porque isso me permitirá elaborar o que eu quero que você entenda sobre a progressão destes para a mentalidade e o estado emocional de serendipidade, concessão e sinergicidade: a transição de CP&I para SC&S, do paradoxo para o paradigma.

Como resultado de nossos livros, permanecemos no circuito de palestras por até cem dias por ano. Nós nos apresentamos a grupos empresariais, escolas, associações e igrejas. Nossos temas são sempre sobre família, paternidade e equilíbrio na vida (equilíbrio entre trabalho, família e necessidades pessoais). Fizemos cinco turnês ao redor do mundo e nos apresentamos em mais de cinquenta países com uma grande variedade de culturas, economias, religiões e sistemas políticos. Nosso público tem sido diversificado de forma surpreendente. Nossos tópicos são em geral dirigidos aos pais e àqueles que procuram um maior equilíbrio entre suas vidas profissionais e suas prioridades familiares e pessoais. Descobrimos que a família é a prioridade máxima declarada por quase todos e que as necessidades, preocupações, esperanças e sonhos dos pais são bastante universais e essencialmente transversais às diferenças religiosas, sociais, políticas e econômicas. Os pais na Índia, Indonésia ou Itália têm quase as mesmas preocupações que os de Indiana, Illinois ou Idaho, nos EUA.

O principal objetivo da maioria de nossas apresentações parentais é ajudar os pais a ensinar iniciativa e motivação a seus filhos e auxiliar

essas crianças a aprenderem como viver de forma responsável no mundo. A mais popular de nossas palestras é chamada: "Criando crianças responsáveis e evitando a armadilha de mimar."

Agora eis o que é interessante, dado o que você sabe sobre mim e minha visão de vida após ler este livro: o que muitas vezes dizemos aos pais é que a **propriedade** *é um pré-requisito de responsabilidade e o trabalho de um pai é ajudar as crianças a se tornarem* **independentes** *e aprender a ter auto***controle**.

Como posso dizer aos pais para ensinarem aos filhos controle, propriedade e independência e depois fazer o contrário e escrever neste livro que essas três buscas são os ladrões da alegria? Controle, propriedade e independência representam um nível de vida, pensamento e responsabilidade que precisa ser aprendido e experimentado para se alcançar os níveis mais altos de serendipidade, concessão e sinergicidade. As crianças precisam perceber a propriedade das coisas antes de começarem a cuidar delas e por elas se sentirem responsáveis. Mais que isso, elas devem ganhar um grau de controle, sobretudo de si, a fim de amadurecer e aceitar a responsabilidade por quem são. Por fim, as crianças devem se tornar progressivamente mais independentes dos pais, caso queiram se tornar adultos capazes de viver suas próprias vidas (de preferência em um endereço diferente do dos pais).

Muito do que apresentamos e falamos tem a ver com os caminhos e com o momento correto para entregar mais propriedade, controle e independência às crianças. Dizemos aos pais que seu objetivo final é se dedicar como em um emprego, levando seus filhos a um ponto em que se sintam proprietários de suas coisas e objetivos, no qual possam controlar seus temperamentos e apetites, bem como possam pensar de forma independente e, assim, superar a pressão dos colegas e tomar boas decisões.

Então, adivinhe o que dizemos em seguida? Dizemos a esses mesmos pais que é hora de eles (os pais) entenderem que as próprias atitudes de controle, propriedade e independência que precisam ensinar a seus filhos podem se tornar um problema muito grande e um fator limitador para eles como adultos. Sugerimos que é hora de eles, como adultos, encontrarem e viverem por uma perspectiva mais elevada e espiritual, desenvolverem um paradigma mais profundo no qual se concentrem mais em sua interdependência com outras pessoas, nas **concessões** *pelas quais são responsáveis e no desenvolvimento de* **serendipidade** *e* **sinergicidade** *pessoais, a fim de que suas vidas se tornem mais empolgantes, completas, interessantes e inspiradas!*

Portanto, dentro do contexto dessa sequência de níveis, talvez chamar controle, propriedade e independência de "os três impostores" ou "os ladrões da alegria" seja um pouco duro. Eu os chamo assim porque acredito com convicção que, quando eles são levados conosco por muito tempo, vistos como os fins ou objetivos de nossas vidas, eles nos enganam muito, uma vez que limitam a alegria que podemos encontrar e minam a qualidade de nossas vidas.

Eu poderia chamar CP&I de "as três etapas para uma consciência superior" ou "os três pré-requisitos que devem ser praticados e aprendidos e depois descartados em favor de um nível superior de vida e pensamento". Mas isso levaria muito tempo para dizer e não seria forte o suficiente para convencê-lo a abandoná-los na hora certa.

De qualquer forma, o fato é que controle, propriedade e independência são conceitos econômicos e de treinamento de responsabilidade, os quais são úteis para que as pessoas aprendam e pratiquem por *um tempo* antes de estarem prontas para mudar para o paradigma de concessão e sinergicidade, cuja essência é mais precisa e feliz. Vale ressaltar que um tempo não significa que seja muito, e, no fim das contas, você terá que responder à pergunta *quando* para si.

Todavia, se leu este livro até esta página, você tem as chaves para fazer essa mudança e o *quando* poderia ser *agora*!

O QUÊ: A MUDANÇA DE PARADIGMA DEFINITIVA

Tenho dado definições para os heróis e todos os seus componentes neste lado do livro, mas por que colocar a questão *"do que"* de novo? De maneira simples, porque há mais uma resposta para a pergunta *"o quê"* que pode ser a mais importante de todas.

A capacidade de perceber e reconhecer a mão (e orientação, inspiração e incentivos; e até mesmo a intervenção) de um poder superior em nossa vida diária é o verdadeiro *o "quê"*; e esta chave está na raiz do tipo mais profundo de serendipidade, concessão e sinergicidade.

Sei de um homem muito realizado que fez uma resolução para anotar em um diário cada vez que reconhecia a mão de Deus ao longo do dia. Ele fez esse tipo de registro todos os dias durante muitos anos. Imagine como ele se sintonizou com as ternas misericórdias de Deus, com as grandes e pequenas maneiras que o divino se insere e intervém em nossas vidas e com o fato de que "Deus está nos detalhes".

Enquanto eu pensava nesse homem, fazendo seu registro diário, esse gigante intelectual, abençoado com uma mente perspicaz e com veemência envolvido, na época, no mundo secular e acadêmico, bem como no espiritual, eu me maravilhava com o fato de ele poder perceber todos os dias coisas que lhe mostravam o envolvimento pessoal de Deus nos eventos diários de sua vida. Eu me perguntava como eram os registros, que tipo de coisas ele percebia. Será que algumas delas eram abrangentes e gerais, enquanto ele observava a beleza da natureza? Ou a maioria delas eram pessoais, envolvendo os pensamentos que lhe vinham à mente ou as coincidências que

não foram na verdade coincidências? Eram sobre as pessoas que entraram em sua vida para ajudá-lo ou para serem ajudadas por ele?

Seja como for, é claro que buscar o divino em nosso cotidiano é uma chave maravilhosa para elevar nosso paradigma a um nível mais feliz e espiritual, além de nos permitir começar a ver o mundo com a alma em vez de termos um olhar mundano. E o simples exercício de olhar todos os dias para uma mão divina e, posteriormente, registrar em um diário é uma maneira simples e elegante de fazer isso.

O paradigma da felicidade, em última análise, é mais um estado emocional do que uma mentalidade. Ele configura nossos corações como parte de algo superior, fazendo-nos desejar uma conexão com o que há de maior.

ONDE: DENTRO, PORÉM FORA, DO MUNDO

Tudo começa, creio eu, em um lugar chamado gratidão.

Durante este último ano, ao escrever sobre os três impostores e suas três alternativas, percebi que os impostores minimizam a gratidão, enquanto as alternativas de serendipidade, concessão e sinergicidade a maximizam. Como atitudes e abordagens da vida, eles são gerados pelo agradecimento e produzem gratidão. E, com essas atitudes, algumas coisas começam a acontecer:

- Quando vivemos nesse lugar, nós nos concentramos nas partes reais, que são as mais importantes e duradouras da vida. Nossas relações, nosso crescimento, e como impactamos o mundo e aqueles ao nosso redor, se tornam nossos instrumentos de medição. Ainda vivemos neste mundo frenético, mas estamos livres de tentar ser ou fazer tudo igual aos outros.

- Nós estamos *no* mundo! Somos parte desse todo, pois amamos a vida. Encontramos alegria na beleza e diversidade infinitas deste mundo e até mesmo em seus desafios e dificuldades. Amar os outros e não os julgar nos permite servir com alegria. Saber o que está acontecendo e desenvolver uma amplitude de interesses, que são em larga escala difundidos, revigora nossas mentes. Apreciamos a vida com toda sua variedade e suas magníficas opções.
- Ao estarmos *neste* lugar, mas não sermos *deste* lugar, não tentamos imitar tudo *do* mundo! Nós nos concentramos em objetivos duradouros, não nas últimas modas ou tendências. Estabelecemos metas e vivemos nossas vidas com base em percepções espirituais. Sentir confiança em nossas próprias opiniões, interesses e ideias nos permite estarmos abertos à inspiração e à alegria real.

Considere três chaves para destrancar a porta *interior*, mas não a *exterior*:

1. *Treine a si mesmo*, sua família e aqueles ao seu redor a fim de que eles se esforcem para influenciar mais do que são influenciados. Se vivemos nossa vida em modo de proteção — sempre tentando evitar tudo que possa ser ruim ou que possa nos afastar de nossa zona de conforto —, estamos agindo como peões em um tabuleiro de xadrez, não como reis ou rainhas.
2. *Lembre-se* de que são nossas atitudes que determinam o quanto estamos interessados no mundo e o quanto podemos evitar que nos tornemos escravos do mundo e de seus costumes. Há coisas maravilhosas aqui; devemos nos concentrar naquelas que trazem alegria e nos ajudam a compartilhá-la com os outros. Se nossos paradigmas e percepções giram em torno de serendipidade, concessão

e sinergicidade, veremos o mundo e encontraremos suas alegrias de um jeito mais realista.

3. *Entenda* que você é tanto um ser físico quanto um espírito ou alma. Em algum lugar entre seu espírito e seu corpo está o seu cérebro, isso porque tanto seu corpo quanto seu espírito se utilizam dele. Seu corpo o usa para tudo, desde coordenar sua respiração e caminhar até problemas de Matemática. Seu espírito usa seu cérebro para absorver e interpretar dados sensoriais e físicos, bem como para permitir que o espírito sincronize e interaja com este mundo. Portanto, seu cérebro é uma ferramenta de seu espírito, mas é também uma ferramenta de seu corpo. A verdadeira questão é: qual deles (seu espírito ou seu corpo) tem o controle predominante e definitivo de seu cérebro? A qual dos dois seu cérebro serve e tem maior fidelidade? Se seu cérebro está mais alinhado com seu corpo, com o mundo físico, a partir de luxúrias, materialismo e consumismo da sociedade moderna, você estará no mundo *e* será um participante indiscriminado de todas as ofertas dele. Mas, se seu cérebro estiver mais alinhado com seu espírito, com a humildade da fé e da crença, bem como com a perspectiva mais progressista, você estará no mundo, mas não será *do* mundo. E é essa justaposição que traz felicidade.

A beleza disso é que podemos definir a forma como pensamos, construímos e determinamos nossas atitudes. Podemos equilibrar nosso corpo e nosso espírito à medida que tomamos decisões. Ressalte-se que isso se dá a partir da perspectiva de concessão e da compreensão de que somos zeladores de nosso corpo, mente e espírito. Além disso, é possível adotar o paradigma da serendipidade, por meio da procura e do acolhimento de orientação e do inesperado. Por fim, podemos viver com sinergicidade e, consequentemente, desfrutar de nossa interdependência com os outros e com as bênçãos

do tempo divino. Enfim, nós nos tornamos capazes de perceber que nossa vida se desenrola de maneiras belas que nunca teríamos imaginado por conta própria.

A resposta para *onde* é a dupla hélice do *interior* e não do *exterior*.

O PORQUÊ: O QUE ISSO LHE OFERECE E O QUE VOCÊ OFERECE AOS OUTROS

As razões para fazer a troca dos ladrões para os heróis têm sido parte de quase todas as páginas deste livro, mas deixe-me responder à pergunta "por quê" de forma ainda mais pessoal:

O que eu adoro nas atitudes alternativas de serendipidade, concessão e sinergicidade é que cada uma delas:

1. Enfatiza e chama nossa atenção para o espiritual.
2. Aprofunda nossa humildade, dando-nos a perspectiva de nosso pequeno lugar em um universo muito grande.
3. Desenvolve dentro de nós uma espiral espiritual ascendente de empatia e solidariedade, confiando mais em "vigiar e orar" do que em "trabalhar e planejar".
4. Liberta-nos para viver uma vida autêntica.
5. Diminui nosso estresse, pressão e tensão porque dependemos menos de nós e mais dos outros, incluindo o divino. Em vez de pressão, elas nos dão PAZ.
6. Promove mais atenção aos outros e nos permite sermos mais transparentes, o que nos permite AMAR mais.
7. Oferece mais momentos, gratidão e empolgação que equivalem a mais ALEGRIA.

Um último *porquê*, que não foi mencionado o suficiente, é a resiliência.

Vivemos em um mundo onde a capacidade de recuperação é fundamental. Contratempos e fracassos acontecem com mais frequência e estão mais expostos aos outros do que nunca.

Os impostores destacam e ampliam os golpes em nossas vidas e em nossas mentes. Tudo o que não podemos controlar ou não temos, e até mesmo aquilo que temos que admitir que precisamos, mina nosso autocontrole e pode nos levar ao desânimo e à depressão. Podemos lutar contra isso e ganhar de forma temporária, mas a longo prazo perdemos, porque, em suas próprias bases, os impostores sempre nos aludirão e, por fim, provarão que são mentiras.

A resiliência e a capacidade de se recuperar do fracasso e de ficar aquém do esperado está ligada de forma íntima à nossa atitude... A serendipidade nos ensina a procurar algo melhor do que aquilo que procurávamos, mas que não alcançamos... A concessão nos lembra que nada é nosso de qualquer forma e tudo o que podemos fazer é o nosso melhor... E a sinergicidade nos assegura que podemos sempre conseguir mais ajuda e tentar de novo e que o momento pode ser melhor depois.

Com o paradigma SC&S, não caímos tão longe e voltamos mais rápido para cima. Somos salvos.

Portanto, uma última resposta para o *porquê* é a *resili*ência.

CAPÍTULO 17

O COMO: EXERCÍCIOS DIÁRIOS DE SERENDIPIDADE, CONCESSÃO E SINGERCIDADE

Quem, quando, o quê, onde e o porquê são perguntas interessantes, mas é a pergunta *como* que pode reorientar sua vida.

Uma coisa é falar sobre serendipidade, concessão e sinergicidade e do fato de que adotá-las como atitudes pode nos ajudar a ser mais felizes. Outra coisa é adquirir os hábitos e atitudes dos heróis, incorporando-os em nossas vidas, mentes e corações. Para tanto, é preciso tempo e esforço no sentido de tornar SC&S os paradigmas dentro dos quais vivemos nossas vidas.

Desenvolver novas atitudes é bem parecido com desenvolver novos músculos. É preciso exercício! Este capítulo lhe apresentará alguns exercícios de planejamento mental e de registro destinados

a ajudá-lo a perceber novas coisas, bem como a desenvolver e construir mais serendipidade, concessão e sinergicidade em sua vida!

Para desenvolver os músculos mentais, emocionais e espirituais, os exercícios são de maior valia quando feitos todos os dias.

Para desenvolver os músculos mentais, emocionais e espirituais, os exercícios são de maior valia quando feitos todos os dias. Como qualquer exercício, tudo o que você consegue fazer é melhor do que nada! Conheço pessoas que recebem muitos benefícios e fazem progressos mensuráveis ao implementar sugestões como as deste capítulo, mesmo as muito aleatórias e inconsistentes; mas, obviamente, é bom ser o mais consistente possível. Se quisermos mudar os paradigmas ou as lentes pelas quais vemos o mundo e as próprias atitudes que trazemos conosco todos os dias, precisaremos de exercícios bem formulados que alterem a maneira como pensamos e ampliem nossa consciência e perspectiva.

Ao trabalhar para implementar com plenitude a serendipidade, a concessão e a sinergicidade, aprendi que era muito mais fácil entender a forma como se quer perceber e abordar a vida do que de fato mudar as atitudes e os padrões de pensamento. Eu precisava encontrar maneiras específicas de implementar e aplicar os heróis todos os dias. Novos hábitos são difíceis de formar, e novos paradigmas são ainda mais complicados. Chegou um ponto em que percebi que parte da dificuldade eram os planners, ferramentas de gestão de tempo e aplicativos de agendamento que eu utilizava. Todos eles foram concebidos basicamente para incitar mais controle, propriedade e independência, pois se resumiam a segmentar sua vida, estabelecer prioridades, elaborar e verificar listas. Os aplicativos e planejadores típicos levaram a mim e a meus processos de pensamento para longe da observação, empatia

e reflexão. Tentei ajustar a maneira como planejava meu dia, mas as ferramentas funcionavam contra mim, então desenvolvi um novo tipo de visão geral diária que levou minha mente a direções opostas. Eu a chamo de "O Antiplanejador". Seus três elementos diários são a *Linha da Serendipidade*, os *Espaços em Branco da Concessão* e as *Faixas da Sinergicidade*.

Esses elementos facilitam os exercícios diários para aumentar sua felicidade. Nenhum deles requer muito tempo, mas todos precisam de comprometimento, esforço, foco e concentração. Afinal, o que estamos tentando mudar é como vemos e respondemos ao mundo ao nosso redor e como vivemos nossas vidas no dia a dia.

Os três exercícios envolvem escrever em um diário ou planner. A escrita que lhe será solicitada não é extensa; na verdade, são só algumas palavras a cada dia, mas elas são importantes. Elas permitem que você registre os resultados dos exercícios, verifique a si mesmo e trabalhe para a consistência dos hábitos que você está tentando desenvolver.

Enquanto muitos fazem seus calendários e suas agendas em seus smartphones, por favor, faça esses exercícios primeiro no papel: seja em um antiquado planner de papel ou apenas em um belo bloco de notas. Uma vez que tenha aprendido os princípios e práticas dos exercícios, você pode implementá-los em seu calendário telefônico ou em qualquer método de planejamento eletrônico.

A LINHA DA SERENDIPIDADE

Pense por um momento em como geralmente planejamos nosso dia e tentamos seguir esse planejamento: muitas vezes, anotamos nossas reuniões ou compromissos e fazemos listas de tarefas. É um processo útil porque nos impede de esquecer os compromissos e nos ajuda a lembrar as necessidades do dia, bem como a priorizar o que queremos alcançar.

Mas eis o problema: o dia nunca corre como planejado. Surgem imprevistos, as pessoas que precisamos contatar não estão disponíveis, somos interrompidos, acontecem coisas que não poderíamos ter previsto. Todos esses imprevistos desestimulam nossos planos e muitas vezes nos frustram. Queremos controle; pensamos que controle é o que deveríamos buscar. Sabemos que não podemos controlar tudo à nossa volta, mas pelo menos queremos ter o controle do nosso dia, do nosso horário e do que realizamos. Quando surgem novas e inesperadas necessidades, às vezes, sentimos que o mundo inteiro está conspirando contra nós. Tem que existir uma maneira de conseguirmos seguir nossas listas, buscar nossos objetivos *e* encontrar a serendipidade ao longo do caminho.

Para permitir um planejamento com o coração aberto para as voltas e reviravoltas da vida, eu desenvolvi o que chamo de *Linha da Serendipidade*. Isso foi introduzido quando discutimos sobre a serendipidade anteriormente. Aqui falo mais sobre como implementar essa ferramenta mágica de modo simples:

Em seu planner, em seu diário ou apenas em um simples caderno, trace uma linha vertical no meio da página. Coloque seus planos, reuniões, compromissos e atividades no lado esquerdo da página. No lado direito, escreva as serendipidades que chegam até você naquele dia (as coisas não planejadas, as dádivas).

De forma básica, o lado esquerdo (que pode representar o hemisfério esquerdo de seu cérebro, o lado analítico, lógico) é o caminho que você quer que o dia siga. Esse será o seu principal esforço na tentativa de organizar o que planeja fazer. É escrito em termos do que você fará em seu futuro imediato: ir à reunião, escrever o memorando, pegar as crianças. Enfim, trata-se de sua lista de tarefas.

A parte direita da página (que pode representar o hemisfério direito de seu cérebro, o lado criativo, intuitivo) começa em branco, exceto pelo título "Serendipidades". O que você escreve aqui à medida que o dia passa ou ao final dele, olhando em retrospectiva, estará no passado, porque as serendipidades não podem ser planejadas; suas notas do lado direito devem apresentar momentos que realmente aconteceram. Serão coisas como uma ligação inesperada de um velho amigo ou um lindo pôr do sol que você levou um minuto para observar e apreciar. Algo que você percebeu, uma nova pessoa que conheceu, uma pequena ação espontânea que fez, um cumprimento que alguém lhe deu: "Vi um pôr do sol excepcional", "Recebi uma ligação surpresa de meu primo", "Tive uma ideia enquanto tomava banho".

Vale salientar que suas serendipidades não serão todas agradáveis. Elas são o que acontece enquanto realizamos

Perceber e descobrir serendipidades é uma habilidade aprendida. É algo em que podemos nos tornar cada vez melhores. Como a seguinte definição sugere: um "estado de espírito".

nossos planos, mas vemos outras oportunidades e até desafios. Elas podem incluir surpresas indesejáveis que você aproveitou ao máximo. Um engarrafamento que lhe deu a oportunidade de ouvir música, uma reunião que foi além do horário, mas na qual você percebeu uma oportunidade, alguém que se atrasou e lhe deu tempo para ligar para sua mãe, uma doença que o ajudou a apreciar a saúde.

Durante os primeiros dias, as serendipidades podem ser difíceis de detectar ou reconhecer, mas, à medida que você se torna mais consciente e percebe mais, bem como observa acontecimentos inesperados e não planejados, sua capacidade de reconhecer as serendipidades aumentará. E, à medida que você procurar orientação, suas serendipidades assumirão um tom mais inspirador, mais orientado de modo espiritual.

Perceber e descobrir serendipidades é uma habilidade aprendida. É algo em que podemos nos tornar cada vez melhores. Como a seguinte definição sugere: um "estado de espírito", que envolve consciência e sensibilidade ao que está ao nosso redor. Desafio você a tentar encontrar pelo menos três serendipidades por dia e escrevê-las no lado direito da página de cada dia. Ao fazer isso, você pensará cada vez mais em termos de serendipidade e cada vez menos em termos de controle. O resultado será menos frustração e mais emoção e aventura em sua vida.

Lembre-se de nossa definição de serendipidade: um estado de espírito pelo qual uma pessoa, por meio da consciência e da sensibilidade, muitas vezes encontra algo melhor do que aquilo que procurava.

Procurar serendipidades e anotá-las no lado direito da linha de serendipidades é uma forma de treinamento para estar mais consciente, mais sensível; de estar atento às pequenas surpresas e perspectivas, às oportunidades e ideias, bem como às belezas que podem fazer da vida uma jornada divertida. A serendipidade é uma habilidade adquirida, uma atitude desenvolvida. Ter um objetivo

consciente de reconhecer e escrever pelo menos três ou quatro por dia lhe ajudará a adquirir a habilidade e aprender a atitude.

Conforme você cria esse hábito, as ações inesperadas e incontroláveis que acontecem a cada dia, as que costumavam ser vistas como interrupções, irritações e impedimentos, começarão a se parecer mais com oportunidades, surpresas e ternas misericórdias.

Ao final de uma semana, volte a percorrer suas páginas diárias e avalie os lados esquerdo e direito. Você descobrirá que o valor das serendipidades da direita disputa com as realizações planejadas e executadas da esquerda.

Comece a implementar a linha de serendipidade amanhã. Isso tornará sua vida mais empolgante, mais tranquila e mais aceitável. Mais importante ainda, ela o levará a um lugar onde você estará mais receptivo à beleza, à surpresa, aos palpites, à intuição, à gratidão e à orientação.

OS ESPAÇOS EM BRANCO DA CONCESSÃO

A maioria de nós tem muitas *tarefas* para fazer em cada dia. São as atividades que colocamos em nossa lista de tarefas no lado esquerdo de nossa página (deixar as crianças na escola, fazer ligações, escrever o memorando, cortar a grama, agendar uma angariação de fundos etc.). São as ações que fazemos no trabalho, em casa ou em nosso tempo livre. Às vezes as tarefas que temos que fazer consomem o dia inteiro, e a urgência toma conta e repele as atividades mais importantes, como ler uma história para as crianças, passar um momento de silêncio com seu cônjuge e tirar um tempo para se exercitar ou meditar. Os *Espaços em Branco da Concessão* são projetados para evitar isso. Eis o que você deve fazer:

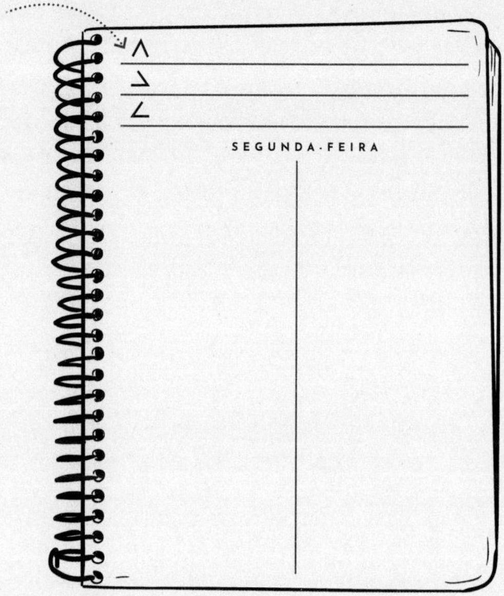

No topo de seu planner ou diário, desenhe três linhas horizontais curtas, que se chamam Espaços em Branco da Concessão e são as *tarefas escolhidas* para a vida. Elas precisam ser priorizadas e ter um equilíbrio de trabalho com as tarefas obrigatórias. Preencha-as antes de começar a listar compromissos, deveres ou tarefas.

Na primeira linha, escreva algo que você escolheu fazer naquele dia para sua família. Não é algo que alguém espere de você, como pegar as crianças na escola ou preparar o jantar. Trata-se de algo que você *escolhe* fazer porque se pergunta: "O que alguém da minha família precisa de verdade hoje?" Na segunda linha, escreva uma atividade que você escolhe fazer por seu trabalho ou pela comunidade. Mais uma vez, isso não é algo que se espera que você faça, como preencher o relatório ou conduzir a reunião. É algo baseado na necessidade, como: "Escrever uma nota de agradecimento à Jennifer, que me ajudou com o *layout* do relatório de vendas", "Ser voluntário no clube feminino do centro da cidade" ou "Visitar Mary, que acabou de passar por uma perda". Em geral, é

algo orientado às pessoas, algo que você decide porque se pergunta: "O que esta pessoa precisa?" Na terceira linha, escreva uma atividade que você escolhe fazer por si. Isso é algo que *você* precisa naquele dia para se sentir melhor, para se revigorar ou para crescer e aprender de alguma forma. Pode ser exercício físico, estudo bíblico, meditação, praticar uma nova habilidade ou aprender algo do seu interesse. Será algo que você não precisa fazer ou que outros não esperam que você faça. Enfim, é algo que você escolhe fazer por si.

Suas três maiores concessões diárias são sua família, seu trabalho ou comunidade e você mesmo. Se fizer uma escolha para cada um deles a cada dia e priorizar essa escolha acima de qualquer uma das tarefas, sua vida começará a se orientar mais para a concessão. As três tarefas escolhidas aprimoram-se umas às outras e formam um triângulo prioritário que pode estabilizar sua vida. O canto superior (∧) é você mesmo, o canto direito (>) é sua família, e o canto esquerdo (<) se restringe ao trabalho e a comunidade.

Uma certa magia acontece quando nós nos treinamos por meio desse exercício diário para pensar *primeiro* na gestão de nossas concessões — nossas tarefas escolhidas —, nossas verdadeiras prioridades, antes de fazermos a lista de tarefas obrigatórias. A magia é que de alguma forma ainda encontramos tempo para as tarefas obrigatórias. Essas, quando são listadas primeiro, parecem afastar até mesmo a ideia de qualquer escolha. "Estou muito ocupado hoje", pensamos enquanto olhamos para nossa lista, "Talvez amanhã eu encontre tempo para minha família e para mim". Magicamente, entretanto, quando listamos primeiro as tarefas escolhidas, elas não ficam no caminho das obrigatórias.

Esse fenômeno é difícil de explicar, exceto talvez com uma analogia. Se você pegar um pote e preenchê-lo com areia, não haverá espaço para as três pedras grandes que você também quer colocar no pote. Todavia, caso primeiro você coloque as três pedras, ainda poderá despejar toda a areia, porque ela preencherá o entorno das pedras. Nossos dias podem (e vão) funcionar da mesma maneira.

Se pensarmos primeiro na concessão, e escrevermos nossas três escolhas, descobriremos que elas não demoram tanto tempo e as tarefas obrigatórias serão feitas tão bem quanto teriam sido de outra forma.

Tente colocar suas três tarefas escolhidas no topo de sua página de planejamento para os próximos sete dias. Não liste uma única ação a fazer ou tarefa obrigatória até que você tenha pensado por alguns minutos sobre: primeiro, o que sua família precisa; segundo, quais são as necessidades em seu trabalho ou em sua comunidade; e terceiro, o que você precisa naquele dia. Escreva uma escolha diária para cada um. Priorize essas três escolhas. Faça-as acontecer a cada dia, mesmo que você não consiga fazer tudo o que está em sua lista de tarefas. Defina seu dia de sucesso não pelo número de obrigações que cumpriu de uma longa lista, mas se você pensou com cuidado sobre as necessidades de suas concessões e se fez pelo menos uma pequena ação, porém que seja significativa.

Quando a semana terminar, olhe em retrospectiva para os últimos sete dias. Pergunte-se qual foi a parte mais importante (e a mais alegre) de cada dia.

Aposto que serão as atividades que você escreveu em seus três espaços em branco de concessão!

AS FAIXAS DA SINERGICIDADE

Lembre-se da definição estendida de sinergicidade:

Sinergicidade: um estado emocional e mental que reconhece (de fato, celebra) a completa dependência de poderes superiores e interdependência, bem como a cooperação com outras pessoas, o que gera melhores resultados; uma atitude e abordagem que busca o propósito divino e procura orientação em todas as coisas, em particular no momento e interconectividade dos eventos da vida.

A questão, claro, é como. Como entrar nesse tipo de hábito e nessa linha de pensamento? Como mudar nossas mentes para que elas funcionem em um plano mais espiritual?

O exercício das *Faixas da Sinergicidade* é uma forma de se disciplinar para pedir e buscar discernimento e inspiração três vezes por dia.

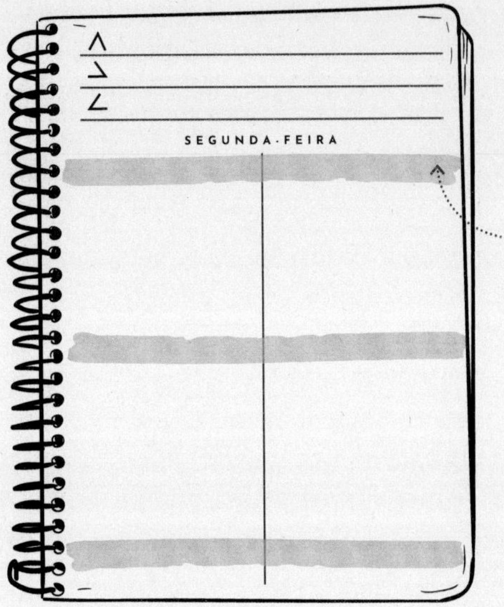

Elabore as três Faixas da Sinergicidade em uma página de seu planner, caderno ou diário, desenhando três linhas espessas, horizontais e destacadas (use um marcador amarelo no qual você possa ver ou escrever por cima). Faça uma faixa no topo, uma ao fundo e outra no meio da página. Pense nelas como as três vezes que quiser meditar, orar e refletir sobre a manifestação de um poder superior em sua vida. Além disso, pense por um minuto nessas três vezes — manhã, tarde e noite — sobre os outros com quem você interagiu, fez amizade, por quem fez algo ou sentiu apreço. Anote (nas Faixas da Sinergicidade) qualquer expressão da mão de Deus, reconhecimentos de algo maior do que o que você poderia fazer por si ou qualquer interação significativa com outra pessoa.

Enxergar a influência espiritual em nossas vidas se torna cada vez mais fácil quando vigiamos, percebemos e anotamos.

Trata-se de uma forma simples de nos tornar mais conscientes de nossa dependência do divino, de um poder superior e das pequenas respostas, inspirações ou beleza que nos chegam a cada dia. Quando não as vemos, não é porque elas não estão lá, mas sim pelo fato de que não as percebemos. Enxergar a influência espiritual em nossas vidas se torna cada vez mais fácil quando vigiamos, percebemos e anotamos. A beleza de precisar de outras pessoas, de aprender com elas e de se beneficiar de suas dádivas, e vice-versa, é a bênção de saber que somos interdependentes e que todos nós temos a capacidade de ajudar e amar os outros.

Registre esses pequenos momentos de luz e compreensão. Escreva exemplos que mostrem nossa interdependência com os outros. Escreva sobre esses breves momentos três vezes ao dia. Esse é um exercício espiritual que trará uma profunda alegria ao reconhecermos onde nos inserimos neste mundo e na humanidade como um todo.

Dessa maneira, a implementação desse hábito envolve dois desafios substanciais:

Primeiro, é preciso se lembrar de meditar ou orar três vezes por dia. Para muitos, uma oração ou meditação noturna é um ritual e acontece de forma consistente. Mas orar pela manhã, na comoção de levantar e cumprir compromissos, às vezes é um ritual difícil de lembrar, e a meditação no meio do dia não acontece a menos que esse hábito seja desenvolvido. Que as Faixas da Sinergicidade sejam lembretes para reservar um momento três vezes por dia.

Em segundo lugar, você deve buscar as grandes e pequenas bênçãos que surgem em sua vida diária. Como somos dependentes de Deus ou da natureza para tudo — em cada respiração e cada aspecto da vida — torna-se fácil perceber essas bênçãos comuns,

que são aparentes, embora às vezes inesperadas. Mas a maioria de nós não tem o hábito de pensar dessa maneira ou de tentar percebê-las. As Faixas da Sinergicidade existem para nos lembrar de vigiar, perceber e reconhecer três vezes ao dia.

Muitas vezes, esses dois desafios funcionarão em conjunto. Ao orar e meditar, você tomará consciência de uma bênção, de uma resposta ou de um estímulo e poderá escrevê-la naquela faixa da manhã. Muitas vezes, ao ver algo que o lembra de suas bênçãos, seja um belo pôr do sol ou um simples sorriso de um amigo, isso o levará a um breve momento de agradecimento, até mesmo no momento que você for escrevê-lo na Faixa da Sinergicidade.

UNINDO OS TRÊS HÁBITOS DIÁRIOS

Uma página em branco do seu planner que incorpora os hábitos de todos os três paradigmas que resgatam a alegria é semelhante a esta.

Eu acredito na teoria de que, quando você faz algo por 21 dias seguidos, tal prática merece ser chamada de hábito. Preencha os três espaços em branco de cada manhã antes de fazer ou mesmo pensar em qualquer outra coisa. Durante o dia, faça uma breve pausa para meditar ou orar três vezes: a primeira vez ao acordar, depois ao meio-dia e ao voltar do trabalho para casa, além da última tarefa antes de dormir — e escreva os pensamentos de pausa e ponderação que vêm até você nas três Faixas da Sinergicidade. Durante todo o dia, preste atenção e anote as serendipidades que surgem a você no passado, ao lado direito da Linha de Serendipidade.

Eis uma promessa com duas vertentes: primeiro, ao final dos 21 dias, esses exercícios terão se tornado mais do que exercícios: eles serão o melhor hábito que você já criou. Segundo, ao olhar em retrospectiva durante esses 21 dias, você descobrirá que o que escreveu nos Espaços em Branco da Concessão, nas Faixas da Sinergicidade e no lado direito da Linha da Serendipidade será de mais valor do que o total de tudo o que você fez durante esses 21 dias.

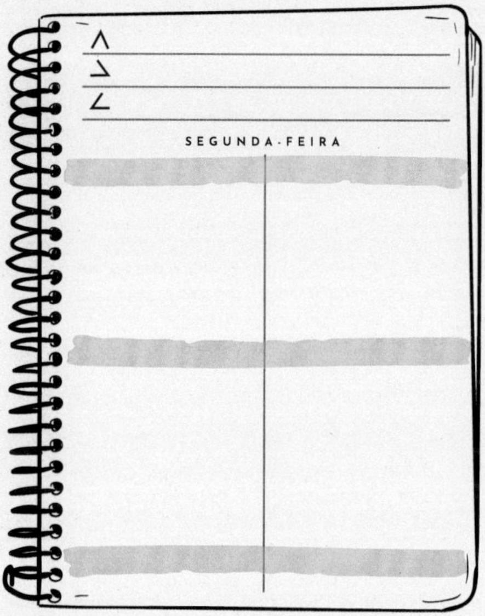

O MÉTODO DE BUSCA DEFINITIVO

Passamos este capítulo esboçando maneiras de mudar nossas mentes e inverter nossos paradigmas. As técnicas da Linha da Serendipidade, os Espaços em Branco da Concessão e as Faixas da Sinergicidade são garantia de formação de hábitos que podem ser muito úteis a esse respeito. Tal estratégia tem a capacidade de mudar nossa maneira de ver, pensar e entender.

Ainda assim, técnicas e métodos são de valor limitado quando estamos lidando com assuntos espirituais. Nesse contexto, uma perspectiva e um paradigma espiritual não podem ser desenvolvidos em plenitude por meios mentais e hábitos físicos. Isso não significa que nossos próprios esforços não contam. A autoajuda, em particular quando se concentra em verdades, pode ser realmente transformadora.

Uma das marcas de nossa capacidade de fazer escolhas é que podemos, em grande medida, decidir quem seremos e depois nos

aproximarmos desse ideal por nossa vontade e nossa determinação. Como nós pensamos é importante. O que nós pensamos é primordial. Quem pensamos que somos e o que queremos ser é relevante. Este livro, do início ao fim, foi escrito em uma tentativa de mudar, de maneira limitada, mas muito importante, a forma como pensamos. Somos os grandes responsáveis pela mudança.

Todavia, a autoajuda encontra problemas quando não reconhece suas limitações. Quando dependemos demais e, em última instância, de nós mesmos, esquecemos como somos pequenos e limitados e perdemos a própria humildade que nos permitiria explorar uma fonte superior.

No meio da minha transição pessoal dos impostores para suas alternativas, eu tinha desenvolvido o Antiplanejador e as metodologias delineadas neste capítulo e pensei que agora me direcionaria de forma constante e suave para um novo conjunto de hábitos diários e uma revisão sempre mais completa do meu paradigma, ou como eu vejo o mundo e como opero dentro dele. Eu estava passando do paradoxo ao paradigma e estava monitorando minha serendipidade, medindo minhas concessões e verificando minhas percepções sinérgicas.

Então, um dia, percebi algo perturbador: eu ainda estava usando as ferramentas do paradoxo para construir o paradigma. Estava adotando uma abordagem de controle para o desenvolvimento de serendipidade, concessão e sinergicidade. Eu usava métodos independentes e uma autoconfiança controlada para ganhar a propriedade das atitudes de herói.

Embora não houvesse nada de errado em fazer um esforço consciente para eliminar certos hábitos e atitudes, bem como mudar para hábitos melhores, a ideia implícita de que eu poderia fazer isso sozinho e depois vir a possuir e controlar era contrária a toda a premissa.

Sendo assim, alterei meu curso de uma maneira simples: continuei tentando e trabalhando nisso, mas me lembrei com frequência e de forma consciente que não podia fazer isso sozinho e precisava da ajuda de uma fonte muito superior à qual eu estava tentando me unir. Comecei a orar e meditar de uma maneira nova e mais humilde e a reconhecer que a serendipidade, a concessão e a sinergicidade que eu queria, em última análise, precisavam vir de algum lugar mais elevado do que eu.

DÁDIVAS

Podemos mudar nossas mentes, mas é preciso algo mais profundo e espiritual para mudar nossos corações e nossas almas. Uma calma e tranquilidade, bem como um pensamento mais ordenado e preciso podem ser desenvolvidos e realizados por intermédio de exercícios mentais. Mas há algo maior, algo além da calma e da clareza que podemos trazer em nós: é a dádiva da paz e a luz da inspiração que vem não de dentro de nós, mas de fora e acima de nós, da fonte de luz, paz e verdade. Ela não se ganha nem é merecida ou conquistada. Ela é recebida como uma dádiva por aqueles que rogam por ela.

Podemos mudar nossas mentes, mas é preciso algo mais profundo e espiritual para mudar nossos corações e nossas almas.

Há duas coisas muito boas que vêm do trabalho e do esforço/da adoção de hábitos que levam a atitudes de serendipidade, concessão e sinergicidade. A primeira coisa boa é que, enquanto nos esforçamos, começamos a desenvolver essas novas maneiras de olhar o mundo e a nos distanciar dos enganos que são seus opostos. A segunda coisa boa que vem da luta por essas qualidades é que nos colocamos em condições de rogar por elas. Nossas ações, como em qualquer aspecto da vida,

reforçam e animam nossa fé. É mais provável que recebamos uma dádiva para a qual já estamos nos esforçando.

Portanto, o método final e definitivo que todos devemos adotar em nossa busca de serendipidade, concessão e sinergicidade é uma simples ordem de três palavras: *rogar por elas*.

Você já sabe que essas três palavras são apenas símbolos e mudanças de atitude que representam conceitos espirituais. A *serendipidade* é outra forma de dizer fé, orientação e aceitação dos propósitos da vida. A *concessão* incorpora humildade, empatia, solidariedade e diligência. E *sinergicidade*, na verdade, significa um reconhecimento manso de nossa completa interdependência, do tempo muitas vezes inexplicável da vida e da beleza e do divino ao nosso redor.

Os nomes ou símbolos de serendipidade, concessão, e sinergicidade, bem como o paradigma a que nos conduzem, dão-nos boas transições além das visões do mundo e nos direcionam para uma visão espiritual mais profunda. São palavras que servem de pontes, que não colocam o mundo contra o espírito, mas sim tentam integrá-los. São paradigmas que nos permitem ter a atitude de viver neste mundo surpreendente, sem optar por viver como todos ao nosso redor.

Peça em oração e meditação que você possa de forma gradual abandonar as noções de controle, propriedade e independência e que, em vez disso, possa adotar a serendipidade, a concessão e a sinergicidade. Use os três exercícios diários e permita a orientação do espírito e do coração para compreender e desenvolver essas atitudes e formas de vida. Esse foco diário fará com que você pense mais e esteja consciente dos três heróis da alegria para que possa procurá-los, pedi-los, percebê-los e recebê-los quando eles entrarem em sua vida. O resultado será uma tranquilidade de espírito e um aprofundamento da alegria e da felicidade.

PÓS-ESCRITO

A ORAÇÃO DAS TRÊS ALTERNATIVAS

ORAÇÕES OU MEDITAÇÕES ESCRITAS

Eu venho de uma tradição religiosa que não utiliza orações escritas. Acredito que nossas orações devem ser pessoais, espontâneas e de nosso coração e não me sinto atraído por repetições de orações de leitura que outra pessoa tenha escrito.

No entanto, com certeza não há nada de errado em tentar compor nossos pensamentos, levando a uma oração mais coerente, substantiva e atenciosa. O que eu vou sugerir aqui não é uma oração que alguém deveria ler para Deus, mas sim usá-la como diretriz para pedir ajuda divina na busca das certezas e evitar o engano das atitudes mundanas que podem nos separar do Espírito. O que eu espero que aconteça é que essa oração possa sugerir à sua

mente algumas maneiras pelas quais o novo paradigma das três alternativas possa ser buscado e solicitado.

Pense nisso, portanto, não como uma oração real, mas como uma nova forma de resumo do que são os três impostores e as três alternativas.

E, se meditar estiver mais dentro de sua zona de conforto do que a oração, teste a meditação guiada que segue a oração. Use-a como um reflexo e um estímulo para pensar melhor.

Por ser cristão, escrevi a oração em um vernáculo cristão. Você pode transpô-la para o texto e a forma de sua própria tradição de fé.

A ORAÇÃO DAS TRÊS ALTERNATIVAS

Sou grato, Deus, por viver nesta Terra, nestes dias marcantes, quando as opções e oportunidades são tão abundantes e quando a verdade está mais fácil de encontrar do que nunca, se soubermos onde procurá-la e pudermos discerni-la de suas distrações e enganos. Sou grato pela diversidade desta Terra e pela riqueza de experiência e perspectiva que é possível graças a esta mortalidade que o Senhor concebeu.

Agradeço pela relativa liberdade que existe e pela ação que me permite escolher como pensarei, viverei e adorarei. Agradeço-te pelas diretrizes e pelas verdadeiras respostas que estão disponíveis para quem procura e é fiel e comprometido.

Agradeço-te por todas as concessões que Tu me deste, por este corpo físico e por tudo o que o acompanha, pelas escolhas que posso fazer para definir minha vida, por minha família e pela promessa de eternidade com aqueles que mais amo, pelos dons e talentos: tanto aqueles que encontrei e desenvolvi até certo ponto quanto aqueles que ainda procuro. Agradeço-te pela orientação disponível por Teu Espírito e por Teu grande plano da felicidade no

qual meu espírito e meu destino podem se encaixar. Agradeço-te por minha dependência de Ti em todos os aspectos, mesmo pelo ar que respiro e por minha interdependência com os outros, em particular com aqueles que mais amo.

Minha gratidão transborda pelo privilégio de viver neste mundo, mas rezo para não me tornar deste mundo. Reconheço que com a ação vêm o risco e a possibilidade do engano e reconheço o perigo de que os falsos deuses possam com muita facilidade se tornar nossas obsessões e vícios. Além disso, estou ciente de que o mal pode usar o próprio mundanismo deste mundo para nos guiar por caminhos errados ou enganosos. Peço-te que protejas a mim e à minha família desses impostores, que me ajudes a reconhecê-los e a orientar minha vida para longe deles e em direção ao Teu caminho e à Tua vontade.

Entendo que um dos propósitos da vida neste planeta é exercer a ação e a escolha que Tu nos deste, para aprender a defender o que acreditamos e a cuidar do que nos foi dado por Ti. Ajuda-me a fazer isso por Tua glória e a ascender à perspectiva superior de ver as coisas pelas lentes de minha dependência e interdependência, bem como de Tua vontade.

Por favor, ajuda-me a estabelecer objetivos justos para meu progresso na vida, mas protege-me do orgulho de pensar que posso controlar ou ditar muito do que se passa ao meu redor. É a Tua vontade que eu quero cumprir, não meus desejos. Por favor, proteja-me da estreiteza e da cegueira de me concentrar só em meu objetivo e ajuda-me a ver as necessidades dos outros e o quadro geral de Tua perspectiva.

Rogo por Tua orientação, a compreensão do que Tu queres que eu faça, e a inspiração do Teu Espírito quando houver algo que

eu deva perceber, alguém que eu deva ajudar ou alguma pequena parte de meu destino que eu possa cumprir. Concede-me, Deus, vislumbres de quem Tu queres que eu seja e o que Tu queres que eu faça. Ajuda-me a ver a alegria do tempo, a apreciar a maravilhosa jornada da mortalidade e a amar todas as suas reviravoltas inesperadas, procurando em cada uma delas formas de servir, de discernimento e de beleza.

Por favor, inspira-me enquanto eu estabeleço objetivos e, por gentileza, dá-me confirmação sobre as escolhas e decisões a que chego por meio da ponderação, mas me ajuda a ver meus objetivos como um esforço para servir e se encaixar em Teus planos maiores e, assim, direcionar-me de forma flexível para outros caminhos ou direções à medida que Teu Espírito os abre para mim. Ajuda-me a crescer em direção a uma atitude serendipitosa muito consciente e em uma sintonia que me permita perceber oportunidades inesperadas de crescer, de oferecer e de conformar-me com a alegria de Tua vontade.

Rogo pela Tua proteção contra o orgulho e a falsa noção de propriedade e reconheço que Tu és o dono de todos; de fato, que Tu me tens por meio do resgate de Teu Filho. Sou privilegiado e abençoado por ser um gestor e grato pelas concessões que Tu me deste. Ajuda-me a engrandecer essas concessões, sejam elas talentos, chamados ou bens materiais que Tu me confiaste. Ajuda-me a não ter orgulho de nenhuma de suas dádivas ou concessões e a usá-las para Tua glória e para abençoar os outros.

Ajuda-me a ver as provações e os desafios como outras formas de concessão e a enfrentá-los com a Tua ajuda, da mesma forma que eu encaro as concessões da alegria. Rogo a Ti que me uses como um instrumento, ainda que pequeno e insignificante, ao Teu serviço; e peço apenas aquelas concessões que me ajudariam a Te

servir. Ao livrar-me do engano da propriedade, ajuda-me também a livrar-me do ciúme, da inveja e da cobiça que acompanha esse enganador, assim como da condescendência e da autossatisfação. Agradeço-te pelo simples e emancipador reconhecimento de minha própria insignificância e de Tua grandeza e peço-te o grande amor que vem com essa atitude de concessão espiritual.

Protege-me também do orgulho tolo e egoísta da independência. Reconheço sem reservas minha total dependência de Ti e minha completa interdependência com aqueles ao meu redor. Confio em Teu tempo e Teu poder e sou tão grato que não preciso confiar em mim mesmo. Peço que eu possa aprender da perspectiva dos outros, bem como de Teu Espírito, e nunca precise confiar em minha capacidade tão limitada.

Ajuda-me, por favor, a usar a mente que Tu me deste para enxergar necessidades, conexões e oportunidades. Abre portas, canais e relacionamentos que me permitam trabalhar em sinergicidade com outros para trazer coisas boas e para me dar a paciência e a perspectiva de apreciar Teu cronograma e sequências em vez de tentar exigir os meus próprios. Ajuda-me a ser um melhor provedor e um melhor receptor e, assim, amar mais. Orienta-me a desenvolver uma atitude humilde, muito consciente e de apreciação da sinergicidade espiritual que depende de Ti, a confiar no Teu tempo e funcionar em harmonia com os outros para o bem maior.

Reconheço-te em todos, agradeço-te por tudo, confio em Ti em tudo, querido Deus do Céu, e Te peço a fé, a esperança e a caridade que acredito serem as extensões celestiais que eu tenho pedido nesta oração.

Amém.

Michele Robbins, uma das editoras deste livro, sentiu que era importante acrescentar uma meditação como alternativa ao resumo da oração para aqueles que podem não ser oradores, mas ainda assim apreciam o componente espiritual do paradigma SC&S.

Portanto... eu pedi a Michele para escrever a meditação. E ela convida você a participar dessa pequena jornada, mesmo que você pratique com regularidade a oração ou a meditação, ou não tenha experimentado nenhuma das duas... ainda. Segue a meditação dela:

Essa meditação foi criada para ser lida por um parceiro ou gravada e depois reproduzida enquanto você mergulha nesta jornada. De forma alternativa, você pode querer ler partes e depois meditar seção a seção. A meditação dura cerca de dez minutos, dependendo de quanto tempo de preparação você gosta de reservar para o início e quanto tempo de relaxamento você utiliza ao encerrá-la. Comecemos:

Prepare-se para uma jornada de mudanças positivas. Comece sentado ou deitado. Reserve alguns minutos para se sentir confortável. Sinta o chão ou a cadeira debaixo de você enquanto relaxa em sua estrutura de apoio.

Feche os olhos enquanto imagina descer uma pequena colina cercada de grama. Dê um passo enquanto respira, inspira e expira de forma uniforme. Cada passo corresponde a uma inalação e exalação. Continue com respirações profundas, descendo a colina em um vale: dez, nove; outro passo leva você a oito e depois outro a sete; continue pisando com suavidade pela grama verde, seis, cinco, quatro. Perceba as nuvens que se formam ao descer em direção ao fundo da colina: três, dois, um.

Agora você está em um prado brilhante. Quando observa as flores amarelas e azuis em volta, você está cercado de um sentimento de completa gratidão. Imagine em sua mente as bênçãos que lhe trazem alegria: sua liberdade, sua família, seus relacionamentos,

seus talentos e suas oportunidades de aprendizado. Sinta o impacto de suas bênçãos em sua vida diária e o agradecimento ao continuar respirando com profundidade.

Agora, atente-se para os sons no prado. Enquanto continua caminhando, você pode ouvir seus próprios passos na grama, ao mesmo tempo em que o som de sua respiração é acompanhado pelo vento suave e pelos sons de montanha, pelos pássaros e pelas criaturas da floresta. À medida que você escuta mais de perto, ouve o som da água em movimento e vê um riacho nas proximidades. Você caminha em direção ao riacho, atraído por seu poder fluente e gerador de vida.

Você percebe um esquilo carregando uma noz para a água e percebe que também carrega algo consigo: uma simples mochila nas costas. Mas ela parece mais pesada do que deveria. Você para na água corrente, tira sua mochila e retira um tijolo que tem a palavra "Controle" escrita nele; você sente que esta é uma parte de sua vida, uma parte pesada, que você não precisa mais. Você entende que não pode controlar sua vida, bem como não pode controlar a correnteza, então se livra desse tijolo. Assim que faz isso, você percebe algo melhor, uma macieira logo à sua frente. Dessa forma, você se dirige a ela pensando na fruta doce que saciará sua fome. Ao comer uma maçã, você entende que mudou a ideia de controle por algo mais doce e gratificante. Você aceita a ideia de *serendipidade* e começa enxergá-la ao seu redor enquanto coloca outra maçã em sua mochila para lembrá-lo da doce mudança que está aceitando. Assim como as águas do riacho encontram a saída para regar o prado, você sabe que também encontrará o seu caminho. Você começa a entender seu propósito e se sente confiante em sua capacidade de progredir. Sente a necessidade de seguir em frente com um plano que é flexível o suficiente para permitir que você aprenda mais em sua jornada a partir das oportunidades inesperadas que virão.

Ao seguir o riacho, você descobre que ele termina em um pequeno lago. Então para de novo porque sua mochila ainda parece pesada. Ao olhar dentro dela, você encontra outro tijolo com a palavra "Propriedade" escrita com profundidade em um dos lados. Você pensa no porquê de estar carregando esse tijolo em sua caminhada. Não há nada que você possa de fato possuir nesse lindo lago. Tudo o que você pode fazer é observá-lo e se importar com sua água límpida e com as flores ao seu redor. Com um coração mais leve, você deixa esse tijolo na margem e enche seus pulmões e sua mente com um sopro profundo de vigilância, *concessão* agradecida e desejo de compartilhar a beleza do lago com outros que você ama. Você pensa em outras concessões em sua vida, nas pessoas e coisas que ama, e percebe que todas elas são dádivas, não coisas ganhadas, assim como o lago. Você logo sente que é hora de seguir em frente e coloca em sua mochila uma flor leve e delicada colhida da beira do lago para lembrá-lo de sua promessa de zelar por essas coisas colocadas aos seus cuidados. Você segue o riacho até onde ele desagua, no outro lado do lago.

O riacho logo se une a outro e um rio é formado. Ele cresce e se move com um ritmo mais rápido, cheio de energia. Você deve escolher com mais cuidado o caminho para descer uma colina e fazer uma pausa para verificar o que está fazendo com que sua mochila pareça pesada. À medida que se aproxima, você encontra um último tijolo, desta vez com a palavra "Independência" escrita em sua frente. Você olha para a força e poder do rio confluente, sente um desejo de deixar de lado a independência para seguir a energia da sinergicidade e decide estar pronto para adotar uma abordagem interdependente da vida, aberto às ideias e talentos de muitas pessoas. Seu coração se abre quando você sente amor pelos outros e a oportunidade de crescer em sua capacidade de fazer a diferença para o bem. Você estuda o rio e vê que ele se move no momento perfeito sobre as rochas e ao redor dos redemoinhos, sempre encontrando uma maneira de fluir para frente, e você combina essa sincronia

com a sinergia e sente um desejo de *sinergicidade*. Você coloca uma pequena rocha em sua mochila para lembrá-lo do momento perfeito e da unidade da água enquanto ela combina, suaviza e refresca tudo o que toca.

Enquanto continua seguindo o rio, você ouve o som da água ficar mais alto e logo se aproxima de uma pequena cachoeira. Sua beleza, à medida que vai caindo com propósito, é inspiradora. Sua força ao borrifar as rochas e gramados ao redor dá vida e vibração a tudo o que toca. Você se senta perto da água que cai e só ouve o barulho suave. Você sente a energia e o poder da serendipidade, da concessão e da sinergicidade e reserva um momento para se comprometer a explorar como usar essas atitudes em sua vida para abençoar todos aqueles ao seu redor.

À medida que o sol se põe no céu, você percebe que já viajou muitos quilômetros. Ainda assim você se sente revigorado e forte. Você come a maçã de sua mochila e planta as sementes dela, na esperança de uma nova árvore crescer para que outros viajantes possam descobrir sua doçura. Você sopra as sementes da flor para que mais possam crescer e empilha pedras lisas sobre elas para marcar o caminho.

Você pausa mais um momento para inspirar e expirar com profundidade, em contagem progressiva: um, dois, três, quatro, cinco, seis, sete, oito, nove, dez. Agora você está pronto para abrir devagar os olhos e sentir a cadeira ou tapete debaixo de você. Você se senta de forma gradual, abre e fecha as mãos algumas vezes, mexe os dedos dos pés e termina sua meditação com mais três respirações silenciosas. Inspire e exale; inspire e exale; inspire e exale. Agora você está apto a passar o resto de seu dia revigorado e pronto para seguir seu novo paradigma da felicidade.

POSFÁCIO: TREINAMENTO AVANÇADO DE SC&S

Mudar suas principais atitudes e abordagens — realizando a mudança fundamental do paradoxo de CP&I para o paradigma de SC&S — é um grande empreendimento que terá ramificações em cada parte de sua vida. Se ainda estiver lendo, seguindo comigo até o fim deste livro, presumirei que você se sente atraído o suficiente por SC&S e que objetiva fazer essa mudança fundamental de paradigma ou pelo menos caminhar em direção a ela.

Para alguns, este livro será suficiente. Você se ajustará, evoluirá e encontrará sua própria maneira de passar dos três impostores para as três alternativas — de forma rápida ou gradual — em sua maneira individual e a partir de sua iniciativa.

Outros podem querer ajuda adicional e treinamento além deste livro, aprofundando estudos de caso, obtendo o treinamento e a orientação para aplicar SC&S em tudo. Porque isso pode se aplicar a tudo.

Existe SC&S na alimentação,
SC&S na direção,
SC&S na comunicação,
SC&S na definição de objetivos,
SC&S na parentalidade,
SC&S no casamento,
SC&S nas férias.
SC&S na gratidão,
SC&S nas amizades,
SC&S nas trajetórias profissionais,
SC&S no entretenimento,
e até mesmo SC&S no sono.

Eu o convido a explorar SC&S em todos os aspectos de sua vida. Há duas opções disponíveis para um treinamento mais profundo e avançado. Uma é participar de um webinar que chamamos de "O curso interativo de pós-graduação sobre a aplicação da SC&S para toda a vida".

Para participar, acesse nosso site, www.ValuesParenting.com, e encontre o "SC&S Webinars" no menu abaixo de "Richard and Linda Eyre".

A segunda opção é mais intensa e pessoal. Nós a chamamos de "Treinamento pós-doutorado presencial de SC&S em pequenos grupos". Estes são grupos pequenos e muito seletivos que se reúnem em nossa casa em Park City para um treinamento aprofundado sobre a vida de acordo com SC&S. Essas sessões de fim de semana estão abertas somente para pessoas que leram este livro e concluíram o webinar SC&S ou tiveram uma conversa particular por telefone comigo. Para maiores informações, acesse o mesmo site. Você também pode me contatar de forma pessoal ou deixar qualquer comentário pelo link "Fale conosco". Espero estar em contato e ajudar de qualquer forma que puder com sua própria jornada pessoal, que vai do paradoxo ao paradigma.

Tudo de bom,
Richard M. Eyre

PERGUNTAS PARA DISCUSSÃO EM GRUPOS DE LEITURA

O *Paradoxo da Felicidade/O Paradigma da Felicidade* tem provado ser um livro muito estimulante e interativo para grupos de estudo e grupos de leitura. Use as perguntas a seguir com seus próprios comentários e perguntas para estimular discussões e sondagens adicionais.

1. Por que você acha que o autor insistiu em fazer deste livro um livro dividido em dois lados? Será que o formato com um lado para cima e o outro para baixo aumenta ou diminui a mensagem do livro?
2. Qual foi sua primeira impressão ou reação ao perceber que o autor estava chamando controle, propriedade e independência de "os três impostores" e os "ladrões da alegria"? Você sentiu vontade de defender esses três ideais?
3. Ao ler mais adiante no livro, qual dos três impostores ou ladrões foi o mais difícil de abandonar?
4. O título do primeiro lado intrigou ou desafiou você? Quando leu o subtítulo pela primeira vez, você chegou a sentir

um leve toque de verdade na premissa de que controle, propriedade e independência reduzem nossa felicidade em vez de aumentá-la?

5. Qual dos três impostores você concluiu que lhe atrai mais? Alguma dessas atrações se elevou ao nível das obsessões? Você sentiu que algum deles tinha sido, em algum momento de sua vida, um vício?
6. Você adivinhou ou teve alguma ideia a respeito de quais eram as três alternativas antes de virar o livro?
7. Ao ler "A Grande Revelação", as três alternativas foram surpresas para você? Qual delas foi a que mais lhe agradou no início? Qual delas menos lhe agradou?
8. *Serendipidade* era um termo que você tinha usado ou se interessava antes de ler este livro? E quanto à *concessão*? As palavras *sinergia* e *sincronicidade* eram habituais para você? A combinação delas fazia sentido em sua mente?
9. Em qual momento (caso tenha ocorrido) você começou a sentir que poderia valer a pena seu tempo e esforço em tentar a transição de CP&I para SC&S?
10. Você ficou mais ou menos interessado conforme cada uma das alternativas recebia uma direção espiritual, mental e emocional?
11. Você está interessado o suficiente em desenvolver os hábitos diários de SC&S para experimentar os exercícios de 21 dias que o autor sugere?
12. Se o autor estivesse aqui com você em seu grupo de livros, que pergunta você gostaria de fazer a ele?

AGRADECIMENTOS

Obrigado a Christopher Robbins, um editor com um paradigma. Seu objetivo é produzir livros que celebrem e fortaleçam a família e que abracem e aumentem a felicidade. O que ele objetiva como editor e o que eu almejo como autor são perfeitamente compatíveis.

Obrigado a David Miles, por traduzir o conteúdo em design compatível e complementar.

E obrigado a Michele Robbins, cuja edição levou este livro a níveis mais elevados e profundos.

O TRABALHO MAIS IMPORTANTE QUE PODE SER FEITO SERÁ REALIZADO DENTRO DAS PAREDES DE SUA PRÓPRIA CASA.

Notas de fim

1. WIKIPEDIA. Stewardship (theology). *Wikipedia.* Modificado pela última vez em: 01 ago. 2018. Disponível em: <https://en.wikipedia.org/wiki/Stewardship_(theology)>. Acesso em: 09 out. 2018.
2. WIKIPEDIA. Synchronicity. *Wikipedia.* Modificado pela última vez em: 22 set. 2018. Disponível em: <https://en.wikipedia.org/wiki/Synchronicity>. Acesso em: 09 out. 2018.
3. EYRE, R. *Spiritual Serendipity:* Cultivating and Celebrating the Art of the Unexpected. Nova York: Simon & Schuster, 1997. p. 47-51.
4. *Brewer's Dictionary of Phrase and Fable.* Edição Centenária. Reino Unido: Book Club Associates, 1977. s.v. "Serendipity".
5. HONOUR, H. *Writers and their Work.* Londres: F. Mildner & Sons, 1957.
6. HONOUR, H. *Writers and their Work.* Londres: F. Mildner & Sons, 1957.
7. Horace Walpole para H. S. Conway, 28 de junho de 1760.
8. HONOUR, H. *Writers and their Work.* Londres: F. Mildner & Sons, 1957.
9. HONOUR, H. *Writers and their Work.* Londres: F. Mildner & Sons, 1957.
10. PEW RESEARCH CENTER. When Americans Say they Believe in God, What do they Mean? *Pew Research Center*, 25 abr. 2019. Disponível em: <www.pewforum.org/2018/04/25/when-americans-say-they-believe-in-god-what-do-they-mean/>.
11. CHESTERTON. G. K. *Orthodoxy*. Nova York: John Lane Company, 1909.
12. PRATT, P. P. *Key to the Science of Theology*. 10ª ed. Salt Lake City: Deseret Book Co., 1973.
13. HOWSE. C. At the Gate of the Year. *Telegraph*, 16 ago. 2008. Disponível em: <https://www.telegraph.co.uk/comment/columnists/christopherhowse/3561497/At-the-Gate-of-the-Year.html>.
14. PRATT, P. P. *Key to the Science of Theology*. 10ª ed. Salt Lake City: Deseret Book Co., 1973.
15. EYRE. E. *The Thankfulful Heart*. Sanger: Familius, 2015.
16. Lucas 10:40-41 (Versão do Rei Jaime).
17. MAUDAL, K.; FOSSEN, E. *Why Going Slow will Make you Go Faster.* Huffington Post, 15 abr. 2018.

FIM DO PARADOXO.
POR FAVOR, PASSE PARA O
PARADIGMA.